Krzysztof Charamsa

DER ERSTE STEIN

Als homosexueller Priester
gegen die Heuchelei der katholischen Kirche

Aus dem Italienischen
von Michael Jacobs

PENGUIN VERLAG

Die italienische Originalausgabe erschien 2016 unter dem Titel
»La prima pietra. Io, prete gay, e la mia ribellione all' ipocrisia der Chiesa«
bei Rizzoli, Mailand.

Verlagsgruppe Random House FSC® N001967

1. Auflage 2018
Copyright © 2016 by Krzysztof Charamsa
Copyright © der deutschsprachigen Ausgabe 2017 by
C. Bertelsmann Verlag, München,
in der Verlagsgruppe Random House GmbH,
Neumarkter Straße 28, 81673 München
Umschlag: bürosüd nach einem Umschlagentwurf von Büro Jorge Schmidt,
München unter Verwendung einer Vorlage
von Francesca Leoneschi/thewoldofDOT;
Umschlagmotiv: Getty Images/Design Pics/Con Tanasiuk;
Portraitfoto auf Buchbinde und U4: Umberto Nicoletti
Satz: Uhl + Massopust, Aalen
Druck und Bindung: GGP Media GmbH, Pößneck
Printed in Germany
ISBN 978-3-328-10296-0
www.penguin-verlag.de

Inhalt

Dritter Teil: Das Erwachen

Postskriptum

Dem Mann, der mich geküsst
und mir die Hand gereicht hat,
um mich aus der Verlogenheit herauszuziehen

Dem Mann, den ich liebe:
Eduard

Die Protagonisten des Dramas

ICH

Wer bin ich?

Ich bin immer ein dramatisch veranlagter Mensch gewesen. Ich habe immer jeden einzelnen Augenblick erlebt, als ob es die Ewigkeit wäre. Das Ganze im Fragment.

Bin ich vielleicht ein Fragment?

Nein, ich bin die Totalität.

Die Totalität der Person.

Ich bin eine Person.

DIE KIRCHE

Wer ist die Kirche in diesem Drama?

Das, was ich hier auf die Bühne bringe, ist *sie*, die universelle katholische Kirche. Die Brüder, die es besonders genau nehmen, werden sagen, dass ich mich vor allem auf die oberen Ränge des Klerus beziehe. Aber ich will nicht unterscheiden. Ich halte mich getreulich an das, was die Kirche, die Gemeinde Christi, mich über sie selbst gelehrt hat. Ich bitte die katholischen Brüder und Schwestern, die sich nicht im runzligen Gesicht, das hier enthüllt wird, wiedererkennen, und die nicht dieselben Sünden zu beichten haben, nicht gekränkt zu sein und Verständnis zu haben. Aber ich bitte sie auch, zu bedenken, dass auch wir, wenn wir uns nicht den homophoben Hohepriestern widersetzt haben, teilhaben an dem verängstigten und hassenswerten Geist dieser Protagonistin des Dramas.

Ich an erster Stelle.

ERSTER TEIL

DIE BEGEGNUNG

Ich, Narziß

Ich will nicht mein ganzes Leben lang Narziß sein.

Früher wollte ich es, für immer. Es schien mir die einzige Möglichkeit, um mich zu verwirklichen; ich redete mir ein, dass es aufregend sei, erstrebenswert, gut.

Narziß ist der heimliche Freund aller Schwulen, wie ich einer bin. Er ist der Freund, den ich bei der Lektüre von Hermann Hesses Erzählung *Narziß und Goldmund* entdeckt habe, jemand, der erfährt, wie reizvoll, aber auch wie schmerzvoll es sein kann, einen Menschen zu lieben – das Lustvolle, aber auch das Geheimnisvolle daran.

Auch ich bin in meinem tiefsten Inneren Narziß gewesen, noch lange, bevor mich die Fernsehserie *Queer as Folk*[1] begeisterte und ich, durch sie dazu angeregt, Schwulenkinos aufsuchte, dann *Call me by your name*[2] las und mich in all die Bücher vertiefte, die jeder Homosexuelle kennen sollte. Es war lange bevor ich Kunde von *Cómplices* wurde, einer kleinen Buchhandlung im Barrio Gótico von Barcelona – einer Buchhandlung, wie es sie in jeder Stadt geben müsste.

Genau diesen Narziß haben unzählige Priester in sich erkannt, wenn sie einem Mitglied ihres eigenen Vereins gegenüberstanden und sich fragten, ob der Mann vor ihren Augen ihr Geheimnis teilte. »Narziß« ist wie ein geheimes Passwort, das einem den Zugang zu einer verborgenen und verbotenen Schönheit ermöglicht, zu einer spirituellen Veranlagung, die nach Ausdruck verlangt. Narziß lebt weiter, weil es weder den Katholiken noch den Puritanern gelungen ist, ihn zu töten. Er hat es mir ermöglicht, in der Hölle der Zwangsheterosexualität zu überleben.

Das ist der Grund dafür, dass ich in meinen Vorträgen über religiöse Themen Hesse zitierte und mir dabei beinahe Tränen in die Augen schossen. Ich hoffte, jemand würde den verborgenen Sinn dieser Zitate aus *Narziß und Goldmund* erkennen, welche nichts mit der christlichen Doktrin zu tun hatten, die ich mich zu erläutern bemühte. Ich hoffte, jemand würde begreifen, dass ich eigentlich mich selbst befreien, meine wahre Natur zeigen wollte, das heißt meine Veranlagung, an der für mich und Tausende anderer alles absolut natürlich war.

Hesse zitierte ich auch in meinem letzten Buch, das sich mit dem Katholizismus auseinandersetzt und das in dieser Hinsicht mein Testament ist. In *Virtù e vocazione*[3] legte ich – gewissermaßen zwischen den Zeilen – offen, was ich persönlich glaubte und auf welch intensive Weise ich dies tat, und wie dies vergehen könnte – aus dem einfachen Grund, dass die Kirche sich weigert, die wahre Natur des Menschen, des Menschen, der ich bin, zu akzeptieren. Man wollte eine Kleinigkeit nicht sehen: nämlich dass ich schwul bin. Voller Verzweiflung ließ ich deshalb Hesse zu Wort kommen. Ich wünschte mir, dass irgendjemand endlich die unnützen frommen Theorien außer Acht lassen und mir stattdessen in die Augen schauen würde.

Narziß ist der katholische Priester, der gelehrte Geistliche, der vorbildliche Mönch, der arbeitsame Abt, ganz versunken in seine Studien und seine Bücher. Warum führt er ein solches Leben? Damit er nicht lieben, damit er nicht an die Liebe denken muss, um das natürliche Empfinden von Liebe zu begraben. Sein langjähriger Freund Goldmund, der ihn, dem Tode nahe, in seiner Abtei aufsucht, löst ein explosionsartiges Aufwallen der lange verdrängten Gefühle in Narziß aus. Der Abt flüstert dem Todkranken ins Ohr:

Mein Leben ist arm an Liebe gewesen, es hat mir am Besten gefehlt. Unser Abt Daniel sagte mir einst, daß er mich für hochmütig halte, wahrscheinlich hat er recht gehabt. Ich bin nicht ungerecht gegen die Menschen, ich gebe mir Mühe, gerecht und geduldig mit ihnen zu sein, aber geliebt habe ich sie nie. Von zwei Gelehrten im Kloster ist der Gelehrtere mir lieber; nie habe ich etwa einen schwachen Gelehrten trotz seiner Schwäche liebgehabt. Wenn ich trotzdem weiß, was Liebe ist, so ist es deinetwegen. Dich habe ich lieben können, dich allein unter den Menschen. Du kannst nicht ermessen, was das bedeutet. Es bedeutet den Quell in einer Wüste, den blühenden Baum in einer Wildnis. Dir allein danke ich es, daß mein Herz nicht verdorrt ist, daß eine Stelle in mir blieb, die von der Gnade erreicht werden kann.[4]

Wenn ich diese Passage vor Priestern, Ordensschwestern oder mehr oder weniger gläubigen Laien zitierte, wollte ich in Wirklichkeit die Erkenntnis herausschreien, die sich in dem herzzerreißenden Geständnis des Abtes Narziß verbirgt: Er habe die Menschen nie geliebt, er habe sich immer für sie verantwortlich gefühlt, habe sie geachtet, wie es sich gebührt, alle einbezogen, aber niemals habe er einen von ihnen geliebt.

Auch ich hätte ein Geständnis, wie Narziß es in Hesses Erzählung ablegt, herausschreien wollen. Es war mir nicht möglich, und ich konnte nur hoffen, dass einer von meinen Zuhörern sich die Erzählung vornehmen und den Sinn dessen, was Narziß Goldmund offenbart, erfassen würde:

»Ich bin so froh, daß du wiedergekommen bist. Du hast mir so sehr gefehlt, ich habe jeden Tag an dich gedacht, und oft hatte ich Angst, du würdest nie mehr wiederkommen wollen.«

Goldmund schüttelte den Kopf: »Nun, der Verlust wäre nicht groß gewesen.«

Narziß, das Herz vor Weh und Liebe brennend, bückte sich langsam zu ihm herab, und nun tat er, was er in den vielen Jahren ihrer Freundschaft niemals getan hatte, er berührte Goldmunds Haar und Stirn mit seinen Lippen. Verwundert zuerst, dann ergriffen, merkte Goldmund, was geschehen sei.[5]

Narziß gesteht dem sterbenden Freund hier nicht nur, dass er nicht geliebt hat, sondern er bekennt seine Homosexualität und beklagt, dass er daran gehindert wurde, *diese* Art der Liebe auszuleben, dass sie ihm vergällt, in den Dreck gezogen wurde. Er wurde von seiner Kirche gezwungen, sie zu hassen, abzutöten, auszumerzen, doch sie ist immer wieder erwacht, allen kaltherzigen hyperkatholischen Hütern der einzig wahren Wiederauferstehung zum Trotz, die mit ihrer ideologischen Rigidität die Menschen zerstörten. In der absurden Negation der Realität, zu der er verpflichtet wurde, hatte Narziß seinen *modus vivendi* gefunden.

Doch dann... dann war die Stunde seines Coming-out gekommen. Das war es, was ich meinen Zuhörern zurufen wollte, diesen korrekten und klarsichtigen homophoben Männern und Frauen.

Als Seminarist in Lugano habe ich viele Male die Begegnung mit Hesse gesucht, das heißt, ich bin zu seinem Grab gepilgert, das in einem Nachbarort von Montagnola im Kanton Tessin liegt. Der Schriftsteller hatte von 1919 an in Montagnola gelebt und war dort auch gestorben. Für mich kam ein Besuch seines Grabes einer eigentlich verbotenen sentimentalen Wallfahrt gleich, die mir aber niemand wirklich verbot. Vielleicht wussten viele gar nicht, dass Hesses sterbliche Überreste dort ruhen, unter zwei schlichten Felsblöcken. Vielleicht wussten viele auch gar nicht, wer er war. Ich suchte sein Grab auf, um mich von ihm inspirieren zu lassen, um ihm, wie einem alten homosexuellen Freund, meine Seele zu öffnen. Ich weiß nicht, ob er mir zuhörte. Doch jener entlegene, stille Winkel im Süden der Schweiz, mit seiner Kultur der Toleranz, war für mich eine Stätte, wo ich

Trost fand und innere Freiheit erlangte. Dort lebte Hesse, der Meister, in mir. und ich vertraute mich diesem sensiblen und gefühlvollen Freund an, dem Sohn eines strengen protestantischen Missionars. Hesse hatte mir den Namen Narziß geschenkt.

Und heute weiß ich, dass ich nicht länger Narziß sein will. Heute weiß ich, dass ich einen Goldmund habe, und ich will mein Leben nicht vergeuden, indem ich auf ihn verzichte. Heute will ich anfangen zu lieben, so, wie ich bin, wie Gott es will, wie es seiner Absicht entspricht.

Mein Goldmund

Narziß ist nicht einsam. Er ist nie einsam gewesen.

Auch ich bin meinem Goldmund begegnet. Es ist in einer Nacht in Barcelona geschehen. Das war der Augenblick, in dem wir uns gefunden, uns ineinander verliebt und uns verlobt haben. Von dem an wir nicht mehr ohne den anderen sein wollten. In dem ich über seine Lippen, sein Haar gestrichen habe, in der er mich in seine warmen und starken Arme genommen hat. Er liebte mich, und ich dachte nur noch darüber nach, wie ich seine Liebe nicht wieder verlieren könnte.

Es war eine der schönsten Nächte meines Lebens. Nicht im Hotel Axel[6], sondern in einer schäbigen kleinen Pension im Bezirk Eixample, der grässlichsten Absteige, die ich jemals kennengelernt hatte, … genau dort begegnete ich meinem zukünftigen *novio*, meinem Verlobten, Partner, Ehemann! Es war eine der schönsten Nächte, die ich jemals erlebt hatte, und ich betete zu Gott, dass diese Nacht nicht enden möge. Ich betete zu Gott, dass dieser Mann, der der richtige, der wahre für mich war, mich nie wieder verlassen würde. Doch wie sollte das möglich sein? Ruhig, ganz ruhig. Er müsste sich eigentlich so schnell wie möglich wieder von mir abkehren, denn ich war … ein Priester. Er wusste das jedoch nicht.

Er wusste, dass ich Pietro hieß … was aber natürlich gar nicht mein richtiger Name war. Er wusste auch, woher ich kam. Aus Mailand … aber auch das stimmte nicht. Und was war mein Beruf? Ich unterrichtete Philosophie. Nun, das war nicht ganz so weit von der Wahrheit entfernt. Damit, dass ich ihm eine falsche Staatsangehörigkeit genannt hatte, hatte ich meiner Schwindelei die Krone aufgesetzt. Doch er wusste ja eigentlich alles, was Liebende für eine einzige Nacht voneinander wissen müssen. Ich wollte ihm aber nach dieser Nacht nichts mehr über mich verbergen. Warum wollte ich mich ihm offenbaren? Was zog mich so sehr zu diesem Mann hin, von dem ich schon das Gefühl hatte, dass er ganz und gar mir gehörte?

Ich wollte ihn nicht wieder verlieren, ich hatte mich in ihn verliebt.

Und in jener Nacht hatte ich Gott erblickt, der mich liebte, mich umarmte, mich akzeptierte, weil er mich verstand. Ich, Experte für Gott und alles, was göttlich war, und gleichzeitig… homophob, hatte endlich Gott erblickt. Ich war einem Menschen begegnet, aber Gott hatte ich gesehen.

Und zum Glück begann Gottes mediokre Kirche vor meinem inneren Auge zu verblassen.

Der Tag danach

Goldmund hat mich für die Liebe zum anderen geöffnet, vor allem aber für die Liebe zu mir selbst.

Durch ihn erfuhr ich das, was mir schon bekannt war, jedoch nur theoretisch: Man kann keinen anderen Menschen lieben, wenn man kein positives und ausgeglichenes Verhältnis zu sich selbst hat, wenn man nicht zuerst sich selbst akzeptiert, sich selbst kennt. Wenn man sich selbst hasst, wenn man sich selbst belügt, dann kann man niemand anderen lieben. Man kann auch ohne die christliche Lehre begreifen, dass die Liebe den Grundstein für alle menschlichen Beziehungen darstellt. Zwar rühmt das Christentum von heute sich, diesen Grundsatz zu lehren oder ihm zumindest zu folgen, doch es bleibt in der Theorie stecken; es begnügt sich mit frommen Wünschen, dass es so sein möge. Doch für das Leben ist die Umsetzung der Theorie in die Praxis von Bedeutung. Die Prägung, die ich durch die Kirche erhalten hatte, hatte mich zu einem perfekten Theoretiker gemacht, der alles erklären und darlegen konnte, aber das wahre Leben leugnen musste.

Es ist mir nicht leichtgefallen, mich von der geistigen Unterdrückung durch die Kirche zu befreien. Ihre Doktrinen waren bald in jede Fiber meines Körpers eingedrungen, und ich geriet in eine Art von geistiger Gefangenschaft. Vorstellungen und Ideen, eine Denk- und Handlungsweise, die mir fremd waren, wurden mir oktroyiert. Nach einer gewissen Zeit konnte ich aber auch nicht mehr ohne das alles sein. Man gewöhnt sich an vieles, an die Angst und an die Lügen, und überraschenderweise findet man nach einer gewissen

Zeit Gefallen daran. Die Kirche hätte den Sieg über mich davongetragen, vielleicht hätte sie mir, in ihrer unermesslichen Gnade, meine kleine Eskapade vergeben, allerdings nicht, ohne mir aufzuerlegen, sofort den Hass auf mich selbst, auf meine Natur wiederaufleben zu lassen.

Tatsächlich hegte mein Goldmund bereits den Verdacht, dass ich ihm irgendetwas verheimlichte. Schon am Vortag hatte er mir auf unserem ersten Spaziergang durch Barcelona (wie glücklich hatte es mich gemacht, am helllichten Tag frei von Angst neben einem Mann hergehen zu können) Fragen gestellt: »Du bist doch nicht etwa verheiratet? Mit einer Frau? Und hast Kinder?« Ich hatte ganz ruhig mit Nein geantwortet. Er hatte mich natürlich nicht gefragt: »Bist du womöglich ein Monsignore, ein Priester?«

Goldmund hatte mich an seinen Lieblingsort in der Stadt geführt: Santa Maria del Mar, eine von einer Atmosphäre des Friedens durchdrungene Kirche. Unglaublich … bei meinem ersten ernsthaften Rendezvous mit einem Mann, führte dieser mich in eine Kirche. An einen traumhaften Ort, still und einladend, wo alles für eine Hochzeit bereit schien. Wir setzten uns auf eine Bank und bewunderten die Stützpfeiler im Stil der katalanischen Gotik. Meine Hand ruhte in der seinen. Ich liebte ihn vor meinem Gott, ohne mich zu schämen.

Doch jetzt schien das Ende unserer Beziehung gekommen – nach nur einem Tag und einer Nacht. Der Hass auf meine Natur, die Angst, die (Selbst-)Lüge gerieten in Konflikt mit der Wahrheit der Liebe zwischen zwei Menschen. Einerseits sagte ich mir: »Tilge aus deinem Denken und Empfinden, was geschehen ist, was da ist. Vergiss es. Es existiert nicht.« Andererseits hörte ich eine Stimme, die sagte: »Wie, es existiert nicht? Es ist da! *Er* ist da! Und er hat dich umarmt.«

Gleich würden wir am Flughafen ankommen. Mir blieben nur noch wenige Augenblicke. Ich wollte nicht zum Albtraum meines bisherigen Alltags zurückkehren, zu jenem selig machenden, heiligen Dasein.

»Eduard, tengo que decirte te una cosa, yo soy cura!«[7]

Eduard, das war sein Name. Ich brach in Tränen aus, konnte sie einfach nicht mehr zurückhalten. Mir wurde plötzlich klar, dass man einem wesentlichen Teil meiner Persönlichkeit bis zu diesem Tag eine Art von »Sterbehilfe« geleistet hatte, dass man mir absurderweise und völlig grundlos Verletzungen zugefügt und mir meine Würde geraubt hatte. Das alles hatte die Kirche in den langen Jahren, in denen ich *cura* – Priester – gewesen war, mit mir gemacht, mir angetan.

Gleich würde ich an Bord der Maschine nach Rom gehen, dann würde alles zu spät sein.

»Eduard, wenn du mich noch willst, werde ich dich anrufen!«

Ich konnte nicht mehr zu jenem abgeklärten Dasein im Schoß der katholischen Kirche zurückkehren, weil diese Kirche mich zu einem irrationalen und blinden Hass auf mich selbst und meine sexuelle Orientierung zwang, Ich war verliebt. Ich träumte von einem Leben, das mit meiner Natur, meiner sexuellen Veranlagung, meinem innersten Wesen im Einklang stand. Ich träumte davon, frei zu sein, ich selbst zu sein.

Ich träumte von einem neuen Leben. Ein Traum, der unmöglich in Erfüllung gehen konnte? Doch, er konnte es. Sind es nicht die Christen, die sagen, dass die Liebe alle Hindernisse überwindet?

Doch wie war ich an diesem Punkt angekommen? Wie konnte es geschehen, dass ich so etwas in mir fühlte? Welcher Weg hatte mich bis hierher geführt?

ZWEITER TEIL

DIE SCHÖNE
UND DAS BIEST

Familie

Um mich selbst zu verstehen, muss ich in die Vergangenheit zurückkehren, und zwar sehr weit …

Ich muss bis zu meiner Geburt zurückgehen, zu der Familie, der ich entstamme.

Vielleicht sollte ich sofort sagen, wann ich geboren bin? Also: Ich bin am 5. August auf die Welt gekommen, an einem Samstag im Hochsommer, vielleicht deswegen habe ich später meinen Geburtstag immer gerne am Meer verbracht. Zunächst im Norden, nur rund fünfzig Kilometer von daheim entfernt, auf der Ostsee-Halbinsel Hela mit ihren weitläufigen, ein wenig wilden, tiefen Sandstränden, und in späteren Jahren dann viel weiter im Süden Europas.

Ich bin 1972 geboren worden, dem Jahr, in dem der große Guy Hocquenghem seinen programmatischen Text *Le désir homosexuel* [8] veröffentlicht hat. Ich bin also unter dem guten Stern des Manifests der Homosexuellen-Revolution auf die Welt gekommen, die die Homophobie mit Macht anprangerte. Hocquenghem schilderte in seinem Buch das Umsichgreifen der Homophobie und die Gründe dafür und legte das Fundament für eine Bewegung zur Befreiung der Homosexuellen, nachdem er selbst sich in jenem Jahr geoutet hatte. Er hatte sich offenbar, um die kollektive Hypokrisie anzuprangern, und wurde daraufhin aus der Kommunistischen Partei, deren Mitglied er war, ausgeschlossen. Die Gesellschaft, der er angehörte, wollte seine Kritik nicht hören.

Der Ausdruck »Homophobie« wurde ebenfalls in jenem Jahr geprägt: Der amerikanische Psychologe George Weinberg bezeichnete in *Society and the Healthy Homosexual* mit

»Homophobie« die irratonale Furcht, die viele vor Homosexuellen empfinden, jene Phobie vor dem Andersgearteten, die Gewalttätigkeit, Hass, Zerstörung entstehen lässt. Ein Übel präzise zu benennen, ihm einen Namen zu verleihen, stellt den ersten Schritt zu dessen Überwindung dar. Doch dem katholischen Umfeld, in dem ich aufgewachsen war, dem Denken derer, die ihm angehörten, zufolge durfte ein solcher Name überhaupt nicht exstieren.[9]

Im Jahr 1972 durfte jenes Wort, mit dem die Furcht vor Homosexuellen und der Hass auf sie angeprangert werden, überhaupt nicht ausgesprochen werden. Dass es so etwas wie ein *désir homosexuel* gab, durfte nicht eingestanden werden. Vielleicht hätte ich auch gar nicht geboren werden dürfen. Ich wurde aber geboren. Und die Existenz des homosexuellen Verlangens wurde mutig verkündet. Und Gott sei Dank begann ein Wissenschaftler, endlich jene Angst, jenen Hass auf Homosexuelle zu untersuchen und genau zu bestimmen …

In der Zeit und in dem Umfeld, in das ich hineingeboren wurde, existierten Homosexuelle offiziell überhaupt nicht. Homosexualität war tabuisiert. Auch heute noch verschaffen sich die alten (Vor-)Urteile jedes Mal Geltung, wenn die Homosexualität einer Person bekannt wird: Homosexualität ist etwas Schändliches, Krankhaftes, Unaussprechliches, Perverses, Sündiges, Teuflisches … doch offiziell gibt es sie gar nicht. Eine Veranlagung, die jemanden zum Aussätzigen macht, darf noch nicht einmal einen Namen haben. Ihre Existenz muss schamhaft totgeschwiegen werden.

In der Welt, in die ich hineingeboren wurde, interessierte es niemanden, dass 1973, in dem Jahr, in das mein erster Geburtstag fiel, in Paris der erste Weltkongress von Homosexuellen-Organisationen stattfand. Niemanden interessierte es, dass in jenem Jahr die American Psychiatric Association Homosexualität aus der Liste der anerkannten psychischen

Störungen strich.[10] Die Wissenschaft korrigierte ihre eigenen Fehler, doch in dem katholischen Umfeld, in dem ich aufwuchs, wurden diese neuen Ansichten einfach als irrig eingestuft und abgetan. Dennoch bekannte sich in jenem Jahr ein katalanischer Jesuit namens Salvador Guasch öffentlich zu seiner Homosexualität und erklärte, glücklich mit ihr zu sein: Ein Schwuler, der vorgibt, sich trotz seiner Veranlagung Gott nahe zu fühlen! Was für eine Anmaßung eines irregeleiteten Menschen! Es heißt, dass Guasch für seine Aufrichtigkeit teuer bezahlen musste: Er wurde für mehrere Monate in eine Nervenheilanstalt gesperrt und musste brutale Therapien über sich ergehen lassen, die ihn von seinen kranken, »widernatürlichen« Begierden und Gefühlen befreien oder diese zumindest unterdrücken sollten. Ich war noch zu jung, um etwas von seinem naiven, unbedachten Coming-out und dem, was ihm im Anschluss daran widerfuhr, mitzubekommen. Aber meine Welt kastrierte noch jeden, der es sich erlaubte, ohne Genehmigung der Kirche oder des Staats glücklich zu sein.

Ja, ich bin in einer katholischen Welt geboren worden.

Ich liebte und liebe meine Familie. Meine Mutter war eine Frau mit einem unerschütterlichen Glauben. Er ermöglichte es ihr, Wunder zu vollbringen und die größten Prüfungen zu bestehen. Sie wurde nie in ihrem Glauben schwankend, auch wenn die Kirche sich erratisch verhielt. Sie hatte etwas Geniales an sich, das sie über den Durchschnitt der Menschheit erhob. Meine Eltern waren Wirtschaftswissenschaftler. Sie waren beide berufstätig, auch wenn es, dem katholischen Denken entsprechend, dem Vater – als dem Mann – oblag, für den Unterhalt der Familie zu sorgen. Ich war ihr Erstgeborener. Drei Jahre später kam mein Bruder auf die Welt und dann, ich war schon zwölf, meine Schwester. Damit war die Familie komplett.

Mein Vater verließ uns an demselben Tag, an dem ich,

nach absolviertem Abitur, ins Priesterseminar eintrat. Mir waren damals keine anderen Fälle einer solchen Trennung bekannt, doch das Ende der Ehe meiner Eltern war in jeder Beziehung ungewöhnlich. Wir blieben mit nichts zurück, in einer entsetzlichen Wohnung. Alle Ersparnisse, die wir für ein neues Zuhause zurückgelegt hatten, verschwanden mit meinem Vater. Vor dem Scheidungsrichter brachte meine Mutter nichts zu ihrer Verteidigung vor und unternahm auch nichts, damit sie selbst und ihre Kinder in den Genuss all dessen kamen, was ihnen nach dem Gesetz zustand. Ich begriff die Radikalität ihres Schweigens. In ihrem Inneren akzeptierte sie die Scheidung nicht und weigerte sich daher, um das zu kämpfen, was ihr zugestanden hätte. Um seine Ansprüche durchzusetzen, braucht man aber wohl auch einen guten Anwalt, und einen solchen konnten wir uns nicht leisten. So kam es, dass mein Vater von uns wegging, ohne sich groß darum zu kümmern, ob seine Kinder finanziell zurechtkommen würden; er überwies nur regelmäßig die Summe für den Unterhalt meiner kleinen Schwester, die der Richter festgesetzt hatte. Doch immerhin konnten wir danach in Frieden leben.

Für mich kam der Weggang meines Vaters einer Befreiung gleich. Vielleicht verhielt es sich für meine Geschwister anders. Nach dem Eintritt ins Seminar begann ich ein neues Leben, während meine Geschwister zu Hause blieben und ihr altes Leben weiterführten. Das alltägliche Zusammensein mit meinem Vater, an den mir nach einer Zeit nur eine vage Erinnerung blieb, war für mich unerträglich geworden: Er hatte nie eine wirklich väterliche Beziehung zu uns Kindern aufgebaut, war eigentlich nie richtig »bei uns« gewesen. Heute weiß ich, dass er uns auf seine eigene Art liebte; er liebte uns, aber auf eine possessive Art und Weise, so wie man einen persönlichen Besitz liebt. Das ist in vielen patriarchalisch strukturierten Familien, in denen der Mann tonangebend sein will, nicht anders. Heute trage ich ihm nichts nach, doch ist mir leider das Gefühl geblieben, nie einen Vater an meiner Seite gehabt zu haben.

Einer in katholischen Kreisen verbreiteten Ansicht zufolge ist ein Knabe mit einem »abwesenden« Vater und einer »hyperprotektiven« Mutter (was die meine nie war) dazu prädisponiert, zu verweichlichen, unmännlich, ergo homosexuell, das heißt anormal und sündig zu werden. Im Lauf der Jahre habe ich, da ich eine Erklärung für meine sexuelle Orientierung suchte, dieses Klischee übernommen: Ich war schwul, weil ich ein negatives oder überhaupt kein Verhältnis zu meinem Vater gehabt hatte. Die Kirche bot mir die perfekte Lösung an – beziehungsweise die Möglichkeit, mich zu verstecken, indem ich Mitglied des Klerus wurde. Der Zölibat ermöglichte es mir, mich, ohne mein Gesicht zu verlieren, der Notwendigkeit zu entziehen, zu heiraten und eine heterosexuelle Ehe zu führen. Doch bin ich in meinem Leben Dutzenden und Aberdutzenden von Schwulen begegnet, die ein sehr gutes oder zumindest ganz normales Verhältnis zu ihren Vätern gehabt haben – wenn ich es mir herausnehmen darf, das Wort »normal« zu verwenden, da ja anscheinend einzig und allein die katholische Kirche die Kompetenz besitzt, darüber zu befinden, was normal ist. Das ist eine von ihr so rigoros vertretene Doktrin, wie es in der Vergangenheit sonst nur noch die marxistische war, gegen die ebendiese Kirche gekämpft hatte.

Ich glaube, dass ich nie der Sohn war, den mein Vater sich erträumt hatte: Ich fühlte mich viel stärker zur bildenden Kunst, zum Ballett, zum Theater und zur Oper hingezogen als zum Fußball. Ich flüchtete mich in meine Bücher, und zu seinem Leidwesen nicht etwa in Mathematikbücher, sondern in Romane, Gedichtsammlungen und Bücher über historische Ereignisse. Ich war daher nicht der typische männliche »Stammhalter«, wie mein Vater ihn sich gewünscht hätte, ein

Junge, der seine Stärke unter Beweis stellte, indem er seine Spielgefährten verdrosch, ein viriler Knabe, dem es ins Buch des Lebens geschrieben war, sich eines Tages, wie er selbst, mit Wirtschaftsthemen und Finanzfragen zu befassen. Mein Vater wollte einen nüchternen Wissenschaftler, keinen Träumer, Romantiker oder idealistischen Schwärmer. Ich hatte immer den Eindruck, dass er meinen jüngeren Bruder bevorzugte, da der nicht nur Bücher liebte, sondern auch gerne Fußball spielte, wie es sich für einen »richtigen Jungen« gehörte.

Ja, ich war schwul! Ich bin es immer gewesen – seitdem meine Mutter mir das Leben geschenkt hat. Aber es sind nicht meine Eltern gewesen, und auch sonst niemand, die mich entsprechend geprägt haben. Es sind nicht sein Vater oder seine Mutter, die einem Jungen eine homosexuelle oder eine heterosexuelle Veranlagung mit auf den Weg geben. Aber man kann in einer anderen Person Homophobie und den Hass auf Homosexualität, auch die eigene, wach werden lassen. Homophobie übernimmt man von anderen, Homosexualität ist einem von Geburt an gegeben. Für einen Homosexuellen ist sie ein Geschenk, genauso wie Heterosexualität ein Geschenk für einen Heterosexuellen ist. Ein Geschenk Gottes, ein Geschenk der Natur, ein Geschenk des Lebens. Sexualität ist positive Energie, die den Menschen in der einen oder der andern Form gegeben wird. Sie ist per se gut, und nur durch Homophobie kann sie in den Ruch des Schlechten oder Bösen kommen.

Manchmal denke ich, dass mein Vater in Bezug auf meine Veranlagung schon Misstrauen verspürte, als ich noch klein war. Ich wüsste gerne, wie er bei meinem Coming-out reagiert hätte. Hätte er vielleicht gesagt: »Ich hab's immer gewusst«, »Ich hatte schon immer den Verdacht« – oder auch: »Ich hab's immer befürchtet«? Heute, nach so vielen Jahren, in denen er ohne Berechtigung so fern von mir war, kann ich mir aber nicht mehr vorstellen, wieder eine wie auch immer geartete Beziehung mit ihm aufzunehmen. Es ist, als wäre er gestorben. Ich glaube nicht an diese Geschichte von der »Blutsverwandtschaft«, die dich gegen alle Widerstände zu jemandem hintreibt, auch wenn dieser Jemand dich lange, zu lange, ignoriert und missachtet hat.

Ich liebte meinen Bruder und meine Schwester. Heute denke ich bisweilen, dass es mir nicht immer gelungen ist, das meinem Bruder hinreichend zu zeigen, und das tut mir leid. Vielleicht war ich genau wie mein Vater. Vielleicht ließ mich auch das Gefühl, dass er der Lieblingssohn war, auf Distanz zu ihm gehen. Meine kleine Schwester hingegen überschüttete ich mit Zuwendungen jeder Art: Ich kümmerte mich liebevoll um sie, beschützte sie, gab quasi einen Ersatzvater für sie ab. Instinktiv wurde in mir der Drang wach, für meine Familie zu sorgen, nachdem wir verlassen worden waren. Ich fühlte mich für ihren Unterhalt verantwortlich, mein einziger Wunsch war, dass sie glücklich würden. Ihnen zuliebe verzichtete ich auf alles Mögliche, ich versuchte ihnen das tägliche Leben zu erleichtern, ihnen ein Gefühl von Sicherheit zu vermitteln. Jahre später half ich anderen Menschen auch in Bezug auf ihre Ausbildung. Ich selbst war in meinem Leben Wohltätern begegnet, die meine eigene Ausbildung gefördert hatten, deswegen hielt ich es für meine Pflicht und Schuldigkeit, auf einen Teil meines Gehalts zu verzichten, um anderen das Studium zu ermöglichen – so wie es mir selbst von Fremden ermöglicht worden war. Ich wollte für die anderen da sein. Manchmal kommt es mir heute so vor, als hätte ich mir zu viel zugemutet, mir selbst zu große Opfer abverlangt. Doch würde ich alles wieder genauso machen. In jenen Jahren hatten meine Geschwister und ich unser Glück gefunden, eine Art von äußerer und innerer Stabilität erlangt. Was ich für meine Lieben tat, scheint mir im Rückblick die Manifestation einer für einen Homosexuellen typischen Liebe zu sein: bisweilen überschäumend, von barockem Überschwang, übersteigert. Es war beinahe so, als ob ich ganz unbewusst danach strebte, ihre Billigung zu erwerben, die Zustimmung zu der Person, die ich wirklich war, zu meinem wahren Ich, von dem sie aber nichts wussten.

Immer wenn ich an meine Kindheit zurückdenke, frage ich mich, ob ich nicht alles zu energisch und rigoros anging. Ich war immer ernst, wirkte wie vor der Zeit gereift. Ich gestand mir nie das zu, was ein Kind sich eigentlich zugestehen sollte. In einem gewissen Sinn bin ich von allerfrühester Jugend an erwachsen gewesen. Vielleicht wollte ich mich auf diese Weise verstecken, eine Mauer zwischen meiner empfindlichen und empfindsamen Seele und der Welt errichten. Zu jener Zeit bekamen alle katholischen Kinder eingetrichtert, dass man nichts als Abscheu vor Männern empfinden dürfe, die andere Männer liebten. Grauen, Ekel vor ihrer Lasterhaftigkeit oder »Verworfenheit«, um einen von der Philosophin Julia Kristeva verwendeten Ausdruck aufzunehmen.[11] Ich habe den Glauben meiner Familie und die von meiner Kirche propagierten Glaubenssätze immer ernst genommen. Doch vielleicht hat mich gerade die Kirche verwirrt, was die Liebe zum eigenen Ich betraf. Ich machte mir das Gebot, seinen Nächsten zu lieben wie sich selbst, ohne zu zögern zu eigen, aber zugleich war ich skeptisch, was die Liebe der Männer der Kirche zu sich selbst und zu ihrem eigenen Wesen betraf.

Als ich vor einiger Zeit meiner Mutter offenbarte, dass ich homosexuell sei, war ich überrascht über ihre Antwort. Sie reagierte nicht auf die Art und Weise, die der Denkweise der Kirche entsprochen hätte, sondern auf eine, aus der ihre grenzenlose Liebe zu mir sprach. Sie sagte immer wieder, sie könne sich nicht vorstellen, wie sehr ich wegen »jener Sache« gelitten hätte und wie viel Schmerzen mir ein Geheimnis bereitet haben müsse, das ich so lange mit herumgetragen hätte. Sie wollte wissen, warum ich nicht schon früher, als Heranwachsender, mit ihr darüber gesprochen hätte. Ich fand nicht die richtigen Worte, um es ihr zu erklären. Mir fiel nichts Besseres ein, als auf ihrem Computer den Link zu dem Fernsehfilm *Prayers for Bobby* (Gebete für Bobby) zu hinterlassen, der auf der wahren Geschichte von Mary Griffith, einer gläubigen Christin, basiert. Er handelt im Wesentlichen davon, wie diese Frau nach dem Selbstmord ihres geliebten schwulen Sohnes mühsam zu einem Verständnis für dessen sexuelle Veranlagung gelangt. Dieser Film macht einige der Gründe deutlich, aus denen ich bis zu jenem Augenblick meiner Mutter meine Homosexualität nicht hatte eingestehen können oder wollen: So wie Mary Griffith es mit ihrem Bobby gemacht hatte, hätte unsere Kirche versucht, mich zu »heilen«. Vielleicht hätte die Kirche den heiligen Sebastian um ein Wunder gebeten, dem ja mein Problem wohl nicht unbekannt war. Doch der Hauptgrund war der, dass man zu jener Zeit so gut wie nie über Homosexualität redete. Die Kirche erlegte es den Gläubigen auf, über alles Anrüchige, über alles, was nicht »sein durfte«, zu schweigen. Homosexualität kam nur in geschmacklosen Witzen und Zoten vor, mit denen man sich über Schwule lustig machte.

Überdies wollte ich Priester werden, was bedeutete, dass ich homophob zu sein hatte. Ich musste jene teuflische Ausgeburt der modernen Gesellschaft hassen, vor der nur die katholische Kirche und die diktatorischen kommunistischen Regimes – was dies betraf, paradoxerweise verbündet – die Menschen schützen konnten. Auch ich war von jenem vernichtenden Urteil über alle diese Perversen wie durchtränkt: Ich wusste, dass Homosexualität das Böse schlechthin verkörperte, ein entsetzliches Laster, gegen das ich natürlich gefeit war. Deswegen konnte das, was ich in mir verspürte, zwangsläufig nicht real sein, es musste auf einer Täuschung beruhen oder sich um ein vorübergehendes Gefühl handeln, das binnen Kurzem wieder vergangen sein würde. Überzeugt, dass es nichts als eine Gefühlsverwirrung war, unter der Pubertierende leiden, machte ich mir vor, dass mein Hingezogensein zu anderen Knaben nur auf einen natürlichen Drang zurückzuführen war, mich mit ihnen zu messen. Heute würde ich, bevor ich mich zum Priester weihen ließe, vermutlich lange darüber nachdenken, ob eine religiöse Institution, die das Wesen des Menschen so erbärmlich schlecht kennt, überhaupt berechtigt ist, ihm Vorschriften bezüglich seines Verhaltens, nicht nur des sexuellen, zu machen. Doch damals versuchte ich nur, mir einzureden, dass an meinem homosexuellen Verlangen nichts »echt« war. Ich verbarg es vor mir selbst, tat es als etwas Ephemeres und Irreales ab, als momentane Verirrung oder im schlimmsten Fall eine temporäre Erkrankung. Vor allem aber war es eine Sünde. Für das katholische Denken sind die wirklich schweren Sünden solche, die mit Sexualität zu tun haben, und es gibt keine schwerere als jene, als Mann Gefallen an anderen Männern zu finden. Das ist eine Sünde, für die es noch nicht einmal eine Bezeichnung gibt. »Jene Sache« hat keinen Namen …

Meiner Familie war immer ein gewisser Grad an »Noblesse« zu eigen. Wir pflegten unsere Eltern zu siezen, eine veraltete, aus der Mode gekommene Sitte. Mir ist es aber nie so vorgekommen, als würde diese förmliche Art der Anrede eine Distanz zwischen ihnen und uns schaffen oder unserem Umgang – vor allem dem mit unserer Mutter – eine »offizielle« Note verleihen. Sie war meine beste Freundin, meine Vertraute – wenn man von »jener Sache« absieht. In den letzten Jahren, seit ich mit meiner Mutter vor allem über Skype und WhatsApp kommuniziere, finde ich es jedoch immer verkrampfter, mich in meinen kurzen und knappen, dafür aber umso häufigeren Botschaften auf diese Weise an sie zu wenden. Ich weiß jedoch, wie viele Eltern meine Mutter um diese Bekundung von Sohnesliebe und Respekt beneiden würden. Ihre Enkel gehen zum Glück direkter mit ihr um.

Im Laufe der Zeit entwickelte meine Mutter ein Faible für auffallende, große und spektakuläre Hüte. Ich machte es ihr bald nach, und stülpte mir einen schwarzen Hut auf den Kopf. Wie mir ihre Hüte gefielen! Sie waren bunt, elegant, ganz unterschiedlich geformt, manchmal klassisch-nobel, manchmal extravagant. Einige schenkte ich ihr. Nach ein paar Jahren begann sie dann kleinere und sportlichere Modelle zu bevorzugen, vielleicht, weil sie letztlich doch eine moderne Frau war, die zwar nie die tägliche Messe versäumte, aber auch jeden Tag zur Gymnastik ging.

Alles in allem habe ich keine unglückliche Kindheit gehabt. Zu meinen angenehmsten und unbeschwertesten Erinnerungen gehören die an die Ferien, die wir in Hamburg bei meiner Tante oder in London bei meinem Onkel verbrachten. Die Schwester und der Bruder meines Vaters – die auch meine Taufpaten gewesen waren – hatten einen deutschen Protestanten beziehungsweise eine englische Katholikin geheiratet. Beide unterschieden sich von ihrer Wesensart her stark von meinem Vater. Sie waren Ärzte und erlagen leider beide, als sie erst um die vierzig waren, einem unheilbaren Leiden. Ich träumte das ganze Jahr über von den Ferien im Westen, denn dort war ich glücklich. Ich identifizierte mich spontan mit diesem freien und modernen Europa, wo es ganz anders zuging als in Polen. Vor allem Hamburg mit der Alster gefiel mir. Unsere Verwandten wohnten ganz in der Nähe des Alstersees. Ich träumte von den prächtigen Häusern, den Gärten, den gepflegten Straßen, den Geschäften, aber auch von der Sonntagsmesse, die nicht mit so viel Pomp zelebriert, sondern auf eine viel nüchternere Art und Weise gefeiert wurde als bei uns. Ich beneidete die Menschen dort darum, dass der Arbeitsbeginn so viel später lag. Auf diese Weise blieb ihnen Zeit für ein geruhsames Frühstück, was im kommunistischen Polen, wo der Arbeitstag so rigide durchgetaktet war, undenkbar war. Als ich klein war, nahmen meine Verwandten mich zu einer Ausstellung der Werke von Andy Warhol mit: Es war das erste Mal, dass ich die Arbeiten eines Künstlers sah, der homosexuell war (ein Faktum, das ich damals, wie es sich für einen braven Katholiken gehörte, ignorierte). Irgendwann identifizierte ich mich derart mit dieser freien westlichen Welt, dass ich davon zu träumen begann, in dieser Welt leben zu können. Ich hoffte, dass meine Zeit im tristen Polen, auf mein ganzes Leben bezogen, nur eine kurze Episode darstellen möge.

Meine Tante hatte liberale Vorstellungen, die mich gleichzeitig aufwühlten und mir Unbehagen bereiteten. Sie hinterfragte vieles, zog überlieferte Ansichten in Zweifel, liebte die Kunst. Sie machte mich mit der Feldenkrais-Methode[12] zur Ausbildung von Bewusstheit durch Bewegung bekannt. Außerdem besaß sie eine großartige Sammlung von Bildern polnischer Malerinnen, an der ich mich immer wieder erfreuen konnte. In Gesprächen mit meiner Tante versuchte ich, obwohl ich so feste religiöse Überzeugungen hatte, mich nicht vor ihren Zweifeln zu verschließen, ich bewunderte ihren Mut, alles zu relativieren, die Selbstverständlichkeit, mit der sie, um mit Milan Kundera zu sprechen, die »Leichtigkeit des Seins« im freien Westen »ertrug«. Ich wollte mit ihr diskutieren, ich mochte ihre geistige Unruhe, es faszinierte mich, dass sie über Klischees und stereotype Vorstellungen erhaben war und damit um Lichtjahre vom Provinzialismus des polnischen Katholizismus entfernt.

Bei uns daheim wimmelte es immer von Freunden meines Vaters. Es schien beinahe, als würden sie größere Anrechte besitzen, sich in unserer Wohnung aufzuhalten, als wir selbst. Etwas Besonderes war die Bibliothek meiner Mutter, die zahlreiche klassische Werke polnischer und ausländischer Autoren umfasste, außerdem viele Kunstbücher, denen meine besondere Leidenschaft galt. Ich war gewissermaßen im Schatten dieser Bücher aufgewachsen und von ihnen geprägt worden. Die Sammlung schloss auch die Werke von Miron Białoszewski[13] ein. Später kam auch dessen erst 2012, also fast dreißig Jahre nach seinem Tod veröffentlichtes *Tajny dziennik* (Das geheime Tagebuch) hinzu. Die persönlichen Erfahrungen dieses Dichters gehören zu den interessantesten, die Homosexuelle unter und mit einem kommunistischen Regime machten: Ihm gelang es jahrelang, mit seinem Lebensgefährten unter einem Dach zu wohnen. Aus den Büchern Białoszewskis, die ich bei uns zu Hause vorfand, erfuhr ich aber natürlich nichts darüber, und erst Jahre später entdeckte ich die Berichte über seine Reisen nach New York, las ich über sein »Berauschtsein« von der Freiheit, die die *gay people* dort genossen und die seine Aufenthalte in der Stadt so »heilsam«, geradezu rettend für ihn werden ließ. Auch von ihm wusste, genau wie von mir, niemand, dass er schwul war.

Die Bibliothek meiner Mutter wurde nur von der meiner Großeltern väterlicherseits übertroffen. Ich schaute mir gerne ihre Bücher an, die eine ganze Wand vom Fußboden bis hinauf zur Zimmerdecke bedeckten. Mein Großvater besaß Bücher zu allen möglichen Themen. Darunter war auch ein alter Reiseführer zu Lugano, den ich las, bevor ich ins dortige Seminar eintrat. Mir wurde schnell klar, dass Lugano nur eine Kleinstadt war, in der es nicht solch ein reiches kulturelles Angebot, nicht eine solche Vielzahl von Theatern, großen Bibliotheken und Kunstgalerien gab, wie ich erwartet hatte. Aus dem Führer ging aber hervor, dass es dort ein Museum von internationalem Rang gab, das eine der bedeutendsten privaten Kunstsammlungen der Welt beherbergte: die Sammlung Thyssen-Bornemisza in der historischen Villa Favorita am Ufer des Luganer Sees. Voller Vorfreude malte ich mir schon meine vielen Rundgänge durch das Museum aus, um dann später, nach meiner Ankunft in Lugano, feststellen zu müssen, dass die ganze Sammlung im Sommer des Vorjahres nach Madrid verlagert worden war und nur einige wenige unbedeutende moderne Gemälde in Lugano zurückgeblieben waren. Später sollte ich mehrfach die Gelegenheit erhalten, mir die Werke in ihrem neuen »Domizil« in Spanien anzuschauen, doch damals musste ich mich damit begnügen, im alten Reiseführer des Großvaters über all die großartigen Kunstwerke zu lesen.

Was bei uns zu Hause fehlte, war ein Klavier: Meine Mutter hatte ihres verkauft, als mein Bruder auf die Welt gekommen war, um mehr Platz in der kleinen, schäbigen Wohnung zu schaffen, mit der wir uns, wie die meisten Bürger des Landes, zu Zeiten des kommunistischen Regimes begnügen mussten. Ich habe diese winzigen Behausungen immer gehasst, in denen man sich physisch genauso eingeengt vorkam, wie man es in intellektueller Hinsicht gewesen war. Das Klavier hatte weichen müssen, weil wir es in einer solche Gefühle von Klaustrophobie auslösenden Wohnung nur auf unseren Köpfen hätten aufstellen können – wie auf einem surrealistischen Bild oder einem metaphysischen Gemälde Giorgio de Chiricos. Wir hätten dessen Rat nötig gehabt, um es irgendwie unterzubringen.

Jahre später, nachdem mein Vater uns verlassen hatte, kaufte meine Mutter ein neues Klavier, doch nur meine Schwester lernte, darauf zu spielen. Sie übernahm von unserer Mutter deren alte Leidenschaft, die diese aufgegeben hatte, um uns Kindern ihre ganze freie Zeit zu opfern. Wie ich es genoss, die beiden zusammen spielen zu hören, auch wenn es sich nur um endlos lange Übungen handelte: Es war Musik, und das reichte mir. Ich werde nie meine erste Flucht aus Lugano vergessen: Ich war damals nach Mailand gefahren, um ein Konzert in der Scala zu besuchen. Ein Stehplatz auf der zweiten Galerie hatte 5000 Lire gekostet. Von dort oben hatte man den riesigen Kronleuchter formatfüllend vor Augen, aber wenn man ein wenig auf den Zehenspitzen balancierte, konnte man auch einen Blick auf die Sängerin erhaschen. Die Musik wirkte wie eine Droge auf mich: Sie entführte mich in eine Welt, in der ich wirklich existierte.

Die bleibendste Erinnerung aus meiner Kinderzeit und Jugend war aber die an die große Bücherwand. Das Bild dieser vielen Bücher erschien immer wieder vor meinem inneren Auge, auch weil ich davon träumte, eines Tages selbst eine große Bibliothek mein Eigen nennen zu können. Das schien mir noch erstrebenswerter als der Besitz einer Kunstsammlung. Im Laufe der Jahre sollte ich dieses Ziel auch erreichen: Ich lebte immer inmitten von Büchern und wusste stets genau, wo jeder Band stand: Es war, als wären sie alle in meinem Kopf, in einer Art von mentalem Katalog verzeichnet. In jüngerer Zeit habe ich viele meiner Bücher in Kartons aufbewahren müssen, denn das Zimmerchen, in dem ich in Rom wohnte, war wirklich kaum größer als ein Schrank. Die Stellflächen an den Wänden waren winzig, und ich hatte lediglich mitten im Raum ein offenes Ikea-Regal aufbauen können, aus dem die Bücher regelrecht herausquollen. Auf der einen Seite fielen sie auf mein Bett, auf der anderen auf meinen Schreibtisch, sodass sie mir hier wie da den Platz streitig machten. Das ging so bis zu dem Augenblick, da ich mich entschloss, meine Bibliothek zu verkaufen, weil mir klar war, dass ich nach meinem geplanten Coming-out gezwungen sein würde, mir eine neue Bleibe zu suchen. Meine Bücher wegzugeben, kam mir wie Mord vor oder vielmehr wie Selbstmord, zu dem ich auch von einer kräftigen Dosis Masochismus getrieben wurde. Doch es gab noch einen tieferen Grund für diese schwere Entscheidung: Mir war klar geworden, dass die Bücher mich der Welt, den Personen aus Fleisch und Blut entfremdet hatten. Zwar hatten sie mir dabei geholfen, die Absurditäten, die die Kirche mir auferlegt hatte, zu ertragen, doch sie hatten auch Bausteine meines Gefängnisses gebildet. Mich von ihnen zu befreien, war ein Exerzitium, das mir zwar ungeheuer schwer fiel, aber absolut notwendig war. Ich hoffe, dass in meinem neuen Leben früher oder später der Tag kommen wird, an dem ich meine Bibliothek werde rekonstruieren können: Ich werde neue Exemplare meiner alten Bücher kaufen, so wie meine Mutter sich ein neues Klavier gekauft hatte.

Als Homosexueller bin ich lange überzeugt gewesen, keine eigene Familie haben zu können – außer der natürlich, der ich selbst entstammte und die ich überdies sehr liebte. Heute weiß ich jedoch, dass es den Schwulen keineswegs auferlegt oder beschieden ist, in einer Gesellschaft, die Heterosexualität als Norm ansieht, ausschließlich für die eigenen Eltern, Geschwister, Onkel oder Tanten da zu sein. Alle schwul-lesbischen Personen haben, wie jeder andere Mensch, das Recht, eine eigene Familie zu gründen. Auf unserem kleinen Planeten streben alle, mit größerem oder geringerem Erfolg, danach, geliebt zu werden und ihrerseits zu lieben und nicht allein zu bleiben, denn die Natur drängt uns dazu, uns mit anderen zu vereinen. Einen schwulen Mann oder eine lesbische Frau daran zu hindern, dieses natürliche Verlangen zu befriedigen, ist grausam und herzlos.

Heute weiß ich, dass es für Homosexuelle Familien ihrer eigenen Wahl geben kann: Vielen meiner Freunde, die von den Familien, denen sie entstammen, abgelehnt werden, ist es gelungen, sich in neue Gemeinschaften zu integrieren, sich mit anderen zusammenzuschließen, und zwar auch noch auf andere Weise als durch die Heirat mit dem jeweiligen Lebensgefährten. In solchen Gemeinschaften finden sie, Gott sei Dank, endlich Anerkennung. Die Katholiken haben recht, wenn sie immer wieder erklären. dass die Familie die Keimzelle der Gesellschaft sei, gleichzeitig versuchen sie aber, die aus zwei Homos oder zwei Lesben gebildeten

Familien ideologisch zu vernichten. Doch diese Gemeinschaften regenerieren sich, sie werden wiedergeboren, sie leben wieder auf. Schwule und Lesben, die von ihren Eltern und Geschwistern abgelehnt, ausgeschlossen, verlassen oder auch einfach bemitleidet werden, sehnen sich danach, eigene Familien zu gründen. Oft tun sie sich andernorts mit Leuten zusammen, die ihnen so wohlgesinnt sind, wie Katholiken es den Geboten ihres Glaubens entsprechend gegenüber allen anderen Menschen sein müssten. Auf diese Weise bilden sich familienähnliche Gemeinschaften von Menschen, die niemanden hassen, erniedrigen oder verurteilen, sondern einfach nur… lieben. Über das, was eine Familie ausmacht, über die Zuneigung, den Respekt und die Treue, die zwischen ihren Mitgliedern herrschen sollten, habe ich von Homosexuellen mehr gelernt, als meine Kirche mir mit ihren abstrakten Lehren beibringen konnte. Schwule und Lesben sehnen sich genau wie die Heterosexuellen nach dem Gefühl von Sicherheit und Wärme, das ein Leben in einer Familie vermittelt.

Also lösen diese jungen Leute sich von ihren ursprünglichen Familien, um glücklich sein zu können oder um sich zumindest von der Unterdrückung durch ihre Mütter zu befreien, die aus Angst vor dem, was andere »denken« könnten, zittern und denen es nicht gelingt, das Irrationale an den ihnen oktroyierten religiösen Überzeugungen zu erkennen. Sie distanzieren sich von den Vätern, die bereit sind, sie zu verleugnen, und es besser fänden, sie wären tot, und von den anderen Familienmitgliedern, die hoffen, das lästige »Problem« würde durch irgendeine von Gott gesandte Seuche ein für alle Mal aus der Welt geschafft werden. Wie viele von ihnen haben ihre eigenen Verwandten hinter ihrem Rücken sagen hören: »Er ist eine kranke, perverse Schwuchtel« oder: »Sie ist eine abartige, spinnerte Lesbe… Sie ist von sich aus gegangen. Es ist nicht so, dass wir sie davongejagt hätten.« Leider schaffen es einige Homosexuelle ihr Leben lang nicht, sich von solchen Stimmen zu befreien, diese hallen ihnen ständig in den Ohren und treiben sie zur Verzweiflung.

Schwule und Lesben werden immer in der Minderheit sein. Doch das darf nicht dazu führen, dass die heterosexuelle Mehrheit denkt: »Wir sind in der Überzahl. Die Minderheit darf zwar tun, was sie will, aber sie soll gefälligst unsichtbar bleiben. Wir werden ihnen nie irgendwelche Rechte zugestehen.« Noch heute ist in vielen Familien, in vielen religiösen Gemeinschaften alles so, wie es immer war. Meine Kirche stellt die Homosexuellen immer noch als bestialische und gefährliche Feinde der Familie dar, als Zerstörer des häuslichen Harmonie und der Ehe. Doch paradoxerweise sehnen sich Schwule und Lesben oft mehr danach, eine eigene Familie zu gründen, als viele Heterosexuelle. Sie wünschen sich, ein normales, friedliches Alltagsleben führen zu können, ohne Angst davor haben zu müssen, zu sagen, wer oder was sie sind.

Ein ganz gewöhnliches Leben, in dem man ihnen ihre Würde lässt und sie in ihrer Andersartigkeit respektiert. Die Würde, die jede Person in ihrer Andersartigkeit besitzt.

Glaube

Um mit der Vorstellung meiner Person weiterzumachen: Ich bin immer zutiefst gläubig gewesen, das ist es, was mich charakterisiert.

Ich bin ein gläubiger Mensch mit einem gehörigen Maß an gesundem Verstand, weder integralistisch noch lauwarm oder gleichgültig, was diese Gläubigkeit betrifft. Der Glaube ist etwas, das ich mit der Muttermilch eingesogen habe. Meine Mutter hat mir meine erste Glaubenserfahrung eingeflößt, sie hat sie genährt, und ich habe sie sicher in mir verwahren wollen, um sie genau untersuchen zu können und zu verstehen. Von frühester Kindheit an hat mein Glaube mir viel abverlangt, es war der Glaube eines ernsten und gestrengen Ministranten, möglicherweise auch der eines zu ernsten und gestrengen. Man könnte vielleicht sagen, ich hätte es erst lernen müssen zu relativieren, meinen Glauben weniger zwanghaft, mit größerer Freiheit zu leben, so wie es der größte Teil der katholischen Priester und der Katholiken im Allgemeinen tut. Doch das hätte ich niemals gekonnt.

Das grundlegende Prinzip des Glaubens war für mich seine absolute innere Stimmigkeit. Die vollkommene Kohärenz seiner Vorschriften, Normen und Doktrinen. Die vollkommene Kohärenz jener Sicht vom Leben, die der Glaube an Gott hervorbringt. Eine Kohärenz, deren Logik ich aber erst einsehen musste: Nie habe ich daran gedacht, die Lehren der Kirche blind zu akzeptieren. Ich musste selbst die Beweise dafür finden, dass das berechtigt war, was die Kirche mich in einer Welt, die derart säkularisiert war, dass sie diese Logik nicht mehr selbst zu erkennen vermochte, zu glauben aufforderte.

Als Kind träumte ich davon, Archäologe zu werden: den Dingen auf den Grund zu gehen, ihren Ursprung zu ermitteln, die Vergangenheit zu verstehen, die Wurzeln unseres Seins aufzudecken. Möglicherweise aus demselben Grund wurde Jahre später die Metaphysik zu meiner bevorzugten Disziplin: Sie begibt sich auf die Suche nach dem *arché*, nach den Gründen des Seins. Dieselben Bedürfnisse suchte ich durch den Glauben zu befriedigen. Nachdem ich seine innere Stimmigkeit einmal verifiziert hatte, verteidigte ich ihn um jeden Preis. Ich verteidigte die Strenge der Morallehre der Kirche, ihrer Vorschriften und Normen – auch in Bezug auf die Sexualität. Doch auf diese Weise verlor ich die Bindung an die Realität und lief Gefahr, homophob zu werden sowie unfähig dazu, die wahren Bedürfnisse der Menschen zu erkennen. Ich entrüstete mich über eine Welt, die mir als inhuman dargestellt wurde, während ich selbst dabei war, mich von der Menschheit zu entfernen.

Vielleicht war mein Vertrauen in die Kirche ein wenig naiv, doch mein Glaube war so innig und rein wie der eines Kindes. Zu glauben war eine mich ganz und gar erfüllende Erfahrung, beruhigend und befreiend: Es vermittelte mir Sicherheit und Trost. Im Glauben fand ich Zuflucht. Ich war mir immer der Liebe Gottes gewiss und bin es weiterhin. Ich war und bin voll aufrichtiger Liebe für das Göttliche. Der Glaube hat mich auch gelehrt, mein Vaterland zu lieben, und er hat in Polen ein Bollwerk gegen die Unterdrückung durch die kommunistische Diktatur abgegeben.

Es war ein Glaube, der viel von mir gefordert hat. Die strengen Worte der Heiligen Schrift haben mich fasziniert und mein Denken geprägt. Ich erwartete mir keinen »Nachlass«, keine wie auch immer geartete Vergünstigung für meinen Glauben, aber was ich verlangte, war, dass zwischen den Glaubenssätzen und der Wahrheit, zwischen Doktrin und Realität keinerlei Widerspruch bestand. Ich war bereit, um meines Glaubens willen, um mich, was ihn betraf, zu vervollkommnen, sogar meine Mutter, meinen Vater zu verlassen, alles für Gott. Ich war überzeugt, dass meine Kirche mich nie etwas Falsches glauben machen würde, und im Unterbewusstsein spürte ich, dass ich es nicht ertragen würde, einen Widerspruch oder einen mangelnden Zusammenhang zwischen Glaube und Wirklichkeit, eine »Schizophrenie«, zu entdecken.

Mein Glaube geriet ins Wanken – oder besser: er machte eine Evolution durch –, als mir die Inkohärenz in der Haltung der Kirche im Hinblick auf die Realität der Homosexualität und Sexualität im Allgemeinen bewusst wurde. Was konnte ich tun, um mir meinen Glauben zu erhalten? Mich einfach von der Kirche lösen, aus dem Klerus ausscheiden? Nein! Ich konnte mich selbst nicht des Vergnügens berauben, die Funktionäre der Kirche – ausgesprochene Nichtstuer – für mich arbeiten zu lassen und zuzusehen, wie diese Männer mit ihren dummen, leeren Fratzen Suspendierungsbeschlüsse, Exkommunikationsentscheide, Strafverfügungen gegen den Verräter aufsetzten, gegen mich, der ich es gewagt hatte, mich ihren paranoiden Geboten nicht mehr zu beugen, sondern die Freiheit zu wählen. Ich wollte ihnen nicht das befriedigende Gefühl gönnen, meine Personalakte einfach »abzulegen«, sie zu archivieren, wie man es mit den Unterlagen jener macht, die aus der Kirche »austreten«. Auf diese Weise mussten sie sich zumindest etwas ausdenken, um ihre eigene Rolle und ihre eigenen Positionen zu rechtfertigen, und ihre ausgedehnten Kaffeepausen unterbrechen. Um meinen Glauben zu retten, nahm ich es hin, aus der Kirche ausgestoßen zu werden.

Bei einer der ersten Audienzen, die Papst Franziskus dem Präfekten der Kongregation für die Glaubenslehre gewährte, legte dieser dem Papst Beschlüsse vor, die man zur Disziplinierung eines alten Theologen verhängt hatte, und wie ich erfuhr, fragte der Pontifex den Präfekten: »Wäre es nicht besser, ihn zu einem Glas Bier einzuladen und von Bruder zu Bruder mit ihm zu sprechen, um das Problem aus der Welt zu schaffen?« Der Präfekt erzählte uns anschließend von diesem Vorfall, wobei er über die Naivität des neuen Papstes schmunzelte, die ihm zu zeigen schien, dass dieser keine blasse Ahnung davon hatte, wie man die Kirche regiert. Dem anderen Gehör schenken wie einem Bruder und versuchen, ihn zu verstehen? Doch nicht in der katholischen Kirche! Papst Franziskus bekannte sich offen zu einer Religion der Brüderlichkeit, der Empathie, des Mitleids, doch er hatte zu lernen, wie man sich in der realen Kirche verhält: dass man in ihr den Mund halten muss. Auch ich habe im Laufe der Zeit meine Lektion gelernt, ich habe erkannt, welche Scheinheiligkeit diesem allgemeinen Bekenntnis zur Brüderlichkeit innewohnt, dass es nur Fassade ist, hinter der sich die Bereitschaft verbirgt, dem anderen den Dolch in den Rücken zu stoßen, wobei formalistische Argumente die Waffe abgeben. Die Glaubenskongregation lachte über die Einfältigkeit von jemandem, der wirklich an das Ideal der Brüderlichkeit glaubte und daran, dass man mit Vernunft weiterkommen könne und der Realität Rechnung tragen müsse: Die Kirche wurde mithilfe von Gesetzen und Vorschriften regiert, denen man Folge zu leisten hatte, ohne deren Sinn zu hinterfragen oder darüber nachzudenken, in welchem Verhältnis sie zur Realität standen. Man hatte sklavisch zu gehorchen – oder man wurde rausgeworfen.

Daher habe ich mich öffentlich geoutet – als hoher Funktionär der katholischen Kirche.

Vaterland

Mein Vaterland ist Polen, ein Land mit einer glorreichen Geschichte.

Ich bin stolz auf meine Herkunft aus diesem Land; ich hätte nirgendwo anders geboren sein mögen. Für mich ist es ein europäisches Land und ein nobles. Ich bin Romantiker, und mir schießen die Tränen in die Augen, wenn ich daran denke, wie sich in meinem Heimatland eine Erhebung gegen Fremdherrschaft an die andere reihte und es nach deren Niederschlagung immer wieder auferstanden ist. Gleichzeitig träume ich aber davon, dass es frei sein möge von engstirnigen provinziellen Vorstellungen und Ideen, offen für alles, und dass seine Bewohner tolerant sein und jedem anderen Menschen Respekt entgegenbringen würden.

Ich bin in Gdingen auf die Welt gekommen, einer modernen Stadt in der Woiwodschaft Pommern. Sie bildet zusammen mit der alten Stadt Gdańsk (Danzig) und dem Badeort Sopot (Zoppot) die Region Trójmasto (Dreistadt). Gdingen war ein kleines Fischerdorf und hat sich zwischen den Weltkriegen zu einer modernen Großstadt entwickelt. Danzig hatte nach dem Ersten Weltkrieg aufgrund des Versailler Vertrag den Status einer »Freien Stadt« erhalten; der Zugang zu seinem Hafen wurde jedoch immer wieder behindert, und man beschloss daher, ungefähr fünfundzwanzig Kilometer vom Danziger Hafen entfernt einen neuen anzulegen.

Für mich bleibt Gdingen das Fenster, das sich wie auf einem Bild von René Magritte auf einen heiteren Himmel öffnet, der sich über die weite Welt spannt. Während unter dem kommunistischen Regime fast alle Fenster im Land fest verschlossen und die Vorhänge von innen zugezogen waren, blieben sie in Gdingen zumindest halb offen. Ich habe immer davon geträumt, in meiner Geburtsstadt ein geräumiges Haus zu besitzen, mit einem Panaromafenster im Obergeschoss, von dem aus man aufs Meer blickt, und einem Gemälde von Magritte an der gegenüberliegenden Wand.

Bei uns in der Region heißt Gdingen das »Korinth des Nordens«, wegen seines geschäftigen Hafens und des regen Schiffsverkehrs. Es erweckte den Eindruck eines modernen Handelszentrums und ließ sich allen Bemühungen des Regimes zum Trotz nicht gegenüber den Einflüssen aus dem Ausland abschotten, durch die auch das unter dem kommunistischen Regime im Allgemeinen öde und triste Kulturleben Anregungen erfuhr. In den achtziger Jahren wurden in Gdingen beispielsweise amerikanische Musicals aufgeführt, wie sie auch am Broadway zu sehen waren, von *Fiddler on the Roof* über *Jesus Christ Superstar* bis hin zu *Les Misérables.* Ich habe meine Stadt auch deswegen geliebt, weil dort der polnische Provinzialismus, wie Witold Gombrowicz, Stanisław Ignacy Witkacy oder Bruno Schulz[14] ihn beschrieben hatten, nur mehr eine ferne Erinnerung zu sein schien.

Auch wenn der Name Charamsa nicht so klingen mag, entstamme ich einer urpolnischen Familie. Es gibt ganz verschiedene Geschichten darüber, woher dieser Name eigentlich stammt, von denen die meisten jeder realen Grundlage entbehren. Mein Großvater behauptete, dass die Charamsas spanischer Herkunft waren und sich nach langer Wanderschaft durch mehrere europäische Länder in Polen niedergelassen hätten, und tatsächlich trifft man in Tschechien, Österreich und Deutschland auf Menschen, die so heißen. Anderen zufolge war der Name orientalischen, persischen oder arabischen Ursprungs. In Wirklichkeit verhält es sich jedoch so, dass die Vorfahren meiner Großmutter väterlicherseits ursprünglich in Moldawien zu Hause gewesen waren, während die des Großvaters aus der Woiwodschaft Wolhynien stammten, einem Gebiet, das heute zur Ukraine gehört.

Möglicherweise haben wir auch jüdische Wurzeln. Das würde vielleicht meine große Sympathie für die Brüder und Schwestern dieses Glaubens erklären. Ich habe nie die ablehnende Einstellung geteilt, nie jenes Misstrauen gegenüber Juden verspürt, die die Kirche und vor allem die Inquisition in den gläubigen Katholiken hervorzurufen versucht haben. Jahrelang habe ich mit diesem Widerspruch leben müssen: Ich mochte die Juden, war aber seitens der Kirche dazu verpflichtet, ihnen voller Argwohn und Feindseligkeit zu begegnen.

In der Einstellung der Kirche gegenüber den Juden sehe ich eine Parallele zu ihrer Einstellung gegenüber den Homosexuellen. Jede Form von Andersartigkeit flößt ihr Furcht ein, und sie versucht, diejenigen, die nicht der von ihr postulierten Norm entsprechen – also beispielsweise nicht heterosexuell sind –, zu »bekehren« oder … auszurotten. Es handelt sich um eine verschlagene, akribische Art der Ausrottung, für die keine Konzentrationslager nötig sind; man begnügt sich damit, täglich auf die Homosexuellen einzuhämmern, ihnen ihre psychische »Abartigkeit« bewusst zu machen und ihnen ihren Verstoß gegen die Moral und die Gesellschaft vorzuhalten.

Auch aufgrund meines Nachnamens, der nicht sehr polnisch klingt, ist meine Geisteshaltung, meine Mentalität in gewissem Sinn immer eine übernationale gewesen. Insofern ich Pole bin, bin ich auch Europäer. Ich fühle mich nicht als Sohn eines polnischen Staates, in dem psychologischer Druck auf jene ausgeübt wird, die seine patriarchalischen, misogynen und homophoben Traditionen ablehnen. Ich fühle mich nicht als Sohn eines vom Klerus beherrschten Polen, eines theokratischen Staates, der vielen orientalischen Staaten ähnelt, in denen die Geistlichkeit aktiv an der

Ausübung der Macht beteiligt ist und Entscheidungsgewalt über das Leben der Bürger besitzt. Ich weise den Provinzialismus Polens zurück, eines Landes, in dem man von religiösen Klischeevorstellungen erstickt wird, die kein eigenes Denken mehr zulassen, eines Landes, dessen Bürger blind glauben. Glauben und nicht denken, weil die Kirche bereits stellvertretend für sie gedacht hat. Fromm, unwissend und stumm: So ist der typische Pole, den der Klerus heranzuziehen sucht – und damit leider oft Erfolg hat.

Der tief im Volk verwurzelte Katholizismus hat uns Polen in der Vergangenheit sehr dabei geholfen, uns gegen die kommunistische Diktatur zur Wehr zu setzen. Nach dem Fall der Mauer wurde die katholische Kirche aber zu einer mediokren Institution, ganz und gar auf die Rückeroberung und Erhaltung ihrer Vorherrschaft im politischen und finanziellen Bereich konzentriert. Auf diese Weise hat sie es in den vergangenen fünfundzwanzig Jahren geschafft, das, was sie an Großem und Gutem unter dem Kommunismus zustande gebracht und bewirkt hatte, wieder zunichte zu machen. Ich hoffe nur, dass die Nachwelt über die Männer, die an der Spitze einer Institution gestanden haben, die Angst vor der Moderne hatte und sich als ihrer eigenen Rolle unwürdig erwies, das ihnen gebührende Urteil fällen wird. In nicht ganz drei Jahrzehnten haben sie meine Heimat in ein groteskes Land verwandelt, das der Götzenverehrung anheimgefallen ist: Papst Johannes Paul II. ist im Verlauf dieses Prozesses zu einer Art von Goldenem Kalb geworden, um das ein absurder Tanz im Gange ist. Es gibt mehr als tausendfünfhundert Schulen und Kindergärten, die nach dem polnischen Papst benannt sind, die Bischöfe haben kaum etwas anderes getan, als feierlich grässliche, ihm gewidmete Denkmäler einzuweihen. Man stößt jetzt in jedem Winkel des Landes auf eines, sie zeigen ihn in allen denkbaren Posen, und ein jedes scheint das andere an Hässlichkeit übertreffen zu wollen.

Mit demselben ideologischen Furor, mit dem das kommunistische Regime Statuen von Lenin oder Stalin hat aufstellen lassen, sind in jüngerer Zeit solche zur Erinnerung an den polnischen Papst errichtet worden, bisweilen am selben Standort, mit demselben Mangel an Stilgefühl und Gespür für das rechte Maß, wie er für die Kommunisten charakteristisch gewesen war.

Nach dem Fall der Mauer, man muss es leider sagen, hat die polnische Kirche die gleichen Methoden wie zuvor die Kommunisten angewandt, um die Seelen der Menschen zu beherrschen, sie unter ihre ideologische Kontrolle zu bringen und sich die verängstigten Massen untertan zu machen. In Europa mögen die diktatorischen Regimes zu existieren aufgehört haben, in meinem Land erhielt aber die Kirche eine solche Form der Herrschaft aufrecht, sie stieß in den frei gewordenen Raum vor. Lenin und Stalin waren von ihrem Podest gestoßen worden, auf das jetzt Papst Wojtyła gehievt wurde. Über diese Entwicklung konnte noch nicht einmal diskutiert werden, so wie man früher unter dem kommunistischen Regime seine Meinung nicht hatte frei äußern dürfen: Man lief Gefahr, des Verstoßes gegen religiöse Gefühle angeklagt zu werden. Schon einen Zweifel am Sinn oder Wert bestimmter Entscheidungen oder Vorhaben anzumelden, wird heute, wie damals zu Zeiten der Diktatur, als Angriff auf das System selbst angesehen. Die Funktionäre des neuen Regimes – also nicht mehr die Vertreter der Einheitspartei, sondern die der Kirche – rechtfertigen ihre Aktionen damit, dass diese vom Volk gewollt werden, dass sie nichts anderes tun, als den Wünschen der Massen nachzukommen. Sie verschweigen aber, dass sie sich auf diese Weise zu neuen »Bewusstseinsbildnern« erheben und das Volk ihren eigenen Vorstellungen und Interessen entsprechend manipulieren. Die Kirche verunstaltet meine Heimat mit Götzenbildern und behauptet, das Volk habe nach ihnen verlangt.

Als ich zum ersten Mal in Krakau jenes grässliche und kolossale Johannes Paul II. gewidmete »Papstzentrum« gesehen habe, das derzeit nur ein paar Schritte von einer ebenfalls riesigen, der Barmherzigkeit geweihten Kirche entfernt gebaut wird, war ich bestürzt. Dieser Papst, der sich gegen den Kommunismus gewandt hatte, blickte mir jetzt in der gerade fertiggestellten Krypta von jeder Wand entgegen: die monströsen Porträts des Pontifex erinnerten an die Darstellungen nordkoreanischer Diktatoren. Ähnliches wird bald in Warschau zu sehen sein: Dort errichtet man gegenwärtig mit öffentlichen Mitteln einen »Tempel der göttlichen Vorsehung«. Der Bau ist ebenfalls von kolossalen Dimensionen, er sieht wie ein monumentaler Bunker aus. Und man darf nichts gegen ihn einwenden. Die Kirche hat das Land flächendeckend mit unerträglich protzigen und hässlichen Gebäuden überzogen, wie es zu ihrer Zeit die Kommunisten getan haben, um ihre Macht zu demonstrieren und ihre Herrschaft zu festigen, wogegen man besser nichts sagte, auch nicht hinter vorgehaltener Hand.

Ich liebe mein Heimatland, das vielleicht in ökonomischer Hinsicht ein wenig ärmer ist als andere europäische Staaten, aber, wie gesagt, auf eine ruhmreiche Geschichte zurückblicken kann und einst offen und tolerant war. Ich liebe dieses Polen, das sich mit der 1364 gegründeten Jagellonen-Universität in Krakau einer der ältesten Hochschulen der Welt rühmen kann, dieses Polen, das sich als eines der ersten Länder der Moderne eine Verfassung gab, dieses Polen, das in verschiedenen Perioden seiner Geschichte in der Lage gewesen ist, die in anderen Regionen Europas unterdrückten und verfolgten Juden zu schützen, dieses Polen, in dem in anderen Epochen die Homosexualität nicht so streng unter Strafe gestellt war wie anderswo, aber auch dieses Polen, das sich nicht scheute, von den Türken den Schnitt und die Machart der Gewänder der Adligen zu übernehmen. »Mein« Polen war nicht xenophob, fundamentalistisch und unnachgiebig, sondern offen für alles Fremde und Andersartige und doch gleichzeitig stolz auf die eigene Identität, seine Kultur, seine Literatur, sein Theater. Wenn ich sehe, dass die Kirche heute die Spielpläne der Theater kontrolliert und es ihr gelingt, Aufführungen zu verhindern, die ihr nicht ins Konzept passen, dann frage ich mich manchmal, wo jenes Polen geblieben ist.

Mein Land hat zum Glück in den letzten Jahrzehnten einen wirtschaftlichen Aufschwung erfahren, doch in spiritueller Hinsicht hat es an Glaubwürdigkeit eingebüßt, weil es von einem Klerus geleitet wird, der aus ideologischen Manipulatoren besteht, die vielleicht geistig unterbelichtet sind, aber sehr geschickt, was die Förderung ihrer eigenen Karriere betrifft. Man unterscheidet nicht mehr zwischen dem, was für den Glauben eines katholischen Christen essenziell ist, und Maßnahmen, die die säkulare Macht der katholischen Kirche steigern – und Letztere erweisen sich nicht selten als anstößig und medioker. So wird jeder Pole, jede Polin danach bewertet und beurteilt, ob er oder sie mit der Aufstellung eines Kruzifixes an öffentlichen Orten einverstanden ist oder nicht – als ob das Kreuz nicht nur in jedem Zimmer der Wohnung einer christliche Familie vorhanden sein müsse, sondern auch in allen Räumen, die Christen sich mit Juden, Moslems und Atheisten teilen. In einem solchen Klima katholischer Präpotenz scheinen die »anderen« noch nicht einmal ein Existenzrecht zu besitzen.

Das heutige Polen ist ein Land, in dem es Diskussionen und sogar Empörung auslöst, wenn der neu gewählte Bürgermeister einer Stadt den Mut hat, ein Bild von Papst Johannes Paul II., das er von seinem Vorgänger geerbt hat, von der Wand seines Büros abzunehmen. In polnischen Amtsstuben hängt mittlerweile nicht mehr das Porträt des Präsidenten der Republik an den Wänden, sondern das eines toten Oberhauptes der Kirche!

In Polen stachelt die Kirche auf subtile Weise und unbemerkt zum Hass, zur Intoleranz und zur Diskriminierung auf, doch ich hoffe, dass der Tag kommen wird, an dem meinen Landsleuten die Augen aufgehen und sie in Scharen aus der Kirche austreten, an dem sie erwachsen werden, zivilisiert, tolerant und sich das Recht zurückerobern, selbst zu denken, und nicht mehr zulassen, dass der Klerus dies für sie tut. Ich träume jenen Tag herbei, an dem sie mündig werden: Ich möchte gewiss nicht, dass die Kirche ihre Gläubigen verliert, doch sehe ich gegenwärtig für die Polen keine andere Möglichkeit, um sich von einer pharisäischen und anmaßenden Geistlichkeit zu befreien.

Für dieses Klima kennzeichnend ist das, was nach dem Absturz der Präsidentenmaschine bei Smolensk im Jahr 2010 geschehen ist.[15] Es war eine nationale Tragödie; eine ganze Woche lang verfolgte ich im Fernsehen alles mit, was darüber berichtet wurde. Dabei weinte ich oft, nicht nur, weil ich leicht zu Tränen gerührt werde, sondern auch, weil ich mein Volk zutiefst liebe, dem an jenem Tag eine der größten Katastrophen in seiner Geschichte widerfuhr. Doch wenn ich heute bedenke, was dieses Unglück in Bezug auf die Mentalität des Volkes bewirkt hat, vergieße ich keine einzige Träne mehr. Die Tragödie ließ rasch eine große Zahl von lachhaften Mythen entstehen, explosionsartig Mutmaßungen bezüglich eines Attentats aufkommen und Verschwörungstheorien ins Kraut schießen, woraus die politische Rechte, die den Segen der Kirche besitzt, Kapital schlug. Und um den zahllosen grotesken Gedenkfeiern die Krone aufzusetzen, hat man ein maßstabgetreues Modell des Flugzeugs gebaut, aus dessen Fenstern die Gesichter der ums Leben gekommenen Politiker grinsen, und natürlich ist diese Rekonstruktion vom örtlichen Priester gesegnet worden. Vorübergehend waren die Denkmäler, die man entwarf, nicht mehr dem polnischen Papst, sondern diesem Ereignis gewidmet. Den Konservativen des Landes gelang es mit dem Beistand der Kirche, eine menschliche Tragödie in eine Folge von geschmacklosen Kundgebungen zu verwandeln.

Die Hauptpropagandawerkzeuge der Kirche waren in jenen Jahren der Radiosender »Maryja«, der Fernsehkanal »Trwam« (»Ich halte durch«) und die Zeitung namens »Nasz Dziennik« (»Unsere Zeitung«) geworden. Ich empfinde heute noch Bestürzung, wenn ich mich an den Hinweis erinnere, der auf dem Bildschirm erschien, wenn das Programm von »Trwam« beendet war: Die ganze Nacht lang war dort zu lesen: »Wir sind die einzige Stimme der Wahrheit, die in euer Heim dringt; unterstützt sie mit euren Spenden.« Es schmerzt mich, wenn ich daran denke, wie dieser Sender mit immer massiveren Mitteln propagandistischer Beeinflussung die Denkweise meiner Landsleute geprägt und umgewandelt hat.[16]

Dem allen zum Trotz träume ich weiter von einem aufgeschlossenen und toleranten Polen, einem Land, in dem nicht Ideologen das Sagen haben, die die Menge mithilfe von Propaganda manipulieren, mit Aussagen und Behauptungen, deren Wahrheitsgehalt nie bewiesen wird, sondern »erwachsene«, emanzipierte Gläubige. Ich bin mir aber bewusst, dass man noch ein paar Generationen lang wird warten müssen, bis ein solches Polen Realität wird. In der Zwischenzeit bleibt einem nichts übrig, als die Dummheit, die der Ideologie innewohnt, anzuprangern in dem Bewusstsein, dass es fast unmöglich ist, dass sich etwas von heute auf morgen ändert. Hinter allem verbirgt sich eine Denkweise, die die Kirche zu prägen verstanden hat.

Hut ab vor ihrer Effizienz.

Schule

Mit der Erinnerung an die Schule verbindet sich für mich das Gefühl permanenter Isolation.

Ich fühlte mich anders als meine Mitschüler, konnte das jedoch niemandem anvertrauen; ich konnte aber auch nicht hoffen, bei irgendjemandem Verständnis zu finden, und das führte dazu, dass ich mir ständig einsam vorkam. Wenn ich es genau überlege, war nicht ich es, der sich – aus eigenem Antrieb – absonderte: Das allgemeine Klima, die Feindseligkeit gegenüber allem Andersgearteten trieb mich dazu, mich in meiner eigenen Welt einzuschließen, wo ich für alle anderen unerreichbar war, doch von starken Gefühlen und Sehnsüchten erfüllt, zur Kunst hingezogen und Fantasien nachhängend. Es war die typische Entfremdungserfahrung eines Schwulen, der seine Andersgeartetheit und das, was sie zur Folge hat, noch nicht ganz begriffen hat, der aber ihretwegen Angst verspürt und daher den Kontakt mit der Außenwelt scheut.

War ich isoliert? Ja! Mir fehlten jedoch die Mittel, mein Anderssein zu erforschen. Heute haben die Homosexuellen – Männer wie Frauen, die genau wie ich jahrhundertelang nicht verstanden und aus der Gesellschaft ausgeschlossen wurden – begonnen, ihre eigene Gefühlswelt und ihr eigenes Universum zu erschaffen; sie haben den Mut gehabt, von etwas Neuem zu träumen, unbekanntes Terrain zu erforschen wie auch anderen die Augen für die Schönheit und die Kunst zu öffnen.

Ich war ein gewissenhafter Schüler, übertrieben pedantisch, und das war vielleicht der Grund dafür, dass manche mich unausstehlich fanden. Ich wollte für mich nur das akzeptieren, dessen Wahrheitsgehalt definitiv erwiesen war, und gab mich nicht mit provisorischen Lösungen oder halben Wahrheiten zufrieden, die nur für einen ersten Augenblick nützlich waren und dann nicht mehr. Ich nahm alles ernst; kurz: Ich war »widerwärtig« erwachsen. Es kommt mir heute so vor, als wäre ich nie wirklich jung gewesen.

Schon auf der Grundschule gab ich mir größte Mühe, immer die besten Noten zu erhalten. Im kommunistischen Polen musste man Russisch lernen, die Sprache der Unterdrücker. Sosehr ich den Kommunismus hasste, sosehr liebte ich die russische Sprache und Literatur. Ich schwärmte für Sankt Petersburg und die Eremitage und die weißen Nächte dort oben im Norden, für Moskau mit der Tretjakow-Galerie und dem Puschkin-Museum. Ich wusste so gut über diese Museen Bescheid, dass ich Führungen durch sie hätte veranstalten können.

Englisch lernte ich nicht in der Schule, sondern ich nahm Privatunterricht bei einer jungen Studentin, die aber nicht immer mit meinen Leistungen zufrieden war. Es fiel mir schwer, Grammatikregeln zu lernen und zu befolgen – es war wie eine angeborene Schwäche. Ich ahnte noch nicht, dass ich später, nachdem ich nicht mehr in Polen lebte, mit so vielen unterschiedlichen Sprachen konfrontiert werden würde.

Meine Mitschüler erschienen mir grob, und ich war vielleicht zu schwach für sie. Außerdem spielte ich nicht Fußball. Heute gibt es viele Schwule, die sich für diesen Sport begeistern, damals stand – aufgrund eines Vorurteils, das noch heute besteht – jeder, der nichts für Fußball übrighatte, im Verdacht, ein Muttersöhnchen oder gar eine Schwuchtel zu sein, und wurde deswegen verspottet.

Die Sportstunden setzten mir daher am meisten zu; ich hatte regelrecht Angst vor ihnen, weil ich fürchterlich unter den Verhöhnungen, mit denen meine Mitschüler mich über- schütteten, litt. Ich spürte, dass ich anders war, aber in mei- nem Inneren war ich auch stolz darauf, glücklich, mich vom Gros zu unterscheiden, wenngleich es mich schmerzte, nicht akzeptiert zu werden. Was die Sache noch dramatischer für mich machte: Ich hätte gern auch in Sport die Höchstnote bekommen, um mir nicht den Notendurchschnitt im Jahres- zeugnis zu verderben.

Im Lauf der Zeit habe ich, was die sogenannte »Körper- ertüchtigung« betrifft, mit meinen damaligen Mitschülern gleichgezogen. Ich gehe heute mindestens dreimal in der Woche ins Fitnessstudio. Ich habe Kickboxen, TRX Suspen- sion Training, Core Workout und Body Balance betrieben, vor allem aber Spinning. Als Jugendlicher hatte ich nie eine Diskothek besucht, und in gewisser Weise holte ich das jetzt nach, indem ich mir auf alle mögliche Weise Bewegung ver- schaffte. Ich fing mit Laufen und Schwimmen an und auch mit dem Skifahren auf den wunderschönen Pisten der Seiser Alm. Dort leistete mir bei den Abendmahlzeiten eine deut- sche Freundin Gesellschaft, wodurch ich Gelegenheit er- hielt, mich in ihrer Muttersprache zu üben. Heute bin ich ein sportlicher Mensch, und wenn ich an jenen schwäch- lichen Heranwachsenden zurückdenke, der ich einmal war, verstehe und bemitleide ich – das vor allem – dieses Jüngel- chen, das sich weinend in eine Ecke verkroch, wenn es in der Schule ausgelacht und gedemütigt wurde. Ich war, wie ge- sagt, einerseits stolz darauf, anders als die anderen zu sein, und wäre doch gerne genau wie sie gewesen!

Die Schulzeit war für mich also eine Zeit des angestreng- ten Lernens und des Leidens. Ich hatte Angst vor den ande- ren Jungen und fühlte mich gleichzeitig zu ihnen hingezo- gen. Überdies quälte mich, wie viele Heranwachsende, die Vorstellung, dass ihre Penisse größer waren als meiner. Das bildete ich mir jedenfalls ein: Zu Gesicht bekam ich nie einen.

Damals nahm mein großes Drama seinen Anfang: Ich war ganz allein, und ich rechtfertigte meine Einsamkeit vor mir selbst damit, dass ich Priester werden wollte. Schon als ich noch auf die Grundschule ging, war das mein inniger Wunsch. Als Kind »spielte« ich nicht Priester, ich wollte einer werden, und in jede Erinnerung, die ich an meine Kindheit habe, mischt sich dieser Wunsch hinein. Heute weiß ich, dass er zutiefst mit meinem Schwulsein verbunden war und mit der Neigung zur Spiritualität, die für viele Homosexuelle charakteristisch ist und sie besonders empfänglich für das Transzendente, das Göttliche, die Religion macht.

Mein Verlangen danach, mich zum Priester weihen zu lassen, hatte nichts damit zu tun, dass ich dann keine Ehe eingehen und keine Familie gründen müsste. Ich gehöre nicht zu denen, die sich im Bewusstsein ihrer sexuellen Orientierung und aufgrund des gesellschaftlichen Drucks, unter dem sie stehen, entscheiden, den Priesterrock anzulegen, weil ja die Existenz eines katholischen Geistlichen mit einem einsamen, ehelosen Leben einhergeht, ein solches rechtfertigt. Ich wollte Geistlicher werden, weil ich mich – mit der Sensibilität eines Homosexuellen – zum Spirituellen hingezogen fühlte.

Zum einen war mein Glaube bestimmend für mein Wesen, mein ganzes Denken und Fühlen, zum anderen aber auch meine Homosexualität, die jedoch vom Klerus empört abgelehnt, ja verdammt wurde. Als Priester wollte ich mich sozusagen mit Leib und Seele der Kirche darbringen, doch ein fundamentaler, untrennbar mit ihm verbundener Aspekt meines Seins wurde von ebendieser Kirche als unvereinbar mit der christlichen Moral gebrandmarkt.

Indem ich ins Innere der Kirche vordrang, hoffte ich, auf eine bedachtere und weniger arrogante Einstellung zu stoßen, darauf, dass man über das »Problem« diskutieren könnte, doch habe ich nie einen derartigen Beistand erfahren, nie den erhofften Halt gefunden. Geholfen hat mir stattdessen viel später die Lektüre der Schriften Michel Foucaults zur Sexualität und ihrer Geschichte im Westen.[17] Der französische Philosoph beharrte auf der zentralen Bedeutung der Sexualität für die Ausprägung der Persönlichkeit eines Menschen. Eine noch befreiendere Erfahrung ist aber für mich die Beschäftigung mit der Queer-Theorie von Judith Butler gewesen.[18] Fasziniert von ihren Büchern, meinte ich eines Tages zu einem anderen Priester: »Wenn nur zehn Prozent von dem, was diese Frau schreibt, zutreffen, hätte die Kirche Anlass zu zittern und müsste beginnen, sich ihrer Analyse zu stellen.« Mein Mitbruder, der einen angeborenen Sinn für Humor hatte und die Neigung besaß, alles zu entdramatisieren, antwortete: »Genau aus dem Grund, dass sie mit mehr als zehn Prozent von dem, was sie sagt, recht zu haben scheint, werden wir uns nicht im Geringsten mit dieser Dame beschäftigen. Außerdem ist sie ja eine Frau und womöglich eine Lesbe.« Butler ist tatsächlich lesbisch! Einen Augenblick lang haben wir über diese Kirche lachen können, die solche Angst vor einem ihr fremden Denken hat.

Dass ich mich in der Schule einsam fühlte, bedeutete nicht, dass ich überhaupt keine Freunde hatte. Zu ihnen zählten sogar Mädchen: Ich erinnere mich vor allem an zwei. Die eine lernte ich auf der Grundschule kennen, die andere auf dem Gymnasium. Mit der ersten ging ich die Oper, als wir dreizehn oder vierzehn waren (damals dauerte die Grundschulzeit in Polen acht Jahre). Ein solches Verhalten schien mehr zu Rentnern zu passen, doch das Opernhaus war der Ort, an dem ich mich wohler fühlte als anderswo, nirgendwo sonst war das Ambiente, die Atmosphäre derart *gay*. Die Oper hat mich immer angezogen, durch sie fühlte ich mich eins mit dem Träumer in mir, dem Kreativen. In jüngster Zeit habe ich sie ein wenig vernachlässigen müssen, denn mein Verlobter schläft in den Aufführungen immer ein: Was die Oper betrifft, so scheint er kein typischer Schwuler zu sein. Mit dem zweiten Mädchen aus meiner Jugendzeit führte ich gerne lange Gespräche über Geschichte und philosophische Themen. Vielleicht erweckten wir beide auch in diesem Fall eher den Eindruck von zwei Senioren, die ihr Berufsleben bereits hinter sich haben, als von zwei Jugendlichen, die die Liebe erkunden möchten. Beide Mädchen waren sehr nett, doch im Grunde floh ich auch vor ihnen. Ich sah sie als Freundinnen an, als Freundinnen eines Schwulen, nur dass sie nichts von meiner Veranlagung ahnten. Und ich musste alles daransetzen, dass es so blieb…

Ich fühlte mich wohl in ihrer Gesellschaft, sie waren sensibler und ernsthafter als meine männlichen Altersgenossen, die mich womöglich als verweichlicht angesehen hätten – wovor ich damals große Angst hatte. Heute würde es mir nichts mehr ausmachen, aber damals war ich ständig besorgt, dass ich den Eindruck machen könnte, »eine Memme« zu sein, der sich an den Röcken seiner Mama »festklammert«, oder »ein Bubi, der nur mit Mädchen zusammen ist«, die ja weniger galten als Jungen. Diese Angst, als effeminiert angesehen zu werden, vielleicht eine verinnerlichte Form von Misogynie, begegnete mir später oft innerhalb des Klerus. Eine solche Geringschätzung des Weiblichen ist auch für die Homophobie charakteristisch: Ein Homosexueller ist für schwulenfeindliche Männer nichts anderes als ein effeminiertes, unglückliches Schwein. Heute bin ich gelassen, was meine Virilität betrifft: Ich liebe meine Männlichkeit, die mich andere Männer lieben lässt. Im Lauf der Zeit haben wir Homosexuellen unsere Männlichkeit zur Genüge unter Beweis gestellt: Wir sind keine effeminierten Typen, sondern fühlen uns im Umgang mit Männern wie mit Frauen wohl; wir verstehen Letztere und unterstützen sie, wenn sie ihre Rechte einfordern, wie jeder Mann sie unterstützen sollte. Heute sind es höchstens die homophoben Männer, in denen die Angst aufkommt, als »weibisch« angesehen zu werden, eine Angst, der sie entkommen wollen, indem sie sich aggressiv gegenüber Homosexuellen verhalten.

Während meiner Adoleszenz war ich, dieser tugendsame Schüler, mir meines Schwulseins nicht voll und ganz bewusst – zumindest verdrängte ich die Tatsache. Ich »tötete« dieses Bewusstsein, mein eigenes und eigentliches Ich, indem ich tagtäglich tapfer Suizid beging… ein masochistischer Akt. In meiner Gefühlswelt war nur Raum für mein Verlangen, Priester zu werden. Das Streben nach einem Leben in Einsamkeit, einem Leben, das dem Lernen und dem Lehren gewidmet war, beherrschte mich ganz und gar.

Das Gymnasium, das ich besuchte, war eines der besten Polens, worauf ich immer stolz war. Es war eine ganz besondere Lehranstalt, da nämlich in einigen Fächern Englisch die Unterrichtssprache war. Von den verschiedenen Fächern war mir das »weiblichste«, nämlich Geschichte, lieber als das »männlichste«, also Mathematik. Ich hasste die naturwissenschaftlichen Fächer, doch der Zweig, in dem das Hauptgewicht auf Geschichte und Literatur lag – was mir eigentlich entsprochen hätte –, galt als weniger gut. Ich wählte daher den physikalisch-mathematischen. In den ersten zwei, drei Jahren lief alles bestens, weil der Algebralehrer mehr Philosoph als Mathematiker war. Ich fieberte immer dem Moment entgegen, in dem er, mitten im Unterricht, die schrecklichen Rechenoperationen sein ließ und mit seinen suggestiven metaphysischen Überlegungen begann. Die Situation wurde für mich jedoch dramatisch, als dieser Lehrer pensioniert wurde und wir nun von einem Mann unterrichtet wurden, der nur seine Zahlen und Formeln ernst nahm. Für mich wurde Mathematik damit zu einem hermetischen Fach, zu einer Art Geheimwissenschaft, zu der ich keinen Zugang fand. War vorher schon der Sportunterricht ein Albtraum für mich gewesen, quälten mich jetzt auch noch die Mysterien der Mathematik. Was hätte ich nicht dafür gegeben, mich ausschließlich mit Literatur, Geschichte, Philosophie beschäftigen zu können! Was hätte ich nicht dafür gegeben, denken zu dürfen, statt rechnen zu müssen!

Ich tröstete mich, wenn es einmal eine Freistunde gab. Die nutzte ich aus, um mich still und heimlich in eine nahe gelegene Franziskanerkirche zu verdrücken und dort zu beten. Es waren innige Momente, über die ich mit niemandem sprach. In jenen Stunden intensiven inneren Empfindens betete ich nur darum, nicht schwul zu sein. Ich flehte Gott darum an, mich von solchen Gefühlen zu befreien, mich von meinen Zweifeln zu erlösen, die Gelüste auszulöschen, die sich nicht in mir festsetzen durften.

Doch Gott erhörte meine Gebete nicht, vielleicht weil es ihm missfällt, wenn jemand um etwas bittet, das gegen seine Natur geht, anstatt sich dazu zu zwingen, diese seine Natur zu verstehen und anzunehmen. Gott hat mich nicht von meinem Verlangen erlöst, davon, dass ich mich zu Männern hingezogen fühlte und Lust dabei empfand, doch in jenen Augenblicken fand ich Frieden in meinen Gebeten. Ich war immer unbeschwerter, wenn ich aus der Kirche zurückkam, als ob jenes innere »Problem« vorübergehend »beiseitegeschoben« worden wäre oder als ob Gott es völlig belanglos fände und sich für etwas anderes, Wertvolleres an mir interessierte.

Diese befreiende Erfahrung, die mir der Dialog mit Gott vermittelte, ist immer in mir lebendig geblieben, obwohl sie später weder im Priesterseminar noch in meinem Alltag als Diener der Kirche so etwas wie eine Auffrischung erfuhr oder sich wiederholte – im Gegenteil. In der Regel wurden Priester nicht dazu angehalten, eine persönliche Beziehung zu Gott einzugehen, eine Fähigkeit, die wir dann auch an die Gläubigen hätten weitergeben können. Man lernte nur, mechanisch eine Reihe von frommen Handlungen, von

Ritualen auszuführen, die die Kirche einem vorschrieb, mit der Drohung, man beginge eine Sünde, wenn man sich nicht daran hielt.

Zum Glück habe ich aber als Heranwachsender gelernt, wie man im Gebet ein echtes Zwiegespräch mit Gott führt.

Berufung

Ich fühle mich von Gott zum Priesteramt berufen.

Von Anbeginn an habe ich gewusst, dass ich Priester werden wollte. Später trug ich mich mit dem Gedanken, Archäologe zu werden und Geschichte zu studieren, doch schloss sich das alles nicht notwendigerweise gegenseitig aus. Vielleicht wären archäologische Grabungsarbeiten nicht mit einer seelsorgerischen Tätigkeit vereinbar gewesen. Vielleicht. Sicher ist das nicht, und wenn, dann hätte das nur für diesen Beruf gegolten.

Wahrscheinlich wollte ich Geschichte studieren, weil ich eine angeborene Affinität zu allem hatte, was alt und althergebracht war, was also die Zeiten überdauert hatte. Auch das Christentum fordert einen ja auf, sich an Vergangenem zu orientieren. Im Altertum fand ich die Antworten auf meine Fragen, und ich ließ mich nicht durch die Gegenwart ablenken. Auf die zeitgenössische Kunst und Literatur blickte ich damals herab. Ich tauchte ganz in die Vergangenheit ein, die sich mit jener »Zeit der Kathedralen« deckte, welche für mich Gesetz und Ordnung repräsentierte, etwas, das mir Vertrauen und Sicherheit einflößte. Später würde ich innerlich damit fertigwerden müssen, dass jene historische Periode zugleich für Ungerechtigkeiten, Vorurteile und Verdächtigungen stand. Diese Epoche der Strenge und Disziplin hatte auch ein Klima der Intoleranz und Diskriminierung hervorgebracht, das jahrhundertelang bestehen blieb. Erst nachdem mir das aufgegangen war, begann ich mich auch in das Denken der Jetztzeit zu vertiefen, dem modernen Menschen ins Antlitz zu blicken, das Wesen der modernen Kunst zu erforschen.

Im Grunde verlangte ich nicht danach, die Geschichte offenzulegen, sie »auszugraben«, sondern mich mit den Gewissheiten meiner christlichen Prägung in sie einzugliedern. Mein innerer Zustand von damals lässt sich am besten verdeutlichen, indem man ihn mit dem des heiligen Christophorus vergleicht, meines persönlichen Schutzheiligen. Meine Mutter hatte sich entschieden, mich nach ihm zu nennen, weil ich bei meiner Geburt ein schwächliches Kind war und den Beistand eines starken Heiligen nötig hatte, um mich zu einem gesunden und kräftigen Jungen zu entwickeln. Der Legende nach hatte Christophorus, der möglicherweise von Beruf Soldat war, sich entschlossen, in den Dienst des mächtigsten Herrn von allen zu treten: Gott. Es heißt, dass Christophorus anderen half, an einer Stelle, wo es keine Brücke gab, einen Fluss zu überqueren. Als er eines Nachts in seinem Lager am Flussufer schlief, wurde er von der Stimme eines Kindes geweckt, das darum bat, auf die andere Seite gebracht zu werden. Trotz seiner Müdigkeit setzte Christophorus sich den Knaben auf die Schultern, zuversichtlich, dass er ihn schnell und ohne Mühe hinübertragen könne. Als er aber ins Wasser stieg, begann das Gewicht des zarten Geschöpfes ihn hinabzudrücken. Erst als er erschöpft am gegenüberliegenden Ufer angekommen war, fragte er das Kind, wer es sei, und dieses offenbarte ihm: »Ich bin der Herr der Welt, dem du dienst. Ich bin der Gott, der Mensch geworden, das göttliche Kind.«

Auch ich habe immer jenem Herrn dienen wollen, der keinen Mächtigeren über sich hat. Diese Hingabe an den christlichen Gott war radikal und absolut und ließ keine anderen Wahrheiten als ihn zu, wie auch keine anderen Wege, um zur Wahrheit zu gelangen, als ihm zu dienen. Schon als Kind, als kleiner Junge, empfand ich das Christentum als den sichersten Hafen, den es in meinem Leben geben könnte, und was dies betraf, bestand für mich nie die geringste Ungewissheit, gab es nicht den geringsten Zweifel, keinerlei Einschränkung. Ich war mir dessen absolut gewiss. Ich fühlte mich wie Christophorus als »Träger Christi«. Ich wollte wie er sein, anderen helfen, zur Wahrheit, die jenseits des Stromes des Lebens lag, zu gelangen. Ich war radikal und aufrichtig, heute würde ich sagen: auch ein wenig naiv, unbedarft und zu arglos. Vielleicht ist deswegen nicht Wut meine primäre Empfindung gewesen, als ich begann, mich ernsthaft mit dem verlogenen Verhalten des Katholizismus in Bezug auf Homosexualität auseinanderzusetzen, nicht Wut darüber, betrogen und so lange Zeit hinters Licht geführt worden zu sein. Ich verspürte vor allem tiefe Traurigkeit, bittere Enttäuschung und ein Gefühl der Leere in mir. Ich wollte nach wie vor meiner Berufung folgen, doch ich begriff zu meinem tiefen Leidwesen, dass jenes System, das mich getragen hatte, so wie Christophorus den Heiland, dabei war, zu zerfallen. Die Kirche zwang mich zur Unterwerfung, zur Unaufrichtigkeit und Heuchelei. Voller Angst und Scheinheiligkeit ließ sie keine ernsthafte Auseinandersetzung mit wissenschaftlichen Studien zur Homosexualität zu, sondern hielt an kränkenden und verletzenden klischierten Ansichten fest. So wuchs in mir die Enttäuschung über ein solch borniertes und nur der eigenen Ideologie verpflichtetes Denken, diese Unfähigkeit zu einer vorurteilsfreien Untersuchung der Realität, diesen absoluten Mangel an Verlangen, sich mit der Wahrheit, der Wirklichkeit auseinanderzusetzen.

Im Lauf der Zeit ging es mir mehr und mehr wie den beiden Hauptpersonen in *Warten auf Godot*: Ich fühlte mich von immer unsinniger werdenden Botschaften vonseiten der Kirche überhäuft, ich wusste nicht mehr, ob ich mich in die absurde Situation schicken oder aus Verzweiflung darüber lachen sollte. Samuel Beckett hatte mit seinem Stück die Realität getroffen.

Diese Erfahrung bestätigte mir jedoch die Authentizität und die Validität meiner Berufung, von der ich auch nie abrücken werde. Ich werde für immer die Wahrheit suchen und sie in mich aufnehmen. Ich werde auch daran festhalten, dass meine Berufung mit meiner sexuellen Orientierung vereinbar ist: Ich bin Priester, ich bin *gay* – und ich bin überglücklich, das eine wie das andere zu sein.

Ein Seminar – oder vielmehr drei

Immer wieder muss ich über das Geheimnis nachdenken, das sich in jenen Worten verbirgt, die Paulus von Tarsus zur Charakterisierung von etwas verwendete, das ihm Schmerz und Leiden verursachte: Es sei wie »ein Pfahl im Fleisch« (2 Korinther, 12, 7).[19]

Was war es, das ihn derart quälte, dass er sich zu einem solch expliziten Bekenntnis hinreißen ließ? Schon als ich jung war, schien mir, dass Paulus sich damit auf etwas bezog, das wahrscheinlich auch manchem Papst oder Kardinal nicht fremd war: nämlich die eigene Homosexualität. Wenn das zutraf, dann erklärte es, warum er sich so obsessiv mit den sexuellen Beziehungen zwischen Männern beschäftigte, in denen sich für ihn der Teufel manifestierte. Ich würde diese Fixation heute als Homophobie bezeichnen, verursacht und ausgelöst von Angst und Ablehnung seiner selbst als Homosexuellem.

Bereits als Heranwachsender ahnte ich also, dass diese Worte des Paulus irgendetwas mit Sexualität, oder genauer: mit Homosexualität, zu tun hätten. Das war meine persönliche Exegese dieser Paulus-Stelle, die nie bestätigt wurde, weil man in der Kirche unmöglich über eine solche Hypothese hätte sprechen können. In der Tat hieß es immer nur, dass diese Stelle »dunkel« sei und unterschiedlich ausgelegt werden könne. Auf der anderen Seite fragte ich mich, als Lehrling in der Kunst des Glaubens, ob es überhaupt Sinn habe, eindeutig zu ermitteln, was es eigentlich genau war, das Paulus quälte. Meine Antwort darauf war: Nein. Doch es brauchte nicht viel, um mehr als einen Zweifel an seiner sexuellen Orientierung in mir wach werden zu lassen. Er war gelehrt, klug, hatte seine Studien erfolgreich absolviert, war voller Glaubenseifer und legte ein gewisses Maß an Misogynie an den Tag – alles Charakteristika, die auf eine mögliche, nicht oder nur heimlich ausgelebte Homosexualität hinweisen konnten. Leider veranlasste Paulus mich in meinen mich prägenden Jahren, zu glauben, dass Homosexualität etwas sei, gegen das man ankämpfen müsse wie gegen eine Krankheit, etwas, das der Teufel einem geschickt hatte. In der Tat wurden die Schriften des Paulus von der Kirche immer zur formellen Verurteilung homosexueller Menschen herangezogen. Doch hat Paulus nie von Homosexualität gesprochen, sondern immer nur von »Homogenitalität«, das heißt von Geschlechtsverkehr zwischen Männern, unabhängig davon, ob diese von Natur aus homo- oder heterosexuell waren. Weder Paulus noch ein anderer biblischer Autor konnten über die unterschiedlichen sexuellen Veranlagungen der Menschen Bescheid wissen oder sie verstehen, da diese damals noch gar nicht im eigentlichen Sinne »erfasst« waren. Das heißt, dass sie auch nicht in adäquater Weise über die mit ihnen verbundenen Verhaltensweisen und Affekte urteilen konnten. Auch was dies betrifft, war Paulus Sohn seines Volks und seiner Zeit. Ihm war zwar nicht unbekannt, dass homogenitale Akte, also Geschlechtsverkehr zwischen Männern, bei den Judäern streng verboten war, um die eigene religiöse Identität vor Praktiken zu schützen, die in der heidnischen Welt – wie auch aus Passagen in der Bibel hervorgeht – oft mit Götzenanbetung und kultischer Prostitution verbunden waren. Auf der anderen Seite wusste er als gebildeter Mensch, der die griechische Welt gut kannte, dass in ihr sexuelle Beziehungen zwischen einem älteren und einem viel jüngeren Mann keineswegs als widernatürlich angesehen wurden. Sein vernichtendes Urteil galt allenfalls der

Päderastie und nicht der »gesunden Homosexualität«, wie wir sie heute – spätestens seit Weinberg – kennen.

Im Lauf der Jahrhunderte haben mit Sicherheit Tausende von Männern mit homosexuellen Gelüsten und Empfindungen eine Ausbildung an katholischen Priesterseminaren durchlaufen, und man hat ihnen dort eingetrichtert, welches die einzig wahre Interpretation der Aussagen des Paulus zur Homosexualität ist. Sie lautet angeblich kurz zusammengefasst: »Hasse die Homosexuellen, sie sind in alle Ewigkeit verloren und werden nicht mit uns zusammen ins Paradies gelangen.« Auch ich habe diesen Albtraum erlebt, in einem von der Außenwelt abgeschotteten Ambiente, unter anderen Männern, die paradoxerweise alle wie Frauen gekleidet waren. Ja, auch ich habe eine solche Indoktrinierung über mich ergehen lassen müssen.

Ich habe in meinem Leben drei Seminare kennengelernt. Das erste in Polen, das zweite in der Schweiz und das dritte schließlich in Rom, wo ich allerdings bereits zu den Lehrern gehörte.

Nachdem ich in das Seminar in Polen eingetreten war, konnte ich es sehr bald kaum noch erwarten, meine Familie wiederzusehen, die Menschen, die mir lieb waren … und den Rest der Welt. Ich lebte im Seminar in unsinniger Isolation. Es war, als ob man die Beziehungen eines jeden Seminaristen zu anderen Menschen durchtrennen, ihn in eine Art Gefängnis oder Irrenanstalt einschließen wollte. Sechs Jahre später, nach der Weihe zum Priester, würde man dann von ihm verlangen, wieder eine normale Beziehung zu seinen Mitmenschen aufzunehmen! Das Weihnachts- und das Osterfest war immer ein Albtraum, weil wir Seminaristen gezwungen waren, die Feiertage in diesem trostlosen Ambiente zu verbringen, wo uns überdies ein Fraß vorgesetzt wurde, wie man ihn eigentlich allenfalls Tieren hätte zumuten können. Das Schlimmste, das, was einem das Leben dort wirklich vergällte, war jedoch die Art und Weise, in der die Erzieher mit uns Seminaristen umgingen.

Das Ziel der gesamten Ausbildung war es, uns auf Mediokrität hin zu trimmen, dafür zu sorgen, dass wir bestimmte Gebote verinnerlichten und gewisse Dinge automatisch verrichteten, das heißt, dass wir gehorchten, Befehle mechanisch ausführten, uns Höhergestellten unterwarfen und uns ihnen gegenüber servil verhielten. Wenn der Umgang von Erziehern und Seminaristen so aussah, dann war das gewiss nicht die Schuld der Schwulen, von denen Benedikt XVI. behauptet hat, ihnen mangele es an »affektiver Reife« und sie seien unfähig, »normale« Beziehungen, auch solche väterlicher oder brüderlicher Art, einzugehen. Er hat dieses Urteil in einer schriftlichen »Instruktion«[20] gefällt, die nicht nur übertrieben scharf formuliert ist, sondern auch Unwahrheiten enthält und jeder wissenschaftlichen Grundlage entbehrt. An affektiver Reife mangelt es, und als unausgeglichen in ihren Beziehungen zu anderen erweisen sich vielmehr die »Produkte« der Seminare, die jahrelang von der Realität ferngehalten und daran gehindert werden, ein Netz »gesunder« Beziehungen zu anderen aufzubauen. Die katholischen Seminare, vor allem die in Polen, waren die perfekten Schmieden, um Personen hervorzubringen, die ganz darauf geeicht waren, alles den Vorschriften entsprechend formal perfekt auszuführen, aber unfähig dazu, sich mit der eigenen Sexualität auseinanderzusetzen.

Ich habe die polnischen Seminare nie ausstehen können, diese großen Kasernen, in denen die Rekruten eines Heeres gedrillt wurden, das im Dienste einer restriktiven Ideologie stand. Wenn ich an die Absurdität einer solchen Art von Gemeinschaftsleben denke, danke ich Gott, dass ich es nur zwei Jahre lang habe ertragen müssen, allerdings zwei Jahre, die mir sehr lang vorkamen. Abends um zehn Uhr hieß es »Licht aus«, wie in einem Internat für Minderjährige, die zudem noch schwachsinnig waren. Wir alle hatten uns daher kleine Taschenlampen besorgt, um unter der Bettdecke oder hinter einem Schrank versteckt theologische Schriften studieren zu können. Im Licht der Vernunft gesehen, kann einem das nur pervers und widernatürlich vorkommen.

Das Seminar war überdies der Ort, an dem man den Höhergestellten schmeicheln, sich in ihre Gunst einschleichen, die eigene Aufmerksamkeit und Gehorsamkeit herausstreichen und bedingungslose Hingabe an Gott vorspiegeln konnte. Man konnte sich Verdienste erwerben – jedenfalls handelte es sich in den Augen der Erzieher um solche. Das war nötig, weil es von den launenhaften Urteilen der Erzieher abhing, was aus einem wurde. Wir waren auf die Gnade dieser Männer angewiesen, die über uns thronten wie die Götter der griechischen Mythologie über den Sterblichen – ihrer Willkür ausgeliefert, ihren Rachegelüsten. Sie waren allmächtig – zum Wohle der Kirche. Man musste Jahre im Seminar verbringen, bis man endlich freigelassen wurde: als beflissener, artiger Priester.

In dem Schweizer Seminar, das ich im Anschluss besuchte, konnte ich zum Glück viele positivere Erfahrungen sammeln. Es ähnelte mehr einem Kolleg für Theologiestudenten als einem Priesterseminar. Es ging dort viel offener zu: auch in einem ganz konkreten Sinn. Ich bekam den Schlüssel zur Eingangspforte ausgehändigt, etwas, das in Polen ganz undenkbar gewesen wäre. Ich wurde wie ein Erwachsener, wie ein Student behandelt, nicht wie ein unreifer Junge, dem man Mädchenkleider angezogen und den man in einen Hort für Kleinkinder gesteckt hatte. Und ich konnte selbst entscheiden, wann ich nachts in meinem Zimmer das Licht ausmachen wollte. Ich war dort rundum glücklich, obwohl ich mit dem Italienischen eine neue Sprache lernen und auch sonst mit einer ganzen Reihe von Schwierigkeiten fertigwerden musste. Am Ende des ersten Jahres, bei einem Bootsausflug auf dem See, machte der Regens mir aus heiterem Himmel den Vorschlag, ein Probejahr als Gemeindepfarrer und Religionslehrer an einer Grundschule zu absolvieren. Ich traute meinen Ohren nicht – und nicht nur, weil ich im Italienischen noch unsicher war.

Die Erfahrungen, die ich in einer Gemeinde von Gläubigen in Lugano machte, gehören zu den schönsten meines Lebens. Das Stadtviertel nannte sich Besso, und vor der Kirche stand noch das alte Gebäude der Druckerei, die 1848 das von Antonio Rosmini anonym verfasste Werk *Delle cinque piaghe della Santa Chiesa* (Die fünf Übel der Heiligen Kirche) herausgebracht hatte. Es war später vom Sant' Uffizio aufgrund von vierzig »Fehlern«, die man dem Autor nachgewiesen hatte, auf den Index gesetzt worden.[21] Nach Jahren im Seminar wurde ich Priester in der Gemeinde Besso, wo ich einem ausgezeichneten Pfarrer zur Seite stand; er hatte zwar keine große Nähe zu den Gemeindemitgliedern, war aber für mich damals ein Leitstern und Vorbild aufgrund der Vernünftigkeit und der Freiheit seines Denkens, die mit einer tiefen Gläubigkeit einhergingen. Ich war sehr jung, spürte aber eine gewisse Reife in mir, und ich hatte das Gefühl, dass ich bereit und gerüstet war, den Gläubigen ein spiritueller Vater zu sein. Ich war damals von etlichen Homosexuellen umgeben: Sie waren Freiberufler, brave Lehrer oder Priester, mustergültige Mitglieder der Gesellschaft; es wäre mir nie eingefallen, sie als »Perverse« abzuurteilen. Ich frage mich heute, was für eine Klischeevorstellung von einem Schwulen Benedikt XVI. mit sich herumtragen muss, wenn er sich veranlasst sah, Homosexuellen zu verbieten, Priester zu werden.

Der wahre Albtraum war für mich das Seminar in Rom, in dem ich drei lange Jahre als Studienpräfekt *(prefetto degli studi)* fungierte. Ich glaubte, dass es nicht schlimmer kommen könnte, als es in jenem ersten Seminar in Polen für mich gewesen war: weit gefehlt! In dem römischen Seminar habe ich unvorstellbare Absurditäten kennengelernt. Die Erfahrung der Absurdität wurde dadurch gesteigert, dass ich das ganze widersinnige Geschehen jetzt aus der Perspektive eines Erziehers sah, denn ich war ja für die geistige Formung, oder besser: *Ver*formung, der Seminaristen verantwortlich geworden. Gott sei Dank ist diese Institution wenig später geschlossen worden. Ich verfasste in dem Zusammenhang ein detailliertes Gutachten, in dem ich die Zuständigen über die sinnlosen Vorgänge informierte, die ich miterlebt hatte und zu denen ich gezwungenermaßen auch noch meine Zustimmung hatte erteilen müssen.

Ich werde nie die endlosen Zusammenkünfte mit dem Rektor vergessen. Seine Reden erinnerten an die Ansprachen südamerikanischer Diktatoren, zum Glück hielt er sie aber vor nicht mehr als dreißig Leuten. Wir mussten uns unsinnige Monologe anhören, zu denen wir anschließend noch nicht einmal schüchterne Fragen stellen durften, weil das als ein freches Anzweifeln der Richtigkeit der Suada aufgefasst worden wäre, mit der unser erleuchteter Herr und Meister uns gerade beglückt hatte.

Ich habe also Seminare in den beiden katholischsten Ländern Europas besucht, in Polen und in Italien, und ich musste erfahren, dass man hier wie da zur Unaufrichtigkeit und Heuchelei erzogen wurde. In Polen beispielsweise war es den Seminaristen verboten, auch nur einen kleinen Tropfen Wein zu trinken, doch sofort nach der Priesterweihe war einem das und noch viel mehr erlaubt. Aber wehe, wenn man einen Tag davor mit einem Bier in der Hand erwischt wurde: man wurde entweder des Seminars verwiesen oder öffentlich gedemütigt. Das Ergebnis war, dass viele, wenn sie das Seminar absolviert hatten, zu Alkoholikern wurden – zu öffentlich trinkenden Gemeindepfarrern!

Die katholischen Priesterseminare ähneln oft Krankenhäusern für Kinder, die eine Sonderbehandlung nötig haben, auf die man besonders achtgeben muss, weil sie unreif und unverantwortlich sind, nicht zu denken vermögen und einer genauen und strengen Beaufsichtigung bedürfen. Sie werden so überwacht, wie man auf zweijährige Kinder aufpasst, damit sie sich nicht am glühend heißen Bügeleisen verbrennen. Und sie werden bestraft, wie man ein Kind bestraft, wenn es den Befehlen, die es erhalten hat, nicht gehorcht, sondern wissen will, »warum« es das oder jenes tun soll. Das Einzige, was man lernen muss, ist blinder und kritikloser Gehorsam, ein Gehorsam, der verhindert, dass irgendetwas infrage gestellt oder darüber diskutiert wird. Das, was ich am Seminar mehr hasste als alles andere, war, dass man uns zu militärischer Disziplin erziehen wollte und uns behandelte, als wären wir geistig zurückgeblieben.

Glücklich fühlte ich mich nur in dem Schweizer Seminar in Lugano: Es war eine andere Welt, obwohl man sich auch dort ausschließlich unter Katholiken befand. In meiner Heimat glaubt man, dass die Polen die einzig wahren Katholiken sind, weil sie nämlich alle Regeln und Gebote befolgen: Freitags rühren sie kein Fleisch an, und im Mai rennen sie Abend für Abend zur Marienandacht. Sie waren überzeugt, dass alle außer ihnen allenfalls Mitleid verdienten … eher aber die ewige Verdammnis!

Was mir am Seminar in Lugano gefiel, waren die Studien, denen ich dort nachgehen konnte. Sie faszinierten mich und vereinnahmten mich ganz und gar. In ihnen konnte ich mich verwirklichen, und sie ließen mich vergessen, wie fern ich der realen Welt war. Ich hatte immer das Gefühl, nicht genügend Zeit zu haben. Meinen Freunden gegenüber klagte ich ständig, dass ich mit meinem Pensum hinterherhinkte, eigentlich noch gar nichts gelernt hätte und pauken müsse, pauken, pauken …. Als Seminarist schloss ich aber auch erste Freundschaften mit anderen Männern. Ich wählte dafür immer solche aus, die von einem Hauch Exklusivität umgeben waren, und ich unterzog sie stets einer längeren »Prüfung«, bevor ich, auch nur vor mir selbst, zugab, dass sie Freunde waren.

Oder vielmehr: Es gab immer *einen* Freund. Einen besonderen Freund.

Zölibat

Ich habe nie gegen das Zölibatsgelübde verstoßen, das ich abgelegt habe, als ich zum Priester geweiht wurde.

Ich höre schon jene hinter meinem Rücken zischeln, die glauben, im Besitz der Wahrheit zu sein und das Recht zu haben, im Namen der gesamten Menschheit zu urteilen: »Was redet der denn da, dieser Kranke, dieser Perverse, diese Schwuchtel, dieser Schwule, dieser Sohn des Teufels, der sich wie die letzte Sau benommen hat?« Ich vernehme diese Urteile, diese Meinungen, die von der Kirche stillschweigend gebilligt werden. Aber vielleicht verbirgt sich hinter solcher Wut ein Zweifel am Sinn des Zölibats. Wozu soll Ehelosigkeit gut sein? Warum soll man jemandem ein solch großes Opfer abverlangen?

Ich habe nie gegen mein Gelübde verstoßen, weil Ehelosigkeit ein Gebot ist, das Geistlichen der römischen-katholischen Kirche von der Annahme ausgehend auferlegt wird, dass diese eine heterosexuelle Orientierung ihr Eigen nennen. Heterosexualität ist für sie gewissermaßen »obligatorisch«.[22] Für die Kirche ist es tatsächlich undenkbar, dass Priester schwul sein könnten, deswegen verbietet der Zölibat es ihnen nur, eine *Frau* zu berühren. Dieses Verbot verdankt seine Existenz also der Überzeugung, dass jeder Mann zwangsläufig heterosexuell veranlagt sein müsse; es berücksichtigt nicht die menschliche Natur in ihrer Gesamtheit, lässt nicht zu, dass jemand auch homo sein kann.

Von allen Geboten war das der Ehelosigkeit dasjenige, das zu befolgen mir am leichtesten fiel. Eine reine Formalität. Es bedeutete für mich keinen Verzicht, wie es ihn in der Regel für einen Heterosexuellen bedeutet hätte. Auch ohne diese Verpflichtung hätte ich niemals die Absicht gehabt, sexuelle Beziehungen zu einer Frau aufzunehmen, eine Ehe einzugehen und im herkömmlichen Sinne eine Familie zu gründen. Ich habe nie Zweifel daran gehabt, was für einer Person ich meine Liebe schenken wollte: auf keinen Fall einer weiblichen. »Keine Mädchen, keine Frau an deiner Seite für dein ganzes Leben, keine Mutter deiner Kinder«, das mussten wir uns im Seminar bis zum Erbrechen selbst vorbeten.

Alfred Kinsey, der amerikanische Sexualwissenschaftler, Autor des berühmten *Kinsey-Report* (1948–1953), der ersten groß angelegten Untersuchung des menschlichen Sexualverhaltens, erklärte, dass es nur drei Arten von Perversion gebe: Abstinenz, Zölibat und späte Ehe. Alles andere sei »natürlich«. Es gäbe vielleicht etwas gegen eine so radikale Kategorisierung einzuwenden, doch ich bin absolut der Ansicht, dass man wirklich darüber nachdenken müsste, ob mit dem Zwang zur Ehelosigkeit dem Menschen nicht etwas Unnatürliches auferlegt wird.

Theoretisch müsste ein Priester erst die eigene Sexualität kennen- und lieben lernen, um dann auf der Basis dieser Erfahrung auf die Schönheit ehelicher Liebe zu verzichten. Während ein Heterosexueller also seine Sexualität der Kirche opferte, hätte ein Homosexueller gar nicht erst das Recht, sie frei von Gewissensbissen kennen- und lieben zu lernen, da sie »falsch« ist.

Erst in jüngster Zeit, während des Pontifikats von Benedikt XVI., hat die Kirche aus Erschrecken über sich selbst und die schwulen Priester in ihren Reihen, die immer mutiger wurden, jene »Instruktion« erlassen, Homosexuellen die Zulassung zum Priesteramt zu verweigern, und sie damit zu verantwortungslosen und unreifen Menschen abgestempelt. Um gewährleisten zu können, dass dieses Verbot in die Tat umgesetzt werden kann, müsste man aber ermitteln, wer schwul ist und wer nicht; man müsste sich am Vorgehen gewisser Ordensschwestern orientieren, die vor dem Eintritt der Novizinnen ins Kloster deren Jungfräulichkeit überprüfen. Vielleicht würde man sich dabei die erniedrigenden und unwissenschaftlichen Tests zunutze machen, die in einigen Ländern zur Identifikation von Homosexuellen angewendet werden und die jetzt endlich vom UN-Ausschuss gegen Folter für unrechtmäßig erklärt worden sind. Ich mag gar nicht daran denken, zu welchen Untersuchungsmethoden man greifen könnte, wenn der »Kandidat« seine Homosexualität nicht aus freien Stücken einräumt: vielleicht zu einer Überprüfung seiner Prostata in Gegenwart von drei Höhergestellten oder möglicherweise auch zu einem Verfahren zur »Erkennung des Teufels«, wie es von irgendeinem erleuchteten katholischen Psychologen ersonnen wurde? Und konsequenterweise müsste man eine weitere »Instruktion« erlassen, durch die auch der Papst, die Kardinäle, Bischöfe, Pfarrer und sogar die Diakone dazu verpflichtet würden, sich einem Test zu unterziehen. Wie könnte der aussehen? Vielleicht sollte man ihnen irgendein pornografisches Bild vorlegen und den Grad ihrer Erregung beim Betrachten messen...

Was das Verheimlichen und Verbergen meiner Homosexualität vor mir selbst betrifft, die Fähigkeit, zu verdrängen, was ich in mir fühlte, so bin ich ein wahrer Champion gewesen. Als Jugendlicher versuchte ich mir hartnäckig einzureden, dass die Gefühle, die ich in meinem Inneren verspürte, in Wirklichkeit gar nicht existierten. Es handelte sich im Grunde um eine Anwendung der Hegel'schen Metaphysik vom Nichts, vom Nicht-Sein im Sein der Dinge. Erst viel später habe ich den Film *Latter Days* (2003) und die beiden weniger bekannten *The Falls* (2012) und *The Falls: Testament of Love* gesehen, die von homosexuellen mormonischen Missionaren handeln. In dem, was diesen Männern in dem fundamentalistischen und homophoben Ambiente ihrer Religionsgemeinschaft widerfuhr, sah ich meine eigenen Erlebnisse und Erfahrungen als Missionar der katholischen Kirche widergespiegelt. Mir schien, als würde ich mit leichten Abwandlungen, die den etwas andersgearteten Geboten meiner Religion geschuldet waren, ein ganz ähnliches Drama wie diese Mormonen durchlaufen.

Paradoxerweise sollte gerade ich im Rahmen meiner Tätigkeit im Vatikan verantwortlich dafür sein, für das Sant' Uffizio eine »wissenschaftliche« Untersuchung über die theologische Bedeutung des Zölibats durchzuführen. Der Grund für eine solche Untersuchung und ihr Ziel mochten auf den ersten Blick rätselhaft erscheinen, doch handelte es sich einfach nur darum, eine Erklärung aufzusetzen, die der Papst dann unterschreiben würde. Diese Erklärung besagte, dass der Zölibat zwar eine Disziplinarmaßnahme sei, die die Urkirche nicht gekannt habe, sondern die erst viele Jahrhunderte später eingeführt worden sei. Ehelosigkeit sei aber dennoch eine unabdingbare Voraussetzung für den Dienst als Priester. Es ging mithin nur darum, die Überzeugung zu untermauern, dass man an dieser Einrichtung nicht rühren und ihren Sinn nicht zur Diskussion stellen dürfe – mit anderen Worten, dass alles so bleiben müsse, wie es seit Jahrhunderten gewesen war. Am Ende jedoch gaben die mit dem Projekt beauftragten Theologen des Vatikans, jene »Wissenschaftler des Regimes«, nur den Anstoß dazu, dass einige unbedeutende Veranstaltungen abgehalten wurden. Ansonsten bewirkten sie gar nichts. Man kehrte daher zu der altbewährten Strategie zurück: das katholische Denken mit diskreten, aber entschiedenen Botschaften in die erwünschte Richtung zu lenken. Man musste einfach jede gegenteilige Ansicht verbieten, jedem, der nicht mit den Wölfen heulte, das Maul stopfen und jedes Nachdenken über den Sinn des Zölibats verhindern. Man musste alles daransetzen, damit die Leute nicht zwischen unveränderlich feststehenden Glaubenssätzen, wie »Gott ist Gott«, und akzessorischen Ansichten, die sich im Verlauf der Zeit ändern und weiterentwickeln müssen, unterscheiden.

Schließlich mussten wir den Zölibat energischer verteidigen als den Glauben an sich. Wir konnten nicht vorhersehen, dass Papst Franziskus selbst öffentlich erklären würde, der Zölibat diene nur der Disziplinierung und sei zu diesem Zweck vermutlich erst um das zehnte Jahrhundert erfunden worden. Wir hatten nicht geahnt, dass wir den Papst selbst zum Schweigen bringen müssten, und mussten uns nach dieser seiner Aussage natürlich fragen, was wohl jene wilden Tiere von christlichen Priestern bis zum Jahr 1000 getrieben hatten.

Ich, der Schwule, bin meinem Zölibatsgelübde treu geblieben, weil ich in meinem ganzen Leben nicht jene Art von Geschlechtsverkehr praktiziert habe, die für die Kirche einzig und allein existiert: Das heißt, ich bin nie mit einer Frau ins Bett gegangen – im Unterschied zu dem einen oder anderen Kardinal, dem, wie es so schön heißt, »Vaterglück« zuteilwurde. Als Schwulen hätten sie mich nur bezichtigen können, einen Akt zu vollziehen, der für sie irreal, nicht existent ist. Doch wegen eines Delikts, das nicht existiert, kann man niemanden verurteilen, Ich habe also nichts getan.

Es gab und gibt aus der Sicht des Klerus folglich keine Schwulen innerhalb der Kirche. Die Negation der Existenz schwuler Geistlicher war und ist ein echtes spirituelles Verbrechen. Dieses Verbrechen wird sehr diskret, ohne dass man seiner gewahr wird, begangen, und zwar auf allen Ebenen einer Gemeinschaft, die von Homophobie durchdrungen ist und in der Heterosexualität in diktatorischer Weise zur Norm erklärt wird. Es kümmert niemanden, welche Leiden und Traumata das für jene mit sich bringt, die keine Schuld daran trifft, dass sie schwul sind, und die man eigentlich mit dieser Veranlagung glücklich leben lassen müsste.

Kommen wir zu meiner Person zurück. Im Seminar war ich ein vorbildlicher Priesteranwärter: Ich gehörte zu den eifrigsten, gewissenhaftesten, fleißigsten Seminaristen. Ich wollte alles begreifen, verstandesmäßig durchdringen. Es ist mir aber nie gelungen, wirklich zu verstehen, was der Sinn des Zölibats war. Je mehr ich mich mit seiner Geschichte befasste, desto verwirrter und auch besorgter wurde ich: Wir hatten etwas verpflichtend gemacht, das eigentlich fakultativ gewesen war, das heißt, dem man sich ursprünglich freiwillig hatte unterwerfen können. Wir hatten jede Diskussion über dieses Gebot, ein Leben in Ehelosigkeit zu führen, ausgeschlossen. Noch unverständlicher war für mich die Tatsache, dass ein großer Teil der Ostkirche den Zölibat nicht verpflichtend vorschrieb.[23] Damit die Katholiken im Westen keine verheirateten Priester der Ostkirche zu Gesicht bekämen, untersagte es der Vatikan Letzteren, in den Bereich der Westkirche zu ziehen, etwas, das sich im Zeitalter umfassender Migration aber immer schwerer kontrollieren ließ. Und als ob das nicht genügen würde, begann die katholische Kirche vor ein paar Jahrzehnten, die Geistlichen anderer Konfessionen, zuerst der protestantischen, dann der anglikanischen, die zu katholischen Priestern geweiht werden wollten, von der Verpflichtung zum Zölibat zu befreien. Was die anglikanischen Traditionalisten betrifft, die zum Katholizismus konvertiert sind, scheinen mir viele von ihnen homosexuell zu sein, ihre Veranlagung aber zu unterdrücken. Sie sind verheiratet, leben also nicht zölibatär, und sind jetzt trotzdem katholische Priester! Was für ein Durcheinander.

Trotz allem gibt es weiterhin jenes unsinnige Versprechen, das einem, um Gott Ehre zu erweisen, abverlangt wird. Und ich bin ihm treu geblieben.

Wie soll man etwas ändern, an das wir seit Jahrhunderten gewöhnt sind? Wie soll man eine Vereinigung, die zu den mächtigsten der Welt gehört, eines ihrer wirkungsvollsten

Instrumente berauben, mit dem sie sich von der Welt und vom Leben abkapselt? Wie soll man den Zölibat abschaffen, der eingerichtet wurde, damit ein Priester sich nicht mit ehelichen und familiären Angelegenheiten befassen muss, sondern alle Freiheit hat, sich um Geld, Macht, Herrschaft und die eigene Karriere zu kümmern?

Ich halte mich an dieses Gebot, das die römische Kirche, ausgehend von der Überzeugung, dass Heterosexualität die Norm vorgebe, verhängt hat, auch wenn es mich aufgrund meiner – durchaus gesunden – Natur nicht betrifft. Doch wie lange kann man uns betrügen, indem man uns solche von Menschen ersonnenen monströsen, inhumanen Gesetze als himmlische Gebote präsentiert?

Kirche

Früher dachte ich, ich müsste nur Geduld haben. Irgendwann würde meine Kirche mit ihren Konzilen und den
wechselnden Päpsten an ihrer Spitze die Augen öffnen und
ihre abstoßende Einstellung gegenüber der Sexualität der
Menschen, gleichgültig, ob diese homo- oder hetero-, trans-
oder intersexuell sind, ändern.

Als ergebener Sohn der Kirche träumte ich damals davon, der
Erste zu sein, der an dem Tag, an dem die Doktrinen revi-
diert werden würden, dies als Ergebnis einer kohärenten Entwicklung, eines harmonischen Progresses erklären könnte,
mit dem die ganz andersgearteten Überzeugungen der Zeit
davor nicht negiert, sondern den Forderungen der Gegenwart angepasst würden. Ich malte mir aus, dass die Kirche die
neuen Erkenntnisse der diversen Wissenschaften endlich ernst
nehmen würde, und dass ich die Kirche verteidigen würde,
da ich zu einer aufgeklärten, vorurteilsfreien Auseinandersetzung mit den Ergebnissen der Forschung und des rationalen
Denkens fähig war. Ich träumte davon, dass an jenem Tag nur
die »Bösen« sagen würden, diese Öffnung der Kirche erfolge
zwei- oder dreihundert Jahre zu spät, wenn man die enormen
Fortschritte in der Wissenschaft und im Denken der gesamten
Menschheit in Betracht zöge.[24] Ich würde darauf antworten,
dass die Kirche, die einzig wahre Lehrmeisterin der Menschheit, wieder einmal genau den richtigen Zeitpunkt getroffen
habe, um ihre Dogmen und Doktrinen der neuen Zeit anzu-
passen. Und ich würde glücklich darüber sein und – davon
war ich fest überzeugt – meiner Kirche bis zum Ende meiner
Tage treu bleiben.

Dann aber kam der Augenblick, in dem ich begriff, dass ich nicht in sklavischer Ergebenheit darauf würde warten können, bis sich innerhalb der Kirche ein solcher Gesinnungswandel vollzog. Das hätte mich zu sehr zermürbt, und ich hätte die mir von Gott gewährte Lebenszeit wegen eines in seinem Namen begangenen Betrugs und des zu langen Aufschiebens von Reformen sinnlos vergeudet. Ich konnte mein Leben nicht mit dem Warten darauf verschwenden, dass sich Konstellationen an der Spitze der Kirche so wandelten, dass man dort gelassen und frei von Komplexen über die menschliche Sexualität in allen ihren Erscheinungsformen nachdachte. Dann wollte ich lieber sterben.

So hat mir die Einstellung der Kirche zur Sexualität den Tod nahegebracht auf eine Weise, wie es der talentierteste Schüler Martin Heideggers nicht besser vermocht hätte. Heidegger ist ein Denker, der vom Klerus gehasst wird. Er wollte die Wirklichkeit, unser Sein, lediglich beschreiben, nicht nach dessen Sinn fragen, als er befand, dass dieses Sein eines »zum Tode« sei. Ihrer Ablehnung des Philosophen zum Trotz verschaffte die Kirche dieser abstrakten Erkenntnis Heideggers Geltung in der Realität: Ich begann zu begreifen, dass der Tod einem Leben vorzuziehen war, welches mit dem Warten darauf verbracht wurde, dass eine nicht genau determinierte Vernünftigkeit oder Verständigkeit in die höchsten Ränge der Kirche Einzug halten würde. Und ich war traurig: Ich hatte die Kirche zu dem Bereich erwählt, in dem ich mein Leben führen wollte, als den einzigen Raum, in dem sich meine »Biografie« vollziehen sollte, und nun vergällte mir die Kirche mein Dasein. Ich fragte mich, wie viel die guten und richtigen Dinge, die die Kirche tat, zählten, wenn sie gleichzeitig ihren Anhängern das unbeschwerte, freie Ausleben der eigenen Sexualität unmöglich machte, wenn sie die Homosexuellen, die doch keinen geringen Anteil an der Menschheit stellen, in Grund und Boden verdammte und zutiefst erniedrigte, nur weil sie nicht bereit war, sich mit den Erkenntnissen der Philosophie sowie den Entwicklungen auf den Gebieten von Anthropologie und Naturwissenschaft auseinanderzusetzen.

Meine Kirche ist sich bis heute nicht bewusst, dass ihre Rückwärtsgewandtheit und Negation der Realität viele, die echten und wahren Glaubens sind, ohne Anlass zerstören und »terrorisieren«. Es handelt sich um die gleiche Art von Gewalttätigkeit, die gleiche Form von Diskriminierung, wie man sie gegen die Juden einsetzte, denen man den Tod Christi anlastete, gegen Frauen, denen sogar das Recht zu wählen verweigert wurde, gegen Sklaven, gegen Angehörige anderer christlicher Bekenntnisse und Personen von anderer Rassenzugehörigkeit, denen das Recht zu heiraten vorenthalten wurde, weil das dem Willen Gottes angeblich zuwiderliefe.

All diese widerwärtigen Akte werden mit dem andersgearteten historischen Kontext gerechtfertigt, in dem es zu ihnen kam. Es werden Begründungen vorgebracht wie: »Das waren andere Zeiten… Es ist nicht unsere Schuld… Jetzt haben wir alles neu geregelt.« Doch die Berufung auf früher herrschende andere Umstände reicht nicht aus als Entschuldigung. Damit können die Betroffenen, deren Rechte mit Füßen getreten wurden, nicht beschwichtigt werden.

Weil sie nicht aufwachen und ihre vielen Versäumnisse endlich gutmachen will, vernichtet die Kirche die Schwulen in spiritueller, psychologischer und sozialer Hinsicht und treibt sie nicht selten auch in den Tod. Sie schafft jenes Klima, in dem Hass auf Schwule, Lesben, Bisexuelle, Transsexuelle, Intersexuelle gedeiht – ja, eigentlich auf jede leicht verletzliche Person, deren einzige Schuld darin besteht, einer Minderheit anzugehören und zu versuchen, so wie sie ist, glücklich zu leben.

All das sät Tod und Verderben. Das ist gewiss, auch wenn niemand nachweisen kann, wie hoch die Zahl der Opfer ist.

Es kann auch niemand aufzeigen, welche Konsequenzen es hat, wenn die Kirche immer wieder Nächstenliebe predigt, »die Anderen« aber in Wirklichkeit verurteilt und abgelehnt.

Auch wenn die Kirche vielleicht ein wenig von der Theorie hat abrücken müssen, dass Homosexualität eine pathologische Deformation, ein Verbrechen und etwas Widernatürliches sei, glauben viele Kleriker nach wie vor, dass es sich dabei um ein psychisches Leiden handelt, von dem der Befallene geheilt werden kann, und zwar mithilfe verschiedener Therapien, wie Eintauchen in Eiswasser, Elektroschocks, reichlich Fußball im Wechsel mit Lektüre des Katechismus und der Bibel (wobei aber die Abschnitte im 1. und 2. Buch Samuel, die auf den Freundschaftsbund zwischen David und Jonatan Bezug nehmen, tunlichst ausgelassen werden sollten). Außerdem soll es helfen, wenn der Patient enge Freundschaft mit dem Therapeuten-Priester schließt. Andere, wie zum Beispiel die Katholiken Afrikas, beharren aber darauf, dass Homosexualität etwas Kriminelles sei, das gesetzlich verfolgt werden müsse. Wieder andere sind der Ansicht, es handele sich um eine widerwärtige und widernatürliche Störung. All diese Einstufungen der Homosexualität sind von der Wissenschaft und der Zivilgesellschaft überprüft und als nicht zutreffend zurückgewiesen worden. Die Kirche kennt aber nur eine Antwort auf diese Argumente: Die modernen – angeblichen – Erkenntnisse seien lediglich Früchte einer Ideologie, die der einzigen wahren Wissenschaft, der traditionellen katholischen, feindlich gesinnt sei. Ihr ist als Hauptargument geblieben, dass Homosexualität »das Laster wider die Natur« sei, die Sünde, derer sich die Einwohner von Sodom schuldig gemacht hätten, das Laster also, das bereits im Alten Testament stigmatisiert wird.

Wenn die Kirche sich dagegen entscheidet, ihre Auslegung homosexueller Veranlagung zu revidieren, mag sie meinetwegen ihren Oberen die sich daraus ableitenden irrationalen Verbote auferlegen, oder denen, die ihr in absoluter Treue ergeben sein wollen. Sie darf aber nicht das Recht haben, mit dieser Auslegung die Gesellschaft, die Völker und die freien Staaten so gravierend zu beeinflussen, wie es tatsächlich geschieht: Der Hass der Kirche übersteigt bereits alle Grenzen, er hat die Gesellschaft mit großer Kraft durchdrungen. Die Kirche übt einen in keiner Weise gerechtfertigten Druck aus. Die internationalen Gemeinschaften und die Regierungen der einzelnen Staaten sind dazu verpflichtet, diesem Treiben energischen Widerstand entgegenzusetzen: Sie dürfen sich dem Obskurantismus der gegenwärtigen Interpretation einer mehrdeutigen Bibelstelle durch die katholische Kirche nicht beugen.

Verzicht

Ich habe mich nicht erst nach einem sorgfältigen Abwägen des Für und Wider entschieden, Priester zu werden.

Mir war klar: Wenn auch der einem heteronormativen Denken entspringende Zölibat für mich keine große Entsagung bedeuten würde, so würde ich auf vielfältige andere Weise Verzicht leisten müssen, wobei an erster Stelle meine Freiheit zu nennen war. Ich nahm das in Kauf, weil ich mein ganzes Leben Gott und den Menschen widmen wollte. Ich wollte meinen Mitmenschen Mitgefühl und Solidarität schenken, mich ganz dem Dienst an ihnen hingeben. Das alles aus einem aufrichtigen religiösen Empfinden heraus, einer tiefen spirituellen Veranlagung, einem unmittelbaren Gewahrsein des Transzendenten.

Wenn ich jedoch heute zurückblicke, wird mir bewusst, dass ich viele unnütze Opfer gebracht habe, ja sogar solche, die völlig sinnlos waren. Mir ist jetzt klar, dass das Unbehagen, das ich oft in mir verspürte, Ergebnis der Verlogenheit war, zu der ich gezwungen wurde, und des ungesunden Verhältnisses zu mir selbst. Mir ist inzwischen bewusst, dass es absurd war, meine Sexualität zu unterdrücken, sie zu sublimieren und mich, was sie betrifft, Theorien zu unterwerfen, die nicht angefochten werden dürfen, obwohl sie falsch sind.

Ich habe mein Leben aus einer tief in mir verwurzelten und ausgeprägten spirituellen Veranlagung heraus, wie man sie bei vielen Homosexuellen findet, der Kirche gewidmet. Es wäre natürlich abwegig zu behaupten, wie einige es tun, Homosexuelle seien anderen überlegen oder zumindest besondere Menschen. Doch ist mir immer wieder aufgefallen, wie viele von ihnen ein ebenso starkes religiöses Empfinden besitzen, wie es mich selbst auszeichnet. Die Homophoben werden auf eine solche Bemerkung hin sagen, dass Schwule eben starke weibliche Züge hätten, Weichlinge seien. Ich kann darauf nur antworten, dass ich über das Niveau von primitiven Kneipenwitzen hinausgelangen möchte, und dass solche Weicheier oder Schlappschwänze eher jene »Machos« sind, die mit ihrem Gepoltere und Gorillagehabe vermutlich nur ihre Schwäche und Angst maskieren wollen. Vielleicht trägt der eine oder andere noch eine Klischeevorstellung mit sich herum, die in den sechziger Jahren verbreitet war, doch die Schwulen von heute sind nicht weniger männlich als viele Heterosexuelle. Ich für meine Person will meine Männlichkeit in vollen Zügen genießen, indem ich meiner Veranlagung Folge leiste. Das tut aber meiner tiefen Spiritualität keinen Abbruch.

Verschiedene wissenschaftliche Untersuchungen – und nicht nur die sogenannten *gender studies* – haben ergeben, dass bestimmte Charakterzüge, die als typisch »weiblich« oder »männlich« gelten, keineswegs ausschließlich Frauen beziehungsweise Männern zu eigen sind, wie man es uns *ex cathedra* glauben gemacht hat. Es gibt homosexuelle Männer, die sich anderen widmen und deren Haltung von persönlichem Verzicht und Selbstverleugnung geprägt ist. Bei ihnen findet man besonders oft auch ein ausgeprägtes spirituelles Empfinden. Doch in meiner Kirche gelten Homosexuelle nur als Jüngelchen, die ganz von einer egoistischen Suche nach neuen sexuellen Reizen und Jagd nach Vergnügungen in Saunen, Darkrooms und Schwulenklubs vereinnahmt sind. Nichts könnte weniger der Wahrheit entsprechen!

Häufig ist es die Heteronormativität, die diese Klischeevorstellung vom sexsüchtigen Homo entstehen lässt. Manche Heterosexuelle kennen nur dieses einzige Bild von

Schwulen. Es ist in jenem Klima des Terrors geboren, das die Homophobie hervorbringt. Viele Homosexuelle sind aber erst von einer Gesellschaft, die es ihnen nicht gestattet, ihre Sexualität in würdiger Weise auszuleben und ganz offen dauerhafte Beziehungen einzugehen, von einer Gesellschaft, die ihren Traum von einer Ehe, von schlichter menschlicher, bürgerlicher, juristischer Anerkennung zunichtegemacht hat, dazu verdammt worden, das landläufige Klischee vom Perversen zu erfüllen, der einzig seinem Vergnügen lebt und jenem sexuellen Lustgewinn hinterherjagt, den homosexuelle Männer sich einfach viel leichter zu verschaffen vermögen.[25] Ja, die Schwulen sind in jene modernen Katakomben, die Saunen, verbannt worden; sie haben sich an Orte geflüchtet, wo sie zumindest ein paar Augenblicke lang sie selbst sein können. Und man kann Gott nur dafür danken, dass solche »Freiräume« existieren!

Ihr habt uns nichts anderes zugestanden, meine lieben katholischen Freunde. Wir müssen unser »schändliches« Geheimnis hüten, und wenn uns das nicht gelingt, erteilt ihr uns in eurer großen Güte den Segen zum Selbstmord! Auf Youtube finden sich reichlich Filme mit extrem schwulenfeindlichen Aussagen gläubiger Katholiken, wie der, in dem eine italienische Nonne, eine Missionarin, erklärt: »Homosexuelle Paare müssen in den Boden gestampft, vernichtet werden.« Dank sei dieser Nonne dafür, dass sie es uns auf diese Weise gestattete, uns umzubringen! Dank sei dir, Kirche, für deine Scheinheiligkeit! Du tust alles, um die Brüchigkeit deiner angeblichen »Gewissheiten« zu vertuschen. Aber vergiss nicht, dass die Schwulen dir nichts Böses wollen, sondern dich in ihren Herzen tragen: Auch wir sind spirituelle Menschen!

Vielleicht bin ich, gerade weil ich homosexuell bin, weil ich ein besonders starkes Einfühlungsvermögen besitze, ein guter Seelsorger!

Dieses Einfühlungsvermögen, das mir – und, wie mir scheint, auch vielen meiner homosexuellen Freunde – zu eigen ist, sowie die Liebe zum Leben in seiner ganzen Vielfalt veranlassten mich dazu, mich zum Priester weihen zu lassen.

Jeder trägt sein eigenes Charisma, seine eigenen ihm von Gott geschenkten geistlichen Fähigkeiten in sich – die Heterosexuellen die ihren und wir, die wir in selbstbewusster, stolzer Weise homosexuell sind, die unseren. Wir bringen unsere Gaben und Begabungen der Gesellschaft und der Gemeinschaft der Christen dar. Und ich habe nicht vor, mich weiterhin zu verstecken, wie die Kirche es mich gelehrt hat, ob es nun »den anderen« gefällt oder nicht. Ich will nicht länger lügen, gerade deswegen, weil ich in meinem Leben auf vieles verzichtet habe und mir das Schöne und Gute an meinem Schwulsein zunutze gemacht habe, um ein guter Priester zu sein.

Wenn ein Priester aus kirchlichen Diensten ausscheidet, fängt man für gewöhnlich an, über ihn herzuziehen. Ich habe eine solche Stigmatisierung von Geistlichen, die den Mut hatten, sich gegen die irrationalen Vorschriften der Kirche zur Wehr zu setzen, das Öfteren miterlebt. Zum letzten Mal war das an der Universität der Fall, an der ich unterrichtet habe. Ein Amerikaner, guter Priester und hochgeschätzter Dozent, der jahrelang das Amt des Dekans meiner Fakultät bekleidete, ließ sich laisieren, um eine Frau heiraten zu können. Das war ein echter Verlust, denn er war aufgeweckt, aktiv und hatte eine lange Liste von Publikationen vorzuweisen, die qualitativ die aller anderen Dozenten übertrafen. Doch wurde nach seinem Abschied sofort die übliche Litanei angestimmt: Er sei ein Taugenichts und Faulpelz und noch nicht einmal ein guter Lehrer ... Kollegen von ihm, die in ihrem gesamten Berufsleben so gut wie nichts veröffentlicht hatten, zeigten eine lange Reihe von Schwächen und

Defiziten dieses »Abtrünnigen« auf. Keiner sagte etwas wie: »Schade, dass er nicht mehr bei uns ist, er war ein fähiger Lehrer und ein guter Wissenschaftler.« Damals war mir klar, dass man auch mich nach meinem Coming-out mit Schmutz bewerfen und niemand denken oder gar sagen würde: »Wir haben ihn verloren, aber vielleicht gibt es einen Grund dafür, vielleicht sollten wir einmal darüber nachdenken, warum er gegangen ist.«

Ich bin stolz, ein guter schwuler Priester zu sein. Wenn die Kirche in ihrer Verblendung noch nicht einmal durch die Tatsache, dass es Tausende von Homosexuellen gibt, die ausgezeichnete Priester sind, zum Überdenken ihrer Ansichten veranlasst wird, dann ist das in erster Linie ein Problem für sie selbst. Gewiss, es ist auch ein Problem für jeden schwulen Priester, ob er es nun vorzieht, seine Neigung zu verheimlichen, oder sich entschließt, sie offenzulegen. Letzteres ist gleichbedeutend damit, dass er sein Priesteramt aufgeben und sich nach einem neuen Beruf umsehen muss, was für einen Priester sehr schwer ist. Doch ist das bei Weitem nicht so schwer, wie ein Leben lang die Lüge und Heuchelei der Kirche zu ertragen, die sich selbst etwas vormacht, wenn sie behauptet, nur Heterosexuelle in ihren Reihen zu haben.

Sexbeichte

Die Beichte ist das erste Sakrament, mit dem ich in Berührung kam, und das erste, das ich später ablehnen musste, um nicht mein inneres Gleichgewicht und meine Würde zu verlieren und im Behandlungszimmer eines Psychiaters zu enden.

Die Beichte ist ein Sakrament, das unter der krankhaften Sexbesessenheit derer, die sie abnehmen, leidet. Joseph Ratzinger hat in seiner Eigenschaft als Theologieprofessor einmal dargelegt, welche Debatte in unserer Zeit um die Beichte entbrannt ist: Weil Gott alle Menschen liebe, wolle er alle von der Schuld erlösen, doch man frage sich, warum er uns nicht auch von der Beichte selbst befreie, was uns zweifelsohne sehr viel glücklicher werden ließe. Ratzinger führte die Einwände unserer Zeit gegen die Beichte auf, gleichzeitig bestätigte er aber den Wert dieses Sakraments. Auch ich zweifle ihn nicht an. Wenn ich jedoch aufrichtigen Herzens die Beichte ablegte, schlug mir vonseiten der Gewissenspolizisten, vor denen ich das tat – dieser angeblichen »Experten« für meine menschliche Natur, in Wirklichkeit aber Eindringlinge in meine Intimsphäre – nichts anderes als deren Homophobie entgegen.

Schon als Jugendlicher entdeckte ich eine Methode, um dieses Trauma zu überwinden: Ich nahm mir vor, mich, sobald ich selbst einmal Priester sein würde, anders zu verhalten, wenn ich anderen die Beichte abnahm. Ich müsste das so machen, dass der Gläubige, der mit mir sprach, wirklich ein Gefühl der Befreiung empfinden würde. Wahrscheinlich ist mir das nicht in jedem Fall gelungen, doch ich weiß, dass ich immer versucht habe, ein diskreter und respektvoller Mittler zwischen dem Menschen und Gott zu sein, wenn Ersterer ein Bekenntnis seiner Sünden ablegte.

Doch weder die großartige Theorie, noch meine persönliche hehre Intention oder die vieler anderer Beichtväter, die die Würde der Beichtenden respektieren, können über die Tatsache hinwegtäuschen, dass es bei diesem Sakrament in Wirklichkeit in allererster Linie um Sex in allen möglichen Spielarten geht. Die Existenz des Beichtgeheimnisses erklärt das Bedürfnis, ja den Drang katholischer Christen, die Beichte abzulegen: Der Sex ist in die Beichte verbannt worden, nur in diesem sich im Verborgenen abspielenden Ritual kann man über ihn sprechen. Unglücklicherweise hat dieses Sakrament dazu beigetragen, dass Menschen Komplexe bezüglich ihrer Sexualität entwickeln, dass sie sie unterdrücken oder an ihr leiden und nicht selten in Bezug auf ihre eigene Sexualität eine puritanische oder scheinheilige Einstellung einnehmen. In jedem Fall aber verbergen sie sie perfekt.

Als Heranwachsender fand ich Vergnügen am Masturbieren. Ich war bestimmt nicht der Einzige! Es verschaffte mir Erleichterung und ließ mich auf natürliche Weise meines Körpers und meiner Sexualität bewusst werden. Bald wurde meine Selbstbefriedigung auch eines der Themen, zu denen ich im Beichtstuhl befragt wurde. Oder genauer: Es wurde das einzige interessante Thema! Keinem Beichtvater war es wichtig, dass ich ein aufmerksamer und pflichtbewusster Messdiener war, jemand, der sich immer wieder in innige Gebete versenkte, die Bibel las, ein starkes Empfinden für Leiden und Ungerechtigkeiten besaß, das Böse scheute, über ein reiches spirituelles Leben verfügte und ein echtes Zwiegespräch mit Gott führte… Das Einzige, was zählte, war, dass ich mich selbst befriedigte. Man wollte von mir wissen, wann und wie oft ich es tat und auf welche Weise. Wenn ich den Priestern »gebeichtet« hätte, schwul zu sein, hätte ich ihnen damit vermutlich ein zweites Thema geliefert, das ihnen beachtenswert erschien.

Nie werde ich eine Beichte vergessen, die ich in einer Kirche im Zentrum meiner Heimatstadt ablegte. Ich suchte diese Kirche auf, weil ich unerkannt bleiben wollte; ich hatte höllische Angst davor, dass einer der Geistlichen, die mit meinen Eltern bekannt waren, ihnen enthüllen könnte, mit was für einer fürchterlichen Sünde ich mich immer wieder befleckte. Im Beichtstuhl bekam ich zu hören, dass meine sündige Angewohnheit mich krank machen würde, dass man mich bald in ein Irrenhaus schaffen müsste. Ich würde vom Sex besessen werden und mich nie davon befreien können, außerdem würde ich impotent werden, mein Sperma würde versiegen, ich würde nie heiraten und nie Kinder zeugen können. Am Ende war ich in Tränen aufgelöst und voller Angst: Es war, als hätte man mir einen Elektroschock versetzt, wie ihn einige Katholiken ja gerne Schwulen versetzen würden. Auf psychischer Ebene zumindest war das in meinem Fall gelungen.

Die allwissende Mutter Kirche möge mir bloß nicht antworten, dass ich vielleicht nur das Pech gehabt hätte, einem Gestörten in die Hände zu fallen: So war es nicht. Ich befand mich ganz einfach in den Händen meiner Kirche! Häufig muss ich an die riesige Schar der katholischen Geistlichen denken, die gewissermaßen unter die Bettdecken der Menschen schlüpfen, unermüdlich auf der Suche nach Krankhaftem, an komplexbeladene Beichtväter, die absolut nichts von Psychologie und Pädagogik verstehen und noch weniger von Sexualwissenschaft, und an Priester, die ihr Leben lang Selbstbefriedigung betreiben, weil in dieser sonst eher für Heranwachsende typischen Praxis für sie die einzige Möglichkeit besteht, ihrem unterdrückten Sexualtrieb nachzugeben. Ich habe selbst genügend von diesen armen Teufeln die Beichte abgenommen, um zu wissen, unter welchen Traumata sie deswegen leiden.

Es ist meine feste Überzeugung, dass die Gesellschaft von heute der Kirche beistehen muss, indem sie den Klerus in seiner Gesamtheit und die einzelnen Geistlichen auffordert, die eigene Sexualität öffentlich zu machen. Man müsste die Bischöfe, die Priester, die Diakone, die Katechisten danach befragen, wie oft sie masturbieren, wie oft sie sich dazu versucht fühlen und an wen sie dabei denken – an eine Frau oder an einen Mann? Malen sie sich vielleicht eine Orgie aus? Man müsste in Erfahrung bringen, bis zu welchem Punkt sie wirklich frei von sexueller Begierde sind oder es geschafft haben, diese in sich abzutöten.

Man müsste in die Intimsphäre der Priester eindringen, genau wie sie es im Namen der Kirche mit den Gläubigen machen, weil das wohl der einzige Weg ist, um etwas gegen die Hypokrisie einer unmenschlichen Gemeinschaft auszurichten.

Die Kirche hätte einen Kinsey nötig, der furchtlos Nachforschungen darüber anstellt, wie es im Klerus, wie es innerhalb der »abstinenten Kirche« mit dem Sex bestellt ist, und einen Report darüber veröffentlicht.[26] Eine Kirche, die mich mein ganzes Leben lang verletzt hat, was einen der sensibelsten Aspekte meiner Persönlichkeit betrifft – meine gesunde und natürliche Sexualität –, die ein pathologisches Schuldgefühl in mir hat entstehen lassen und mich in Angst und Schrecken versetzt hat. Ich glaubte tatsächlich, dass ich, weil ich einen anderen Mann begehrte, pervers oder abartig sei. Am meisten quälte es mich aber, dass ich keinen Priester fand, dem ich mich unbeschwert anvertrauen konnte.

In Polen war das so gut wie unmöglich, in der Schweiz war es ein wenig einfacher. Ich hoffte dort überdies meine berufliche Identität im Beichtstuhl verbergen zu können, was mir einigermaßen gelang. In Rom schließlich merkten die Beichtväter sofort, dass ich Priester war, und bezichtigten mich, ihnen dies verheimlicht zu haben. Ich verstehe nicht, warum sie meinten, dass ich das sofort hätte offenbaren müssen.

Mein Geständnis gab den Anstoß zu lüsternen Fragen zu meinem Privatleben vonseiten der verschiedenen Beichtväter, kleiner Tyrannen, die sich als spirituelle Berater aufspielten. Später würde ich begreifen, dass ich an dem Tag, an dem ich den Zwang abschüttelte, die Beichte abzulegen, auch den ersten Schritt hin zu meiner inneren Befreiung tat. Es war ein schwieriger, leidvoller Schritt für einen Gläubigen, der die Notwendigkeit verspürte, Vergebung zu erlangen, sich aber nicht länger dem aussetzen wollte oder konnte, was die Kirche ihm an Vorschriften und Verboten auferlegte. Um mir selbst treu zu sein, konnte ich es nicht weiter zulassen, dass die Kirche mich zur Beichte zwang und mich dadurch verpflichtete, mich Doktrinen zu beugen, die mich demütigten, indem sie mich zu einem kranken und abartigen Menschen abstempelten. Anstatt es einem homosexuellen Menschen zu gestatten, seinen Glauben unbeschwert zu leben, sich in der Liebe zu einer anderen Person zu verwirklichen und mit der eigenen Sexualität glücklich zu sein, erfüllte sie ihn durch das Mittel der Beichte mit Schrecken und Abscheu vor sich selbst und löste einen unerträglichen Konflikt mit seiner Sexualität in ihm aus.

Doch stellt die Beichte, was den ganzen Bereich der Sexualität betrifft, nicht nur für einen Schwulen, sondern auch für heterosexuelle Menschen einen Albtraum dar. Sie zwingt alle zur blinden Unterwerfung unter die katholische Doktrin, die kaum noch mit den Erkenntnissen der modernen Wissenschaft und auch nicht mit den Erfahrungen der modernen Menschen übereinstimmt. In den Beichtstühlen wird das Gefühl der Frauen, ihren Ehemännern untertan sein zu müssen, genährt, der Stigmatisierung der Homo- und der Transsexuellen Vorschub geleistet, die körperliche Liebe zu etwas Sündhaftem erklärt, während pädophile Missbrauchsvergehen paradoxerweise gut verborgen werden können. Als ich den Schritt vollzog, mich von der Beichte zu befreien, hatte ich endlich begriffen, dass dieses Sakrament nichts anderes bewirkt, als Menschen mit Scham wegen ihrer Sexualität zu erfüllen und sie auf diese Weise daran zu hindern, diese Sexualität heiter und unbeschwert auszuleben. Die Beichtväter maßen sich, obwohl sie so gut wie nie eine entsprechende Ausbildung oder Vorbereitung besitzen, das Recht an, Schuld zuzuweisen und Strafen zu verhängen, die völlig unbegründet sind. So erheben sie sich zu Richtern, sie missbrauchen ihre Macht, üben regelrechten psychologischen Terror aus, während sie eigentlich nur schweigend den Worten des Beichtenden, der ihnen sein »Herz ausschüttet«, um sein Gewissen zu erleichtern, zuhören und über die unverzeihliche Nichtübereinstimmung zwischen den Positionen der Kirche und der menschlichen Realität nachdenken sollten. Was für einen Schaden richten Tausende von bornierten, stumpfsinnigen Priestern an, die überall auf der Welt die Beichte abnehmen!

Bei meinem Bemühen, ein guter Beichtvater zu sein, habe ich es mir immer zum Ziel gesetzt, dem Gläubigen zu einem Zwiegespräch mit Gott zu verhelfen und nicht mit mir. Ich habe stets versucht, nicht in seine Intimsphäre einzudringen, bin daher über etwaige sexuelle »Verfehlungen« rasch hinweggegangen und habe stattdessen Gewicht auf Dinge wie Teilnahme am Gottesdienst, Unterstützung von Bedürftigen, Beten gelegt: In all diesem findet der Gläubige die Erleuchtung, die ihm zur Erkenntnis seiner selbst und des eigenen Handelns verhilft.

Der Klerus

Der katholische Klerus ist diejenige Körperschaft, die sich aus Männern in Frauenkleidern zusammensetzt, es aber einem männlichen Jugendlichen voller Hysterie verbietet, einen Rock anzuziehen (wie die Schotten es tun) und so auf die Straße zu gehen: Transvestiten, die andere Transvestiten verfolgen.

Talar, Albe, Kasel ... Ich möchte wissen, wann die Welt endlich anfangen wird zu fragen, ob alle diese Kostümierungen wirklich notwendig sind.

Der katholische Klerus besteht aus Männern, die von mehr als einem Hauch von Weiblichkeit umgeben, gleichzeitig aber von Hass auf Homosexuelle erfüllt sind, die sie als effeminiert ansehen, und folglich auch von Hass auf sich selbst. Der deutsche Theologe und Psychoanalytiker Eugen Drewermann[27] hat versucht, der Kirche die Augen zu öffnen. Diese weigert sich jedoch hartnäckig, das Licht zu schauen. Für Drewermann stellt der katholische Klerus einen interessanten klinischen Fall dar: Da ein großer Teil seiner Mitglieder homosexuell ist, verpflichtet er diese in einem verzweifelten masochistischen Akt zum Hass auf Homosexuelle, das heißt auf sich selbst.

Wegen dieser Heuchelei, diesem Hin-und-Herpendeln zwischen Selbstwehr und Selbstzerstörung, habe ich den katholischen Klerus nie in seiner Gesamtheit lieben können. Wohl aber habe ich einzelne Priester geliebt. Wie viele Homosexuelle tatsächlich dem Klerus angehören, ist eines der bestgehüteten Geheimnisse der Kirche.[28] Sie bilden aber in jedem Fall eine große Gruppe, ihr prozentualer Anteil liegt um einiges höher als der der Schwulen an der Bevölkerung im Allgemeinen. Berechnungen oder Schätzungen zufolge liegt dieser zwischen 5 und 10 Prozent – Zahlen, die die Kirche nicht anerkennt. Doch es ist eigentlich auch einerlei, wie hoch der Anteil Homosexueller an der Gesellschaft genau ist, ihr Anteil am Klerus ist in jedem Fall entschieden höher. Auf der Grundlage meiner persönlichen Erfahrungen gehe ich davon aus, dass ungefähr die Hälfte aller katholischen Geistlichen schwul ist.

50 Prozent, um es noch einmal deutlich zu sagen.

Solange ich selbst dem Klerus angehörte, war ich nie Mitglied einer Schwulenmafia oder eines »geheimen« Zirkels.[29] Ich habe auch niemals Kontakt zu solchen Gruppierungen aufgenommen. Vielleicht ist genau das der Grund dafür, dass ich in der Gemeinschaft der Geistlichen isoliert gewesen bin. Ich bin immer zutiefst gläubig gewesen, hielt an einem strengen Wertesystem fest und mied aus diesem Grund »Seilschaften« aller Art. Ich habe noch nicht einmal wissen wollen, welche der anderen Soutanenträger um mich herum schwul waren. Ich wollte mich fern von diesen Menschen halten, die nach außen hin homophob waren und den Homosexuellen das Leben zur Hölle machten, in ihrem Inneren aber so schwul waren wie ich selbst.

Ich zog es in der Tat vor, die Existenz anderer schwuler Priester zu ignorieren. Natürlich unterhielt auch ich intensive freundschaftliche Beziehungen zu anderen Priestern, doch es waren keine der Art, wie man sie so häufig in den Reihen des Klerus findet: Wenn zwei Priester engen Umgang miteinander pflegen, kann man in der Regel davon ausgehen, dass sie ein homosexuelles Paar bilden. Ich aber war viele Jahre lang mit anderen Priestern befreundet, ohne überhaupt zu wissen, ob diese homo oder hetero waren. Heute habe ich einen schärferen Blick und vermag leichter als damals zu erkennen, ob jemand homosexuell ist. In meiner Zeit als Seminarist waren meine Freundschaften durch eine gewisse Exklusivität gekennzeichnet, sie basierten auf einer Art geistiger Komplizenschaft, einem Einklang des Denkens oder auch auf einem Sich-Wohlfühlen, einem Gefühl der Zufriedenheit in der Gesellschaft des Anderen, das die erste Stufe eines Verliebtseins bilden kann. Doch wir ließen es nie so weit kommen und überschritten nie die Grenze zum Sexuellen. Wir fühlten uns einfach nur als Geistesverwandte. Vielleicht waren wir den Heiligen Sergios und Bakchos (beide gest. um 303) vergleichbar, jenem Gefährtenpaar, dessen Geschichte von John Boswell bekannt gemacht wurde, oder jenen Mönchen, die auf den Spuren des einfühlsamen angelsächsischen Abtes und Mystikers Aelred von Rievaulx (1110–1167) wandelten, der einigen Historikern zufolge – allen voran wieder John Boswell – eine Art Prototyp für die Gestalt des homosexuellen Mönchs abgab, oder auch dem Kardinal John Henry Newman (1801–1890), der eine lebenslange enge Freundschaft mit dem Oratorianer Ambrose St. John (1815–1875) unterhielt.

Ich bin mit keinem dieser Freunde ins Bett gegangen, habe keine sexuellen Beziehungen mit ihnen gehabt, und dennoch… hatten wir uns gern, ja, wir »liebten« uns. Unsere Freundschaften waren aber nicht derart, wie sie zwischen zwei heterosexuellen Männern bestehen können. Es waren »intime« Beziehungen im Sinne von tiefen Freundschaften, wie sie zwischen Schwulen bestehen, von jener besonderen Intensität und Gefühlstiefe, wie sie für Homosexuelle typisch sind. Es waren also rein emotionale Beziehungen, doch wären diese von der Kirche als legitim angesehen worden? Heute ist mir bewusst, wie falsch ihre Moral ist. Jesus hat erklärt, dass die Sünde auch schon in Gedanken begangen werden kann: Wenn die Homosexualität also eine Sünde ist, wie die Kirche es lehrt, dann wäre auch eine tiefe »homosensuelle«[30] Beziehung zwischen Priestern bereits sündhaft. Es würde keine Rolle spielen, ob sie miteinander ins Bett gingen oder nicht. Sie haben schon durch ihre Empfindungen füreinander gesündigt, durch ihr Verlangen nach dem jeweils anderen, ihr Sich-Sehnen nach ihm.

Zum Glück aber hat Jesus niemals gesagt oder insinuiert, dass eine bestimmte sexuelle Orientierung sündhaft sei. Stattdessen heilte er sogar den jungen Knecht des Hauptmanns, der, wenn man zwischen den Zeilen der betreffenden Passage im Lukasevangelium liest, durch eine gleichgeschlechtliche Beziehung an seinen Herren gebunden war (Lukas 7, 1–10: »Ein Hauptmann aber hatte einen Knecht, der ihm lieb und wert war.« Siehe auch Matthäus 8, 5–13).

Der gesamte Klerus macht sich der Verlogenheit schuldig, da er mit allen Mitteln zu verheimlichen versucht, was Fakt ist, nämlich dass es zwischen uns Priestern homosexuelle Beziehungen gibt. Er verbirgt ihre Existenz, die entsprechenden Gefühle und inneren Spannungen vor der Öffentlichkeit. Doch es kommt noch schlimmer. Der gegenwärtigen Doktrin der Kirche zufolge gibt sich ein Homosexueller, der jede Nacht eine Sauna oder einen Darkroom aufsucht, um sich mit Unbekannten zu vergnügen, einem zügellosen, lasterhaften Treiben hin. Wenn er dies aber beichtet, kann ihm Absolution zuteilwerden. Sobald er gelobt, von diesem Treiben abzulassen (obwohl er schon in der darauffolgenden Nacht vielleicht die Versuchung verspürt, damit weiterzumachen), gewährt die Kirche ihm Absolution. Ebendiese Kirche lehrt jedoch schizophrenerweise, dass einem Homosexuellen, der seinem Partner seit zwanzig Jahren treu ist, ihn liebt, ihn umsorgt und ihn nie im Stich lässt, keine Absolution zuteilwerden kann! Um sie zu erhalten, müsste er paradoxerweise seinen Lebenspartner verlassen, seine feste »monogamistische« Beziehung beenden und sich wieder auf kurzfristige, zufällige »Bekanntschaften« und Techtelmechtel einlassen, denn solche würden ihm vergeben werden. Der gleiche Widerspruch betrifft heterosexuelle Geschiedene, die sich in neuen Partnerschaften glücklich und zufrieden fühlen. Treue und Liebe zueinander werden vonseiten der Kirche nicht honoriert, ja, es gibt für sie keine Vergebung.

Ich war den Priestern, mit denen mich eine tiefe geistige Freundschaft verband, immer treu – eben in diesem geistigen Sinn.

Für den Klerus insgesamt habe ich nie viel übriggehabt: Meistens hat er wie eine Herde von Menschen auf mich gewirkt, die unter Komplexen leiden und kreuzunglücklich sind, Menschen, die die Tatsache, dass sie ihre natürlichen Geschlechtstriebe, homo- oder heterosexueller Art, nicht ausleben können, dadurch kompensieren, dass sie auf der Karriereleiter nach oben klettern, viel Geld einsacken und auf Teufel komm raus nach Macht streben sowie danach, andere unterjochen zu können. In einigen Ländern, wie zum Beispiel in Polen, bildet der Klerus noch heute eine Körperschaft, die auf heimtückische und hinterlistige Weise Herrschaft ausübt und in einem Maß Einfluss auf die Regierung nimmt, wie es in einem nicht-theokratischen Staat absolut nicht zulässig ist. Innerhalb dieser Körperschaft regiert blanker Hass aufeinander, doch gegen äußere Gegner stehen alle vereint, um ihre Macht zu verteidigen. Ich frage mich, wo da der christliche Geist bleibt. Was man an seiner Stelle entdeckt, ist eine gehörige Portion Ignoranz und Dummheit in diesem Sich-Festklammern an Überzeugungen und Ansichten, die jeder rationalen Grundlage entbehren.

Während sich der Klerus an sich als eine ziemlich traurige und trostlose Institution präsentiert, bin ich immer wieder einzelnen Priestern begegnet, die wirklich außergewöhnlich sind. Unter ihnen waren auch viele Schwule, die ich durch die Beichte kennengelernt habe. Diese Begegnungen fanden im Geist der Freundschaft statt, und wir haben uns offen und frei von jeder Heuchelei in die Augen geschaut. Mindestens die Hälfte der Kleriker ist wie gesagt schwul, besitzt homosexuelle Gelüste, verspürt Versuchungen und hängt erotischen Fantasien nach, in denen Personen des eigenen Geschlechts vorkommen.

Das bedeutet aber nicht, dass all diese Männer Sex mit anderen Männern haben. Wie homosexuelle Männer im Allgemeinen, so lassen sich auch schwule Priester zwei verschiedenen Kategorien zuordnen. Es gibt zum einen diejenigen, die voller Komplexe sind und ihre Triebe verdrängen oder unterdrücken. Sie fühlen sich verwirrt und unglücklich und werden infolgedessen oft zu fanatischen Schwulenhassern. Ihnen stehen diejenigen gegenüber, die zunächst sich selbst und dann einigen wenigen anderen – Menschen, denen sie uneingeschränkt vertrauen, Verwandten oder Freunden – ihre Veranlagung eingestehen und sich daher freier fühlen. Ich habe Menschen der einen wie der anderen Art kennengelernt.

Priester, die der zweiten Kategorie angehören, haben es auch mir ermöglicht, mich zu befreien. Ich kann ihre Namen nicht nennen, weil nicht alle von ihnen die *cage aux folles*-Kirche einfach verlassen können. Ich kann aber zumindest etwas über das Beglückende einiger dieser Begegnungen, das Befreiende an ihnen, erzählen.

Er war ein italienischer Priester und hatte sich in mich verliebt. Wir waren seit Langem befreundet, und ich fühlte mich wohl in seiner Gegenwart, doch als er mir eines Tages eröffnete, dass ich ihm gefiel und er mich liebte, zog es mir den Boden unter den Füßen weg. Ich begriff sofort, dass das alles veränderte. Wir konnten nicht weiterhin Freunde der Art sein, wie wir es zuvor gewesen waren. Vielleicht war auch für mich der Augenblick gekommen zu offenbaren, wie ich wirklich war, und mich ihm gegenüber zu öffnen.

Doch meine Reaktion auf seine Liebeserklärung war in gewisser Weise »vorgefertigt«, stereotyp. Ich glaube, dass auch ich mich verliebt hatte. Trotzdem legte ich ihm umständlich und weitschweifig dar, dass jeder von uns Probleme mit sich herumträgt und dass man ihnen mit Vernunft beikommen könne. Und dann umarmte ich ihn. Er sollte mich später nicht nur an meine Worte erinnern, sondern vor allem auch an diese Umarmung, die er als Coming-out von meiner Seite interpretierte. Ich sah das in diesem Moment noch nicht so, und zu meinem wahren Coming-out, was ihn betraf, sollte es tatsächlich erst ungefähr einen Monat später kommen.

Dieser Mann hat bewirkt, dass ich mich öffnete – und zwar meinem eigenen Inneren. Er hat den Prozess in Gang gesetzt, an dessen Ende meine Selbstbefreiung aus dem Käfig stand, in den die Kirche mich gezwängt hatte. Er hat den Zündfunken geliefert, den ich brauchte. Wie wäre ich wohl auf Dauer mit meinem Geheimnis zurechtgekommen, wenn es nicht jemanden gegeben hätte, der mich ermutigte, mich in seine Arme nahm und zu mir sagte: »Du musst keine Angst vor dir selbst haben«?

Es war meine erste homosexuelle Beziehung. Am Anfang öffnete dieser Mann mir den Weg hin zu meinem wahren Wesen, doch bald kehrten die Rollen sich um, und ich marschierte von selbst immer entschiedener auf meine wahre Identität zu, befreite mich von den mich einengenden Zwängen und eroberte mir einen Freiraum, in dem ich ein Leben in Würde führen und lieben konnte. Ich vergaß die leeren Worte der Doktrin, und schöpfte immer mehr Mut, zu suchen, zu begreifen, während mein Freund wie gelähmt war, paralysiert von seiner tief sitzenden Homophobie. Es vermochte nicht wirklich zu lieben, sosehr er sich auch danach sehnte. Er hasste sich für seine eigenen Gefühle und war überzeugt, die Natur wolle, dass er anders empfinde. Das war die Zeit, in der ich darüber nachzudenken begann, wie schwach, zweifelhaft und im Kern durch wissenschaftliche Erkenntnisse überholt die Argumente waren, mit denen die Kirche uns terrorisierte. Ich dachte damals noch nicht, dass man sie in Bausch und Bogen für ungültig erklären könnte, aber sie hatten für mich viel weniger Hand und Fuß als zuvor. Ich verspürte die Notwendigkeit, mit meinem Freund über sie zu diskutieren, doch er wollte davon nichts wissen. Er verbarg sein Schwulsein sogar vor sich selbst. Es war wie eine Persönlichkeitsspaltung, und dies wurde immer schwerer zu ertragen, vor allem in intimen Situationen, das heißt solchen, in denen wir allein miteinander waren. Dann fühlte er sich wie ein Schwerverbrecher.

Im Rückblick wird mir klar, wie hart, ja, in gewisser Hinsicht unerträglich diese Zeit für uns beide gewesen ist. Wir standen einem unmenschlichen kirchlichen System gegenüber, das es als Sünde verurteilte, wenn wir einfach wir selbst waren. Als besonders bedrückend empfand ich es jedoch, dass mein Freund noch nicht einmal die wenigen Augenblicke der Freiheit zu genießen vermochte, die sich uns boten, wenn wir allein waren. Er fand kein Vergnügen an der Todsünde, die er beging. Überhaupt keines. Die Kirche entließ ihn noch nicht einmal für einen Sekundenbruchteil aus der geistigen Gefangenschaft.

Dazu kam die Angst, dass jemand in Bezug auf uns beide einen Verdacht hegen könnte. Diese Angst ist seit eh und je die wirksamste Waffe, die gegen Schwule eingesetzt wird. Ich war kühner als er, der ständig unter der Vorstellung litt, dass jemand »etwas ahnen« oder konkret mitbekommen, also hören oder sehen könnte. In diesem Punkt sind Katholiken wirklich nicht zu übertreffen: Dazu erzogen, ihren Mitmenschen und sich selbst gegenüber argwöhnisch zu sein, bespitzeln sie gerne andere, um sie bei etwas Unrechtem zu ertappen und denunzieren zu können. Trotz allem machte mich jene erste Beziehung mutig und stark gegenüber dem Wahn jener, die, anstatt sich um sich selbst zu kümmern, ihre Nase in die Angelegenheiten anderer stecken.[31]

Vielleicht handelt es sich bei dieser Art krankhafter Neugier auch um Auswirkungen der Beichtkultur: Der Priester nimmt sich heraus, in dein Gewissen einzudringen, angeblich, um die guten Sitten zu schützen und die Welt vor dem Übel zu bewahren. Dies geschieht aber gegen den Willen der Welt selbst, unter Berufung auf eine angebliche moralische Vorrangstellung, die der Priester einnimmt, und indem er Angst schürt. Und mein Freund verspürte diese Angst. Ich hingegen flüchtete mich in die Meditation, in die Liebe, und die Angst verflog nach und nach.

Wir trennten uns zweimal, und bei beiden Gelegenheiten ging die Initiative von ihm aus. Er ertrug die Angst und das Gefühl der Schuld nicht mehr, und es gelang ihm nicht, sich wirklich mit sich selbst zu »versöhnen«. Gott wollte es offenbar so. Heute bin ich diesem meinem ersten homosexuellen Gefährten sehr dankbar. Ich mag ihn nach wie vor, doch ich könnte nicht mehr mit ihm zusammen sein. Ich bin ihm dankbar, weil er mir den Anstoß dazu gab, mich meinem eigenen Selbst zu öffnen und der Wahrheit ins Gesicht zu sehen. Er hat mir den Weg zu meinem Coming-out geebnet. Doch am Ende tat er mir schrecklich weh, das heißt, nicht eigentlich er war es, der mir großes Leid zufügte, sondern die von der Kirche ausgeübte Polizeiherrschaft, die Angst vor deren diktatorischem Regime oder der Gehorsam ihr gegenüber, der ihm zur zweiten Natur geworden war und von dem er sich nicht zu befreien wusste. Nachdem wir uns zum ersten Mal getrennt hatten, verbrachte ich einen entsetzlichen Herbst, ich fühlte mich einsam und verlassen.

Ich konnte nicht ahnen, dass er kaum ein Jahr später zu mir zurückkehren würde. Er sagte, er könne ohne mich nicht leben, er wolle unsere alte Beziehung wieder aufnehmen, alles zwischen uns solle so sein wie früher. Ich musste ihm erwidern, dass ich nicht mehr die Person sein konnte, die er liebte. Am Ende war ich gezwungen, jeden Kontakt mit ihm abzubrechen, sogar dafür zu sorgen, dass keine E-Mails von ihm mehr in meiner Mailbox landeten. Ich mochte ihn immer noch, liebte ihn aber nicht mehr. Ich hoffe, dass er inzwischen in Liebe mit dem richtigen Partner verbunden ist, was absolut unabdingbar ist, um dieses Leben voll ausschöpfen, um glücklich sein und auch um ein guter Priester sein zu können.

Besagter Priester ist nicht der Einzige gewesen, mit dem ich das Geheimnis meiner sexuellen Orientierung, die auch die seine war, teilte. In Polen, in der Schweiz, in Italien, in Deutschland, in Spanien und im Vatikan – überall, wohin es mich im Lauf meines Lebens verschlagen hat, bin ich Männern begegnet, die homosexuell wie ich und Diener der Kirche wie ich waren: Pfarrer, Seminaristen, Theologen. Funktionäre der Kirche, junge wie alte, unwissende wie gebildete. Ich will damit nicht sagen, dass alle sich mir annäherten – ich traf einfach allenthalben auf sie. Sie stellten keine Sonderfälle, keine Ausnahme dar, sondern bildeten überall einen Teil des Klerus, der dieses sein Geheimnis aber mit einigem Erfolg verbarg …

Mir fiel jedoch regelmäßig ein positiver Umstand auf: Viele offenkundig schwule Priester waren gute Seelsorger, oft waren sie sogar besser als die nicht-schwulen, einfühlsamer, ansprechbarer. Manchmal umgab sie ein Hauch von Traurigkeit, doch sie waren fähig, anderen zur Seite zu stehen, auf kluge, intelligente Weise und nicht mit abgedroschenen Phrasen. Sie waren interessierter an Literatur und Kunst, am Theater und Ballett, empfänglicher für das Schöne und hatten mehr Mitgefühl mit anderen, für ihre Leiden und Schmerzen: richtige Männer, gereift und mit brüderlichen Gefühlen, obwohl dem zufolge, was die Kirche propagierte, nur Heterosexuelle so sein konnten.

Was dies betrifft, so vertrete ich heute eine radikale Ansicht: Ich glaube, dass gerade diese Homosexuellen, sofern sie gute Priester sind, die Institution verlassen sollten, die es sich herausnimmt, sie unablässig zu beleidigen. Um die Kirche wachzurütteln, sollten sie sie in Scharen verlassen. Ich weiß, dass ein solcher Schritt für viele nicht denkbar ist, dass nicht allen andere berufliche Alternativen offenstehen und auch nicht alle den Mut besitzen, einfach den Sprung ins kalte Wasser zu wagen. So ist es für meinen ersten homosexuellen Partner gewesen. Er konnte sich nicht vorstellen, die Kirche zu verlassen... und glücklich zu sein.

In der Tat ist es auch mir schwergefallen, das Priesteramt aufzugeben. Es ist viel schlimmer als eine Scheidung. Die Aussicht, arbeitslos zu werden und auf Dauer zu bleiben, ist erschreckend. Auch der Gedanke, von allen, die man kannte, allein gelassen, verlacht, bemitleidet und zurückgewiesen zu werden, ist nicht gerade verlockend. Doch hat in mir immer etwas Tollkühnes gesteckt – man könnte auch sagen: blindes Vertrauen in Gott. Ich war mir sicher, dass er mich nie im Stich lassen würde, auch nicht in dieser Übergangsphase, die zu den härtesten meines Lebens gehören würde.

Als ich später dennoch von Zweifeln und Ängsten der geschilderten Art heimgesucht wurde, sagte mein Lebensgefährte Eduard zu mir: »Die Entscheidung, dich zu offenbaren, muss deine ureigene sein. Du selbst musst sicher sein, dass du bereit bist für den wichtigsten Schritt deines Lebens, bereit dazu, deine Identität zu enthüllen. Niemand hat das Recht, dich wegen deines Wesens mit Füßen zu treten, und niemand kann dich dazu zwingen, es aus Scham zu verbergen.« Wie schön wäre es gewesen, wenn mir jemand eine so schwerwiegende Entscheidung leichter gemacht oder abgenommen hätte. Eduard bekräftigte aber noch einmal: »Das ist ein wichtiger Schritt in deinem Leben. Ich werde an deiner Seite sein, doch nur du selbst kannst wissen, ob du schon bereit bist, alles offenzulegen und das zu ertragen, was die Kirche für die Ihren in solchen Fällen in petto hat.«

Da wurde mir klar, wie sehr er mich liebte.

Der unwandelbare Gott

Als Homosexueller musste ich mich schützen, mich hinter einer Mauer verbergen. Was für mich bedeutete, mich in Studien zu vergraben. So wie Narziß es getan hat.

Es bedeutete, lieber in einer Bibliothek zu hocken, als über den Fußballplatz zu toben. Umgeben von Büchern, fühlte ich mich sicher, nicht zurückgewiesen, abgeurteilt, unterdrückt. Ich träumte davon, die Weisheit zu erlangen, das Wissen zu erwerben, das es mir gestatten würde, in einer Situation, die immer unangenehmer für mich wurde, durchzuhalten und zu wachsen.

Meine Hoffnung war, mich dem Unterrichten und der seelsorgerischen Tätigkeit widmen zu können, ohne dabei auf irgendeine Weise Bezug auf Homosexualität und die absurden Theorien, die die Kirche über sie verbreitete, zu nehmen. Das erwies sich aber als unmöglich. Obwohl ich weder Moraltheologe noch Sexualwissenschaftler, weder Psychologe noch Soziologe bin, erwartete man immer wieder von mir, dass ich homophobe Thesen untermauerte oder diskutierte. Ich sollte über die säkularisierte, relativistische Welt jammern und die bemitleidenswerten Homosexuellen ihrer Würde berauben, mitlachen, wenn man Witze über sie riss, über sie spottete. Wehe, ich hätte nicht in das Gelächter eingestimmt. Wehe, jemand hätte gemerkt, dass es nicht echt war. Hasse und lache! Wenn es dir in Wirklichkeit gar nicht danach ist zu lachen, stelle dich zu Hause vor den Spiegel und studiere die entsprechende Miene ein. Und bringe dir bei, zu hassen, übe dich darin: Es ist gar nicht schwer. Als Geistlicher ermahnte ich andere dazu, jeden Menschen zu respektieren, doch unter uns Klerikern war Verachtung für jede Art von Andersartigkeit, von abweichendem Verhalten die Regel. Wehe demjenigen, der offenkundige Irrtümer korrigierte oder Mystifikationen aus der Welt schaffen wollte. Wehe demjenigen, der lieber das Ergebnis wissenschaftlicher Forschungen und unabhängiger intellektueller Untersuchungen über das Thema las als den üblichen von der Kirche vertretenen Schwachsinn.

Ich gewann immer mehr den Eindruck, vonseiten der Kirche einer regelrechten Indoktrinierung unterworfen zu sein, die sich nicht von der marxistischen unterschied, an die ich mich aus den Zeiten meiner in Polen verbrachten Kindheit noch gut erinnerte. Immer wieder verbreitete der Klerus sich über die *homosexualitas*, sie war »das« Thema, im Grunde das einzig wichtige. Ich sah mich gezwungen, mit den Wölfen zu heulen, das heißt mit jenen, die ihre Homosexualität unterdrückten und deswegen an Homophobie litten.

Ich versuchte, mich ganz in meine Studien zu verkriechen, um ein gewisses geistiges Gleichgewicht zu bewahren. Doch dem, was die Kirche offiziell über Personen mit »homosexuellen Neigungen« verkündete, widersprach ihr reales Verhalten diesen gegenüber. Das, was den Schwulen angetan wurde, stand in schändlichem Widerspruch zum Prinzip der christlichen Toleranz. Man stieß nur auf Ignoranz und Vorurteile. Und inmitten des allgemeinen dummen Geschwätzes über Homosexualität durfte man keine Fragen stellen, keine Zweifel äußern.

Die von der Moraltheologie in Bezug auf Homosexualität vertretenen Prinzipien wurden durch die wissenschaftliche Entwicklung permanent umgestürzt. Die Welt hatte enorme Fortschritte gemacht, und seit geraumer Zeit wurde Homosexualität nicht mehr einfach mit sexueller Libertinage und Zügellosigkeit gleichgesetzt, sondern sie war zum Gegenstand ernsthafter, streng wissenschaftlicher Untersuchungen geworden. Von diesen Forschungen durften wir jedoch nichts erfahren. Nach Ansicht der Kirche waren sie ideologisch motiviert und lieferten nur Irrtümer. Objektiv ermittelte statistische Daten galten als unzuverlässig oder unglaubhaft, und einzig und allein die heterosexuellen »Keimzellen« der Gesellschaft wurden als wissenschaftlicher Untersuchungen würdig erachtet. Den Schwulen wurde weiterhin jedes Existenzrecht abgesprochen.

In der nicht-kirchlichen Welt, in den demokratischen Staaten, wurden derweil Gesetze eingeführt, die gleichgeschlechtliche Ehen und sogenannte Ehen ohne Trauschein erlaubten oder zumindest duldeten. Die Berufsvereinigungen von Medizinern und Psychiatern tilgten Homosexualität endlich aus den Verzeichnissen von psychischen Krankheiten und Persönlichkeitsstörungen. Der Kirche zufolge war das aber auf Initiativen der Schwulenlobby zurückzuführen, die die gesamte Weltbevölkerung zur Homosexualität bekehren wollte. Die Tatsache, dass in Ländern, in denen die Eheschließung von Personen desselben Geschlechts seit Jahren erlaubt war, sich der Prozentsatz von Homosexuellen nicht erhöht hatte, zählte nur wenig. Die heterosexuelle Mehrheit war nicht »angesteckt« worden – oder wenn, dann nur mit dem Respekt vor Menschen, die »anders« waren als man selbst.

Die Kirche verurteilte aber nicht nur homosexuelle Akte, auch wenn sie im Einvernehmen der Partner stattfanden, sondern bereits die homosexuelle Orientierung als solche, da sie gegen die von Gott gewollte Ordnung verstieß. Der Katechismus schrieb also vor, dass bereits die Neigung zu unterdrücken sei, das Verlangen nach Liebe, das jemand empfand.

Gleichzeitig führte die katholische Kirche einen irrationalen Krieg gegen den Terminus »Homophobie«. Dieses Wort sei erfunden worden, ohne dass man sich auf eine wissenschaftliche Grundlage berufen könne, sondern einzig allein zu dem Zweck, uns einer Gehirnwäsche unterziehen zu können. Man dürfe es also gar nicht benutzen, weil das Phänomen selbst nicht existiere. Doch war über den Ausdruck, seit der Psychologe George Weinberg ihn geprägt hatte, von Fachleuten diverser Disziplinen debattiert und die Berechtigung seiner Existenz bestätigt worden. Die Katholiken jedoch, die an ihren veralteten Positionen festhielten, ignorierten einfach diese Bemühungen, etwas real Existierendem einen Namen zu geben.

Zudem war es, wenn man über Kulturelles, Kunst oder Gewohnheiten sprach, verboten, den Ausdruck *gay* zu verwenden, weil sonst die Gefahr bestanden hätte, eine »Anomalität« in den Status des Normalen zu erheben, sich an sie zu gewöhnen. Um dieser ganzen Polemik zu entgehen, verkroch ich mich also in Bibliotheken, versteckte mich zwischen Büchern.

Ich war mir gar nicht bewusst, dass sie mich besiegt, mich »untergekriegt«, mir innerlich Gewalt angetan hatten. Die Selbstbeherrschung, die die Kirche mir abverlangte, war kein spiritueller Wert: Sie stellte einen Übergriff auf mein Wesen dar. Man verlangte von mir eine Sublimierung, eine Umwandlung meiner Libido, die aber gleichbedeutend mit deren Unterdrückung war. Doch ich war ein fleißiger und gefügiger Schüler. Ich vertraute der Kirche...

Irgendwann merkte ich aber, dass die Unterdrückung und Negierung meiner Sexualität sich auch negativ auf meine Studien auszuwirken begann. Das Bild, das ich von Gott hatte, war dasjenige, das die offizielle Theologie vermittelte: das eines unnachgiebigen, unversöhnlichen allerhöchsten Wesens, das unwandelbar, unveränderlich war! Das war der erste Schritt, um mich innerlich versteinern zu lassen und meine gesunden Triebe, das natürliche gefühlsmäßige, erotische Angezogensein von Personen meines eigenen Geschlechts – kurz gesagt: meine homosexuelle Orientierung – vor mir selbst zu verbergen. Gott war rigoros, unwandelbar, starr, nicht beeinflussbar, unbeirrbar, und genau so hatte auch ich zu sein, sein homosexueller Priester. Die Spanier würden sagen: *indiferencia… Obediencia perfecta de indiferencia… nada más.*

Erneut war es Hesses Narziß, der mich inspirierte. Als man ihm sagt, dass er immer Herr seiner selbst zu sein scheint, gelassen und unerschütterlich, antwortet er, dass ihm tatsächlich ein großer Friede oder Gleichmut innewohne, niemand aber wisse, was für einen inneren Kampf es ihn gekostet habe, diesen zu erreichen.

Genau dieser innere Kampf war es, der mich faszinierte. Durch ihn wollte ich mich Gott annähern, ihm ähnlich werden, ebenfalls den perfekten und unerschütterlichen Frieden erreichen, der ihn auszeichnete.

In dieser Beziehung erwies ich mich als ein guter Schüler Gottes. Wenn ich mich anderen näherte, um ihnen Frieden zu bringen, sandte ich positive Schwingungen aus, wie sie nur von einer reifen, zuverlässigen Person ausgehen können, die sich innerlich im Gleichgewicht befindet und sich selbst vollkommen zu beherrschen weiß. Doch alles begann in Trümmer zu gehen, als mir bewusst wurde, dass die sexuelle Orientierung nicht Gegenstand eines inneren und geheimen Kampfes sein konnte, denn das hätte mir ein nicht enden wollendes Leiden verursacht.

Aus meinem starren Bild von Gott musste zwangsläufig eine sehr abstrakte Vorstellung vom Menschen hervorgehen, als von jemandem, der keine wirklichen, lebendigen Beziehungen zu anderen unterhält. Doch die Doktrin war unangreifbar. Deshalb unternahm ich es damals sogar, die Erkenntnisse der *gender studies* zu widerlegen, obwohl ich solche Studien, wenn überhaupt, nur in von der Kirche gefilterter oder verunstalteter Form kannte. Ich hatte zu jener Zeit noch gar keine von ihnen gelesen, da sie als ebenso schändlich wie verwerflich angesehen wurden. Ich machte also von der Methode der katholischen »Wissenschaftler« Gebrauch: nichts zu lesen, aber mit grenzenloser Anmaßung alles zu kritisieren und alles zu beurteilen, ohne auch nur einen Hauch von Ahnung zu haben. Das war das banale Fundament vieler theologischer Überlegungen, die von einer mysteriösen Autorität der Kirche ausgingen, welche das Gute vom Bösen zu unterscheiden vermag, alles schon gelesen und mit dem Stempel »gut« oder »schlecht« versehen hat. Zu verifizieren, ob sie recht hatte, hätte bedeutet, ganze Bibliotheken zu lesen, deren Bände aber angesengt rochen – die also möglicherweise für den Leser gefährlich sein konnten. Der Index der verbotenen Bücher ist für Katholiken immer ein despotisches und wirksames Mittel zur (Selbst-)Kontrolle gewesen. Aus ihm geht ganz eindeutig hervor, dass alles, was die Wörter »gender«, »Sex« oder »homosexuell« enthält, nicht gelesen werden darf – und damit basta![32] Im Grunde haben alle autoritären Regimes immer gefürchtet, dass das Volk anfangen könnte zu lesen, sich zu informieren und infolgedessen beginnen könnte, zu überlegen und zu denken …

Jahrelang habe ich mich hinter einer Mauer aus Büchern verschanzt, aber immer aus solchen, deren Lektüre die Kirche für angemessen erachtete. Heute ist mir klar, dass es sich dabei nicht um eine intellektuelle Wahl handelte, sondern um einen Versuch eines homosexuellen Katholiken, der seine eigene sexuelle Orientierung nicht akzeptieren wollte, Selbstkontrolle über diese zu erlangen. Akzeptieren wollte ich meine Veranlagung nicht, weil die Kirche sie als sündhaft, schändlich und unrecht anprangerte. Die Kirche, die die Homosexualität mit psychischen Foltern auszumerzen versuchte, die schmerzhafter sein konnten als physische, verfolgte auch mich. Deswegen hatte ich mich hinter Büchern in Sicherheit gebracht.

Zu diesen Werken gehörten vor allem auch die Schriften des Thomas von Aquin (1225–1274), in denen ich Ordnung und Perfektion entdeckte und ein harmonisches Gleichgewicht zwischen Glaube und Verstand erspürte. Heute bin ich aber der Ansicht, dass meine Leidenschaft für diesen mittelalterlichen Theologen und Philosophen ebenfalls auf das Verlangen zurückging, mir ein geistiges Refugium zu schaffen, in das ich mich vor den Fragen, die außerhalb seines petrifizierten Gedankengebäudes wach wurden, in Sicherheit bringen konnte.

Vor den legitimen Fragen und berechtigten Zweifeln, die unsere Existenz, die Natur, das Leben betrafen …

Die Heilige Inquisition

Heute würde ich keinen Fuß mehr in das Gebäude setzen, in dem die Glaubenskongregation, die Congregatio pro Doctrina Fidei (CDF) zusammentrifft, das vormalige Heilige Offizium und die ehemalige Heilige Inquisition – und meine persönliche Ex-Hölle auf Erden. (Ex? Das Wort »Sex« wäre wohl angebrachter!)

Und doch muss ich einen Moment innehalten vor jenem Abgrund, der sich links vom Petersdom im Vatikan auftut, um zumindest einen Blick hineinzuwerfen. Vielleicht werde ich in einem späteren Buch tiefer in ihn eindringen. Es ist ein ernstes, schmuckloses Gebäude aus dem 16. Jahrhundert, mit einer Fassade, die Furcht und Schrecken aufkommen lassen und die Macht der Kirche vor Augen führen soll. Auf den ersten Blick eine geistliche Macht, aber bei näherem Hinsehen auch eine über den Sex, auf den Sex ausgeübte Macht.

Mein Weg hat mich zur Inquisition geführt. Ich konnte mir kein anderes Leben vorstellen denn als Mitglied dieser Behörde. In die Glaubenskongregation einzutreten, war der Traum meiner Jugend, das höchste Ziel, das ich schon als Schüler mit Fleiß und voller Eifer anstrebte. Mir war nicht klar, wie ich es anstellen sollte, aber ich wusste, dass ich dem Sant' Uffizio angehören wollte und musste. Die anderen Kongregationen verlockten mich nicht, ich begehrte einzig und allein danach, in das Gremium eintreten zu können, das damals unter dem Vorsitz Ratzingers stand. Zu ihm zu gehören, wäre für mich das Paradies auf Erden, und dieses Verlangen vernebelte mir den Verstand: Für mich war es der einzige Gipfel, den es zu erobern lohnte. Mit halben Siegen wollte ich mich nicht zufriedengeben. Ich verlangte nach Einlass in das geheimnisvolle Innerste des Vatikans. Ja, ich träumte davon, aufgenommen zu werden und auf Dauer dazuzugehören und mich nach einiger Zeit mit dem roten Habit schmücken zu können, das dem Kardinalpräfekten zusteht, dem Chef dieses obersten Gremiums. Ich habe nie davon geträumt, Papst zu werden: Es war ein Amt, das mich nicht interessierte. Ich träumte davon, Oberinquisitor zu werden. Ich träumte mit jugendlichem Enthusiasmus davon, der Wahrheit dienen zu können, die im Besitz der Kirche ist und von ihr gehütet wird.

Doch die Aufgabe des Sant' Uffizio war noch eine ganz andere. Das wurde mir klar, als ich die Biografie eines Geheimagenten las, der schon als Junge um jeden Preis zum KGB gehören wollte. Um das zu erreichen, lernte er wie besessen, diesem Ziel widmete er all seine Kräfte. In die Organisation, der er beitreten wollte, kam man nicht dank guter Noten oder eines per Eilpost eingesandten Lebenslaufs. Man wurde eingeladen, ausgewählt, heimlich angeworben. Man trat dem KGB nicht aus eigenem Antrieb bei, man wurde dazu aufgefordert. Man schritt nicht durch eine offizielle Eingangstür, man wurde durch Seitentüren eingelassen, die gewöhnlichen Sterblichen verschlossen sind. Betrübt entdeckte ich später, dass mein Traum, zur Inquisitionsbehörde zugelassen zu werden, etwas mit dem Traum jenes russischen Knaben gemeinsam gehabt hatte. Er hatte dem System dienen wollen. Ich ebenso. Er hatte die Macht des diktatorischen Regimes erhalten wollen. Das hatte ich auch gewollt. Er hatte die Wahrheit verwalten und über sie herrschen wollen. Das war auch mein Ziel gewesen.

Ich war mir damals in keiner Weise klar darüber, dass auch ich in einen Geheimdienst eintreten wollte: den des Vatikans. Ein Geheimdienst, der die Gläubigen ausspionierte und das bewachte, was die Kirche zur Wahrheit erklärte. Später, als ich tatsächlich dazugehörte, würde ich entdecken, wie abgestumpft und borniert die Agenten der Kirche waren und wie verschlossen gegenüber jedem rationalen und freien Denken. Durch die Tätigkeit dieser Organisation erfuhren die wesentlichsten das menschliche Leben betreffenden Fragen eine ungeheure Banalisierung. Für alle Fragen hatten wir, die Mitglieder der Kongregation, schon eine vorgefertigte Antwort parat. Wir erteilten sie, ohne uns dazu herabzulassen, den Dramen und Konflikten, die in ihnen zum Ausdruck kamen, Beachtung zu schenken und ohne uns selbst eigene neue, von der Realität hervorgebrachte Fragen zu stellen. Es war ein Regime, dessen Angehörige sich, bewaffnet mit dem Wissen, das sie durch ihre Studien erobert hatten, zu Wächtern des bestehenden Systems machten. Voller Trägheit und Unlust eliminierten wir jede Frage, jeden Zweifel und schützten so uns selbst vor der uns umgebenden Realität. Wir wehrten alles ab, was das bestehende System hätte gefährden oder eine Reform verlangen können. Damals war ich mir all dessen nicht bewusst, obwohl ich nicht gerade wohlwollende Artikel gelesen hatte, die einige Theologen über diesen dunklen Ort verfasst hatten. Ich glaubte keiner der von ihnen erhobenen Anschuldigungen. Ich wollte um jeden Preis in das Sanctum Sanctorum des Vatikans vordringen.

Ich arbeitete unermüdlich, um mein Ziel zu erreichen. Ich versuchte, alle wichtigen Termine in Rom wahrzunehmen, nahm an allen möglichen Tagungen teil, an öffentlichen Treffen, Konferenzen, Symposien, Buchpräsentationen, Ausstellungseröffnungen, Konzerten, Messen, Beisetzungen, Arbeitsfrühstücken, gemeinsamen Mittag- und Abendessen. Wo ich Einlass fand, dort war ich anzutreffen. Heute kommt mir mein Verhalten von damals albern und dumm vor. In meiner Naivität glaubte ich, dass ich früher oder später jemandem auffallen würde, der mich dann in die heiligen Hallen jenes polnischen Fürsten einführen würde, der sich weder als dumm noch als unsympathisch erwiesen hatte.

Jeder Pole wusste damals, wie man durch die Wohnräume von Johannes Paul II. und mithilfe seines Sekretärs Einlass in den Vatikan finden konnte. Ich aber kannte die persönlichen Gemächer des Pontifex nicht und wollte sie auch nicht kennenlernen. Ich wollte nichts mit den korrupten polnischen Klerikern zu tun haben, die den Papst umschwirrten, nicht mitmachen bei diesem gegenseitigen Gewähren von Gefälligkeiten und Vergünstigungen, hinter dem sich Hass aufeinander verbarg und der Wunsch, die anderen auszustechen im Wetteifern darum, zum Bischof im kalten Polen ernannt zu werden. Ich wollte nicht zu jenen tausend braven »Neffen« Wojtyłas gehören, denen plötzlich wieder einfiel, dass ihre leider schon verstorbene Tante »früher, bevor er Papst wurde, immer wunderbare warme Strümpfe für den jungen Karol gestrickt hatte«, was ihnen, wie sie hofften, als Eintrittskarte zu dessen Hof dienen würde.

Ich wollte nicht zu einem Höfling werden, sondern Mitglied der Glaubenskongregation. Ich wusste, dass ich die notwendigen Qualifikationen besaß, dass ich eine solch hohe Stellung verdiente, weil ich auf den besten katholischen Lehranstalten ausgebildet worden war und als Geistlicher Erfahrungen in verschiedenen Gemeinden und in mehreren Ländern der Welt gesammelt hatte. Ich wollte der Kongregation als Europäer dienen, dem die Staatsexamen, die er abgelegt hatte, bescheinigten, dass er fließend Italienisch sprach. Ich wollte nicht zum Hof des polnischen Papstes gehören, dessen Tod nach Meinung vieler nicht mehr lange auf sich warten lassen würde. Ich wollte Ratzinger, dem Präfekten der Glaubenskongregation, dienen, nicht Wojtyła.

Mein Wunsch ging in Erfüllung. Ich nahm nicht die Stelle eines anderen Polen ein und habe die meine auch nicht auf von polnischen Landsleuten – und dem Pontifex – ausgeübten Druck hin erhalten. Ich erbte die Stelle, die frei wurde, als Georg, »il bel Giorgio«, Privatsekretär Ratzingers wurde. Ich erbte seinen Computer, sein Bürozimmer, seinen Stuhl.

Mein Enthusiasmus war anfangs grenzenlos: Ich wähnte mich im Paradies. Ich dachte nur an meine Arbeit, zu der sehr bald noch Lehrverpflichtungen an der Universität kamen. Es berührte mich zutiefst, die Geschichte der Kirche, ihre Biografie, ihr »Leben« anhand der Akten des Sant' Uffizio nachvollziehen zu können. Und ich fand es aufregend, an diesem System zur Verwaltung der Wahrheit beteiligt zu sein.

Sehr bald merkte ich jedoch, dass es in den Kreisen, zu denen ich jetzt gehörte, gang und gäbe war, andere mithilfe von Denunziation zu vernichten und auf Kosten des Opfers Karriere zu machen – genau so, wie ich es in der Biografie jenes Typen vom KGB gelesen hatte. Man musste nur darauf achten, dass man sich nicht etwa einen mächtigen Kardinal zum Feind machte, sondern nur Schwache und Wehrlose!

Um auf Dauer der Inquisitionsbehörde anzugehören, musste man aber noch etwas anderes mitbringen als Engagement und Wissen. Man musste zum Beispiel ein »männliches« Vergnügen daran empfinden, andere aus dem Weg zu räumen, sie zu vernichten. Nie aber durfte man dabei einem Gegner etwas direkt ins Gesicht sagen. Man musste immer nur den Mächtigen etwas ins Ohr flüstern und dies hinter dem Rücken des davon Betroffenen. Wenn man nicht den Eindruck erweckte, eine Menge Verbindungen zu besitzen und mindestens die Hälfte der Bischöfe der katholischen Kirche persönlich zu kennen, versank man bald in Bedeutungslosigkeit. Man musste aber genau wissen, wem man enthüllte, wer alles zu den eigenen Freunden zählte, und wann man das am besten tat, und vielleicht auch noch zusätzlich versprechen, diese anzurufen, um sie in irgendein Komplott einzubeziehen. Man ging innerhalb der Kongregation genauso ans Werk, wie es schon im Mittelalter üblich gewesen war: approximativ, chaotisch und insgesamt gesehen absolut unprofessionell. Es gab überhaupt keine Kriterien dafür, wie man seine Arbeit zu verrichten hatte. Das Einzige, um das es wirklich ging, war, festzulegen, wer zum *inner circle* gehörte und wer nicht.

Ich fand bald heraus, dass es, um einen Feind in Verruf zu bringen und »unmöglich« zu machen, ausreichte, voller Missbilligung zu sagen: »Wie alle wissen, ist er ... homosexuell.« Um jemanden zu vernichten, reichte es aus, dieses Zauberwort voller Hass und Verachtung auszusprechen. Das war wie ein Gottesurteil, wie die Verurteilung eines Verbrechers zum Tode. Oder vielmehr die eines Ketzers, dessen Abtrünnigkeit in seiner widernatürlichen sexuellen Orientierung bestand. Eines Verbrechers, der bemitleidet, bedauert ... und entfernt werden musste. So lernte ich dieses höchste Gremium der Kirche als eine Versammlung kranker Geister kennen, die Vergnügen daran fanden, einen Scheiterhaufen nach dem anderen aufzuschichten und in Brand zu stecken ...

Homosexualität war eines der beliebtesten Themen, über das man diskutierte, es stand immer wieder auf der Tagesordnung. Es war eine Obsession. Ich entsinne mich eines Monsignore, eines Traditionalisten, der in seinem ganzen Leben nichts Vernünftiges zustande gebracht hatte. Dieser Mann, der, obwohl Nichtstuer par excellence, mithilfe Benedikts auf der Karriereleiter nach oben gestiegen war, schrie während einer Kaffeepause, unter Bezugnahme auf die Ausschreitungen russisch-orthodoxer Aktivisten gegen die Homosexuellen im Lande: »Endlich hat jemand den Mut, diesen menschlichen Dreck wegzufegen, endlich hat jemand keine Angst und gibt ihnen mal richtig eins auf die Mütze!« *Intra muros* war das die gängige Ausdrucksweise; sie hatte nichts mit jener erhaben-salbungsvollen gemein, die man in den

offiziellen Verlautbarungen fand, welche an die Medien ausgegeben wurden. Wir waren genauso »gesund« wie die Rus-
sisch-Orthodoxen insofern, als auch wir die homosexuelle Pest bekämpften. Und gleichzeitig hielten wir an einem
entschieden homosexuell wirkenden Spektakel fest, an dem
uralten liturgischen Ritus der Kirche, den wir, von einem
gehörigen Quantum Weihrauch umflort, in Gewändern zelebrierten, wie sie jeden Schwulen in Entzücken versetzen
mussten. Wir trippelten wie Schönheitsköniginnen einher, in
diesen die Beine wie Röcke umhüllenden Soutanen, die es in
verschiedenen leuchtenden Farben gab.

Die Kaffeepausen waren für die Arbeit der Kongregation
von größter Bedeutung: In diesen Pausen wurden Urteile
gebildet, man machte sich bemerkbar, gewann Vorgesetzte
für sich, vermittelte den Eindruck, über die politische Lage
in jedem Land Bescheid zu wissen – obwohl man in Wirklichkeit nur am Morgen hastig einen Blick in die Onlineaus-
gabe der *New York Times* oder der *Frankfurter Allgemeinen*
geworfen hatte. Eine Kaffeepause ging mehr oder weniger
nahtlos in die nächste über, bis wir fanden, dass es Zeit war,
für diesen Tag mit der Arbeit aufzuhören: Zum Glück war
das so, denn ich möchte mir gar nicht ausmalen, was man
alles Schlimmes hätte anrichten können, hätte man systematisch und ernsthaft gearbeitet (vielleicht war es aber auch
gerade dieser Mangel an intellektueller Strenge, der Katastrophen verursachte). Es hieß, in den Kaffeepausen könne
ein eingespieltes Team sich in kleinem Kreis mit dringenden
Problemen befassen. Doch es gab kein Team, genauso wie es
eigentlich keine Personen mit eigener Meinung gab, sondern
nur eine Herde von in lange Gewänder gehüllten und fromm
tuenden eingefleischten Karrieristen, die mit ihren brillanten
Ideen, wie man die Zukunft der Kirche und der Menschheit
sichern könnte, das Sant' Uffizio selbst und die gesamte Welt
am Leben erhielten.

Die Kommentare, die in den Kaffeepausen zu den verhassten Homosexuellen abgegeben wurden, stellten die schlagendsten Beweise für die richtige Gesinnung der Betreffenden dar. Ich erinnere mich des apodiktischen Ausspruchs eines Nordamerikaners, der der Diskussion um den 2005 so erfolgreichen Film *Brokeback Mountain* brüsk ein Ende setzte, indem er in einer solchen Pause erklärte: »Es gibt gar keine schwulen Cowboys.« Ich fragte mich, wie es dann möglich war, dass in einem mehr als zweistündigen Film solche Unwahrheiten verbreitet wurden. Aber klar: Es gibt gar keine schwulen Cowboys, ebenso wenig wie es schwule Priester gibt…

Bei den Sitzungen des Sant' Uffizio zeichneten sich auch diverse unerwartete Allianzen des Vatikans »aufgrund geistiger Affinität« ab – insbesondere mit Präsident Putin, dem man in Rom dankbar dafür war, dass er in seinem Land Homosexuelle gesetzlich verfolgen ließ. Und sogar wenn in moslemischen Staaten eine Horde viehisch roher Menschen, die selbst häufig eine ungewisse sexuelle Orientierung aufweisen, jugendliche Schwule ungestraft erniedrigen und umbringen durfte, löste das keinen Protest vonseiten der Kongregation aus. Und selbstverständlich befand man sich in absoluter Übereinstimmung mit einem Land wie Polen, wo man Homosexualität aufgrund eifrig betriebener Propaganda als eine perverse Deformation und eine Krankheit auffasste und sie in völlig ungerechtfertigter Weise mit Pädophilie gleichsetzte. Und wie hätte man sich nicht mit jenen aufgeklärten afrikanischen Ländern identifizieren können, den letzten »gesunden«, die es noch auf Erden gab, in denen Schwulen und Lesben eine Gefängnis- oder gar die Todesstrafe drohte?

Vonseiten des Vatikans verhielt man sich offiziell gesitteter gegenüber solchen Menschen, doch hätte es nicht wenigen von uns gefallen, wirksamere Methoden zu ihrer Eliminierung einzusetzen – indem man sie zum Beispiel von den Dächern hoher Gebäude stürzte, so wie die Nazarener Jesus von dem Berg, auf dem ihre Stadt lag, hatten hinabstürzen wollen (vgl. Lukas 4, 29). Wenn der homosexuelle Verbrecher diesen Flug, den man ihn zu seinem eigenen Heil hatte antreten lassen, zufällig überleben sollte, hätte ihn die Menge unten im Empfang nehmen und steinigen können, genau wie es zu Zeiten der Evangelisten üblich gewesen war (Johannes 8, 3–11)[33]. Für uns bestand aber (leider) nicht die Möglichkeit, auf solche Weise handgreiflich gegen das Übel vorzugehen; wir konnten einzig und allein durch das Wort Propaganda gegen die Perversion betreiben, doch können Worte manchmal tödlicher sein als Steine.

Das Bündnis des Vatikans mit allen Homophoben auf dieser Welt ist ein unbestreitbares Faktum... Ich werde nie vergessen, wie der Präfekt der Kongregation mir mit solch komplizenhaft-verschwörerischem Gebaren, wie es unter uns üblich war, bei einer Versammlung zuraunte, er müsse nun gehen, und mir voller Befriedigung eine in seinem iPhone vorgemerkte Verabredung mit einem Ayatollah zeigte. Erst später wurde mir klar, dass es sich bei diesem Mann um einen jener geistlichen Führer handeln musste, die ihre Gefolgsleute dazu aufhetzen, alle Homosexuellen auszurotten. Nach seinem Zusammentreffen mit dem Ayatollah berichtete der Präfekt mir, dass jener enttäuscht und besorgt über die Permissivität von Papst Franziskus sei. *Non c'è più religione* ...[34]

Der Hass auf Papst Franziskus, der innerhalb der Glaubenskongregation herrschte (und wohl weiterhin herrscht), war wirklich unglaublich intensiv: Bergoglio galt als verantwortungsloser Progressiver. Mein Chef klagte immer über jenes dumme Völkchen, das sich auf dem Petersplatz zur Audienz versammelte und dem neuen Pontifex zujubelte. Zur Homophobie gesellte sich eine seltsame Form von Francesco-Phobie. In den Augen der Mitglieder des Sant' Uffizio genügte es nicht, dass Bergoglio, als er noch Kardinal gewesen war, sich zu – äußerst geschmacklosen – Exkursen über den diabolischen Charakter von »ehelicher Liebe« zwischen Homosexuellen hatte hinreißen lassen, was sich rächte: Für das Inquisitionsgremium war er es nun, von dem eine infernalische Gefahr ausging. Der Teufel trug jetzt Weiß…

Innerhalb des Sant' Uffizio bildete sich also eine regelrechte Anti-Papst-Lobby, die es als ihre Pflicht ansah, dem Treiben dieses Pontifex, das der Kirche bereits solch katastrophalen Schaden zufügt hatte, Einhalt zu gebieten oder von ihm eingeführte Neuerungen wieder rückgängig zu machen. Als besonders schlimm wurde es angesehen, dass dieser Mann eine solche Popularität gewonnen hatte, weil er einen aufrichtigen, spontanen und glaubhaften Eindruck machte. Seine Worte konnten im Nu bewirken, dass jemand seine Denkweise änderte. Das Volk der Gläubigen hatte keine Angst mehr, sich kritisch über das zu äußern, was sie an der Kirche störte. Man begann, Fragen zu stellen, nachzudenken oder überhaupt… zu denken. Und man erkannte bald, dass einige Lehrmeinungen keineswegs so unantastbar waren, wie immer behauptet worden war, einige Glaubenssätze nicht so unumstößlich, wie man früher gedacht hatte. Wer wollte, konnte jetzt entdecken, dass er ein eigenes Gewissen hatte, dass er das Recht besaß, sich selbst ein Urteil zu bilden. Es konnte sogar geschehen, dass die Eignung eines Priesters für sein Amt infrage gestellt wurde, dass dieser nicht mehr als »über das Gesetz erhaben« galt. Ein Priester konnte sich auch nicht mehr dem süßen Nichtstun hingeben, ein Leben im Luxus führen, ohne die geringste Gegenleistung zu liefern. Das Volk der Gläubigen, das nach Brüderlichkeit im christlichen Sinn dürstete und nach Verständnis füreinander, begann zu erkennen, wie groß die Macht der Kirche und des

Klerus über sie war, und diese »Omnipotenz« infrage zu stellen. Die Gläubigen fingen an, sich gegen die Herrschaft der Geistlichkeit über ihr Gewissen zur Wehr zu setzen.

Innerhalb der Kongregation schloss man daher die Reihen, um zur Gegenoffensive anzutreten. Zu dieser Todesschwadron gehörten, außer dem »Boss« natürlich, der Untersekretär, der von Yoga fasziniert war, der sympathische, aber brandgefährliche Dienststellenleiter – ein echter »Seelenpolizist« –, ein italienischer Karrierist, der mit der Bewegung »Comunione e Liberazione« sympathisierte, ein Hüter und Verteidiger der »wahren« Familie, sowie ein Amerikaner, der im Verdacht stand, schwul zu sein und der extremen Rechten anzugehören. Dass sich diese Truppe zusammenfand, blieb nicht unbemerkt und hatte zur Folge, dass eine relativ aufgeklärte und klarsichtige katholische Zeitschrift es sich erlaubte, den Boss als Gegner des Papstes darzustellen, der diesem, wo es ging, Hindernisse in den Weg legte. Nur jemand, der selbst der Kongregation angehörte, konnte aber etwas von den täglichen Panikanfällen, die sich in Krisensitzungen niederschlugen, mitbekommen. Jede öffentliche Äußerung von Franziskus löste in schon pathologischer Weise Ängste aus. Nach jeder Predigt, jeder Ansprache, jedem Interview des liberalen Pontifex kam es zu Angstattacken und wurden geheime Maßnahmen zur Sabotage seiner Vorhaben eingeleitet. Diese wirkten zwar oft primitiv und fielen chaotisch aus, aber sie wurden wirklich durchgeführt. So versuchte zum Beispiel die Truppe der Glaubenskongregation die Bischöfe gegen Franziskus aufzuhetzen, sie auf die eigene Seite zu ziehen, um den Papst zu isolieren. Doch auch dieses Vorhaben wurde völlig planlos und hektisch ausgeführt, wie von jemandem, der vor Angst zittert und schwitzt, dem die Luft wegbleibt, der sich schlecht fühlt, den es schwindelt, der von Schauern ergriffen und von Hitzewallungen heimgesucht wird.

Nach und nach begannen sich die Katholiken überall auf

der Welt tatsächlich zu ändern. Der Anspruch des Vatikans, der die Kirche bis dahin aufrechterhalten hatte – diese Anmaßung, überall darüber befinden zu können, was rechtmäßig und richtig war, und im Besitz der alleinigen Wahrheit zu sein –, begann ins Wanken zu geraten. Papst Franziskus schien die Autonomie von laizistischen Staaten anerkennen zu wollen und versprach, nicht mehr von solchen Absurditäten wie »nicht verhandelbaren Werten« zu reden, mit denen das Sant' Uffizio die Welt weiterhin an der Kandare halten und ihr »im Namen Gottes« jedes Mitspracherecht nehmen wollte.

Der Boss stellte nun die neue Kampagne des Sant' Uffizio zur Erhaltung und Verteidigung des Glaubens unter das Motto: Wir müssen auf den Synoden die Familie vor Papst Franziskus schützen! Das verkündete er in feierlichen Tönen, wobei sein Pathos schon ins Lächerliche umschlug (mit der mir eigenen Pedanterie memorierte ich jedes Wort, das er von sich gab, und konnte bald das Crescendo der Absurdität nicht mehr ertragen). Niemand wusste, auf welche Familie er sich bezog. Einige böse Zungen meinten voller Ironie, es sei vielleicht die von einem gewissen hohen Kleriker und seinem Privatsekretär und damit eine ganz neue Art von Familie gemeint. Ich machte bei diesem Rumgeflachse nicht mit, weil ich seit jeher überzeugt war, dass das Christentum das Familienleben anderer respektieren müsse. Gleichzeitig vertrat ich die Meinung – ohne mich auf bestimmte Personen zu beziehen –, dass man neue Formen von Gemeinschaften schützen müsse, auch solche, die auf der Liebe zwischen zwei Männern oder zwei Frauen basierten. Andere, die auf ihre Weise nicht weniger bösartig waren als die Zyniker, meinten hingegen, wir müssten die traditionalistischen oder traditionellen Familien schützen – solche, in denen aufgrund ihrer patriarchalischen Struktur und der bewährten neutestamentarischen und insbesondere paulinischen Wertevorstellungen, das heißt der Ansichten bezüglich der Aufgabenverteilung von Mann und Frau in der ehelichen Gemeinschaft, die Frauen unterdrückt wurden, und zwar oft gewaltsam. Wie auch immer: Nachdem alle in der Kongregation den Ruf zu den Waffen vernommen hatten, war sich niemand im Klaren darüber, was für ein Typ von Familie eigentlich verteidigt werden sollte, alle wussten aber genau, vor *wem* dieses numinose Gebilde geschützt werden sollte: vor Franziskus, jenem Papst, den wir, die wir in der Vergangenheit entschlossene Streiter für die zentrale Position des Pontifex gewesen waren, uns jetzt als gefährlichen Ignoranten zu bezeichnen erlaubten. (Ignoranten waren in Wirklichkeit wir selbst, nicht er!)

Eines Tages jedoch teilte uns der Boss, nachdem er von einer Audienz beim Papst zu uns zurückgekehrt war, frohgemut mit, dass es vielleicht die Möglichkeit gebe, Franziskus eines Widerspruchs zu überführen! Diese Möglichkeit hatte sich aufgrund eines Vorschlags ergeben, den ich selbst gemacht hatte. Ich war für die Kandidatur von fünf Frauen für die Internationale Theologische Kommission eingetreten, deren Assistenzsekretär ich war. Die Liste mit ihren Namen war dem Papst zur Unterzeichnung vorgelegt worden. Wenig später hatte dieser erklärt, dass die Frauen mit fünf Vertreterinnen ihres Geschlechts in diesem Gremium noch nicht ausreichend repräsentiert seien. Das war eine Bemerkung gewesen, mit der er eindeutig für stärkere Präsenz und größeres Mitspracherecht von Frauen innerhalb der Kirche eintrat, Themen, mit denen sich die Kirche dringend befassen musste, was sie aber bisher versäumt hatte. Obwohl Franziskus sich also bei dieser früheren Gelegenheit dafür ausgesprochen hatte, den Frauen eine gewichtigere Rolle einzuräumen, hatte er dem Präfekten der Kongregation, wie dieser uns nach seiner Rückkehr von der Privataudienz mit ihm berichtete, anvertraut: »Wissen Sie, mir würde es gar nicht gefallen, wenn zu viele Frauen in der Lehre tätig wären. Ich bin gar kein so großer Freund von Frauen in der Kirche.« Vielleicht hatte er die verschreckte Inquisitionsbehörde mit dieser zweiten Aussage nur beruhigen wollen. Der Boss berichtete uns das in jedem Fall freudestrahlend. Es war Musik in den Ohren der vielen Misogynen unter uns. Hass auf Frauen ist ja wie gesagt im Klerus genauso verbreitet und intensiv wie der auf Homosexuelle. Besonders tröstlich für die Traditionalisten war, dass offenbar die Haltung, die der Pontifex nach außen hin einnahm, seiner wirklichen Einstellung gar nicht entsprach. (Aber wer weiß, ob der Boss, dessen Italienisch alles andere als perfekt war, den Papst richtig verstanden hatte. Dazu später mehr.)

Ich habe immer große Vorsicht walten lassen, wenn es darum ging, einer Person eine bestimmte sexuelle Orientierung zuzuweisen. Überdies haben mich die Geheimnisse anderer nie sonderlich interessiert. Diese Einstellung habe ich wahrscheinlich von meiner Familie geerbt, insbesondere von meiner Mutter, die manchmal den Eindruck erweckte, völlig in sich zurückgezogen zu sein, weil sie nichts über die Privatangelegenheiten anderer wissen wollte. In Wirklichkeit war sie nur derart fest überzeugt davon, dass ihre Art zu leben die richtige war, dass sie sich das nicht zu bestätigen brauchte, indem sie andere ausspionierte, um ihnen ein Fehlverhalten nachweisen zu können. Die römische Kurie und das Sant' Uffizio haben eine solche Weigerung, in den Intimbereich anderer einzudringen, nie gern gesehen. Die Funktionäre dieses Regimes haben ihre Macht oft ausgeübt, indem sie Klatsch über jemanden in Umlauf brachten. Ich merkte bald, dass ich auch in dieser Beziehung für die Karriere, für die man mich vorgesehen hatte, nicht die nötigen Voraussetzungen mitbrachte: Ich wollte nicht über andere herrschen, indem ich unter anderem auch die Waffe der üblen Nachrede einsetzte. Ich weigerte mich instinktiv, mich in die Angelegenheiten anderer einzumischen, vielleicht war ich auch immer der Letzte im Gremium, dem die neuesten Gerüchte über jemanden zu Ohren kamen. »*Maricón el último*«, würden die spanischen Jungs rufen.

Das Privatleben meiner Kollegen habe ich immer respektiert. Ich war der Ansicht, dass es mich nichts anging. Beruflichen Erfolg wollte ich ausschließlich durch Kompetenz und unermüdlichen Einsatz erreichen. Das System des Sant' Uffizio verlangte aber etwas ganz anderes. Man musste alles über die anderen wissen, und vor allem und in erster Linie musste man in Erfahrung bringen, wer schwul war und wer nicht: Es war beinahe so etwas wie ein »Nationalsport« unseres Gremiums, in dem ich mich daher bald fehl am Platz fühlte. Meine Kollegen zogen mit unflätigen Ausdrücken über Schwule und alle möglichen anderen Ketzer her, ich wollte noch nicht einmal wissen, wer schwul war. Im Laufe der Zeit begann ich mich zu fragen, wer ich eigentlich war und was ich in diesem Gremium zu suchen hatte.

Anstatt uns ernsthaft ganz generell mit dem Thema sexuelle Orientierung zu befassen, hechelten wir des Langen und Breiten die sexuellen Neigungen bestimmter Einzelpersonen durch. Einem von uns zufolge konnte an der sexuellen Orientierung eines unserer prominenteren Kollegen und seines engsten Mitarbeiters kein Zweifel bestehen. Ein anderer flüsterte mir ins Ohr: »Hast du schon gehört, was man im Vatikan über ihn sagt? Wenn er mit seinem … vorbeikommt, sagen die Leute auf Deutsch: Guck mal da, Herr und Frau ….« Es fiel der Name des älteren Partners in dieser freundschaftlichen und auf gegenseitiger psychischer Abhängigkeit basierenden Beziehung, die die beiden gar nicht besonders angestrengt verbargen und die wohl auch gar nicht zu verbergen war (meiner Ansicht nach hätte man voller Respekt sagen müssen: »Guck mal, Herr und Herr …«, wie es generell bei ehelichen Gemeinschaften von Männern der Fall sein sollte, doch wie könnte man sich von Homophoben eine solche Feinfühligkeit erwarten?). Herr und Frau… Es war mir zutiefst peinlich, solche albernen Bemerkungen mit anhören zu müssen, und gleichzeitig sehnte ich den Tag herbei, an dem die Kirche mit derartigen Stigmatisierungen sexueller Minderheiten Schluss machen würde. Meine Informanten gaben vor, besorgt darum zu sein, dass unsere Kreise »sauber« blieben, doch gelang es ihnen nicht, ihre Erregtheit und ihre Genugtuung zu verbergen. Ich fragte mich, wie ich solche »wertvollen« Informationen deuten sollte: Sprach aus ihnen nur die Boshaftigkeit unterdrückter oder eifersüchtiger Menschen? Oder stellten sie die Reaktionen von Personen dar, die sich letztendlich mit den unmenschlichen Vorschriften arrangieren mussten? Nein, keines von beiden: Dieses ganze Geklatsche schien mir ausschließlich Ergebnis der Heuchelei jener, die sich als »Erretter« der Welt aufspielen. Die Glaubenskongregation war nichts als ein Haufen von Pharisäern, die sich die Homosexuellen zur Zielscheibe ihres Hasses erwählt hatten, zu der Gemeinschaft, die man mit Dreck bewerfen konnte. Mir wurde immer klarer, dass ich so nicht weitermachen konnte. Vor allem konnte ich keine Gerüchte über die sexuellen Neigungen von jemandem verbreiten, ohne Beweise für sie zu haben. Es lag mir aber überhaupt nichts daran, in den Besitz dieser Beweise zu gelangen. Es wäre mir nie in den Sinn gekommen, jemanden wegen seiner Homosexualität zu verfolgen, wegen seiner Amouren, wegen seiner Freundschaften. Ich danke Gott dafür, dass es Amouren und Freundschaften gibt!

Ich fragte mich nur, warum man ständig über Homosexualität sprach, und dies immer voller Hohn und Spott, ohne sich jemals ernsthaft mit dem Phänomen als solchem auseinanderzusetzen. Warum war Homosexualität das Thema Nummer eins? Für mich gab es nur eine Erklärung: In diesen Männern existierte ein nicht zu stillendes Verlangen, ein starker innerer Druck, der sich in solchem Geschwätz Luft verschaffte. Wenn ich dies erzähle, sehe ich die melancholischen Gesichter der Jungs aus dem Vatikan vor mir, die sich nach einem normalen Leben sehnen und frustriert sind, die sich nicht frei genug fühlen, um ihre eigene Sexualität auszuleben, und sich abreagieren, indem sie über jene hohen Prälaten herziehen, die, nachdem sie auf der Karriereleiter so weit nach oben geklettert sind, wie sie es wollten, heimlich gegen die Verbote der homophoben Kirche zu verstoßen scheinen. Anstatt über die Heuchelei des Klerus, zu dem sie selbst gehörten, nachzudenken, beschäftigten sie sich lieber mit dem Glück von Priesterpaaren und mit deren Liebe zueinander, trauten sich allerdings nicht, diese beim richtigen Namen zu nennen. Und das machte mich traurig.

Ich versuchte mich also taub gegenüber jenen Gerüchten zu stellen, doch die Augen konnte ich mir nicht verbinden. In vielen Fällen reichte es, den Umgang zweier Personen miteinander zu beobachten, ihr komplizenhaftes Verhalten und ihre Abhängigkeit voneinander, die verliebten Blicke, die sie tauschten; die Kosenamen, mit denen sie sich gegenseitig bedachten, wenn sie allein waren, brauchte man dann gar nicht zu hören. Die eingefleischten Homophoben von der extremen politischen Rechten – solche Herren wie Franco, der Argentinier Videla oder der unvergessliche Chilene Pinochet – sprachen in solchen Fällen von »sehr speziellen Freundschaften«. Tatsächlich: Sie waren äußerst speziell.

Mit der Zeit störte es mich immer mehr, dass in der Kurie offenbar Privates mit Beruflichem verquickt wurde. Sollten sie doch draußen machen, was sie wollten, hier drinnen hatten sie zu arbeiten. Stattdessen ernannten einige ihren Freund zu ihrem persönlichen Sekretär, dem Beispiel des Hauptmanns von Kapernaum folgend, der seinen Liebhaber zu seinem Bediensteten, seinem Untergebenen machte. Vielen Beziehungen von Klerikern liegt ein solches Verhältnis zugrunde. Es ist unser heimliches Modell (vgl. Lukas 7, 1–10, Matthäus 8, 5–13), was wir aber den Gläubigen nicht offenbaren können. Wer war jener junge Knecht, einmal angenommen, dass es sich nicht um den Sohn des Hauptmanns handelte? Diese Passage der Evangelien ist sehr obskur – man sollte klugerweise und aus Gründen der Frömmigkeit rasch über sie hinweggehen.

Es hat mich nie interessiert, herauszufinden, ob zwei befreundete Priester Sex miteinander hatten. Den Worten Jesu zufolge kann man ja bereits in Gedanken sündigen. Kleriker sündigten demnach häufig schon im Geiste, dadurch, dass sie ein Verlangen empfanden. Es ändert sich also kaum etwas oder gar nichts, wenn sie miteinander ins Bett steigen, oder wenn sie masturbieren und dabei an den jeweils anderen denken. Eine homosexuelle Beziehung kann (ebenso wie eine heterosexuelle) die Form einer besonders intensiven Freundschaft haben und sich, auch wenn es nicht zu intimen Kontakten kommt, zutiefst auf ihr Arbeitsverhältnis auswirken. Unter diesem Aspekt betrachtet, wäre es viel besser, wenn die beiden in ihrer freien Zeit miteinander ins Bett gingen. Ihre berufliche Tätigkeit litte dann nicht unter ihren unterdrückten homosexuellen Trieben.

Bevor ein Kleriker sich anmaßt, ein moralisches Urteil über Homosexualität zu fällen oder über jede andere Form von Sexualität, müsste er erst seine verquere Auffassung von Sexualität und die Art und Weise sie auszuleben korrigieren sowie mit seinen unterdrückten Trieben ins Reine kommen. Gerade einige ranghohe Angehörige des Vatikans, die ich kennengelernt habe, täten besser daran, sich nicht zum Thema Homosexualität zu äußern. Wenn ein Journalist etwas von ihnen dazu wissen will, könnten sie darum bitten, Fragen anderer Art gestellt zu bekommen, zum Beispiel dazu, wie das Wetter in Afrika ist oder wie man etwas zum Schutz der Pinguine unternehmen könne… Pinguine gehören allerdings zu den Tierarten, bei denen Homosexualität ziemlich häufig vorkommt. Also wäre es vielleicht besser, noch einmal um andere Fragen zu bitten: Zu viele Pinguinmännchen treiben es miteinander! Pinguine könnten nie Priester werden. Reden wir lieber nicht über diese merkwürdigen Vögel.

Mir ist es nie in den Sinn gekommen, jemanden an den Pranger zu stellen, weil er homosexuelle Beziehungen hat – und ebenso wenig, weil er heterosexuelle Beziehungen hat: Das eine wie das andere ist in keiner Weise krankhaft, sondern gesund und ermöglicht es dem (oder der) Betreffenden, sich selbst zu verwirklichen. Sexuelle Beziehungen ermöglichen es, ein Verhältnis zu einer anderen Person aufzubauen, und schaffen oft die Basis für gegenseitige Liebe. Viele Priester, ich eingeschlossen, sind, als sie angefangen haben, Liebe zu jemand anderem zu empfinden und mit dieser geliebten Person intim zu verkehren, bessere Seelsorger geworden, sensibler, mitfühlender und ihren Mitmenschen stärker und aufmerksamer zugetan. Infolgedessen zelebrierten sie auch die Messe besser, sie verstanden den Schmerz anderer besser, sie kannten die Wechselfälle des Lebens und predigten besser, auf eine weniger stark von der realen Welt abgetrennten Art und Weise, weil ihr Herz und ihr Geist freier geworden waren.

Angesichts all dieser zumindest zu einem Teil begründeten Gerüchte über die im Klerus verbreitete Homosexualität müsste die Kirche sich schämen, an ihrer überheblichen Einstellung festzuhalten und ihre anmaßende Haltung nicht aufzugeben. Sie müsste darüber nachdenken, wie unmenschlich sie sich gegenüber ihren eigenen Bischöfen, Priestern und Gläubigen verhält, wie sehr sie sie in den Augen der Welt herabwürdigt. Wenn das, was sie zu ihrer Selbstverteidigung vorbringt, zutrifft (was es nicht tut), nämlich dass alle den Vatikan betreffenden Gerüchte nur bösartige Verleumdungen seien, muss man sich fragen, woher dann das morbide Interesse für Homosexualität kommt. Wenn alle Priester sich als Unverheiratete glücklich und wohlfühlten, warum sollten sie dann ständig danach streben, Schwule ausfindig zu machen und zu demaskieren? Menschen mit einer solchen Obsession, wie sie meine Ex-Kollegen im Vatikan zu erkennen geben, hätten eigentlich den Beistand von Psychiatern nötig. Sie sind nicht in der Lage, die moralischen Gebote einer Kirche weiterzugeben, der Menschen auf der ganzen Welt angehören. Und sie können nicht Stellung nehmen zu den komplexen ethischen Fragen unserer Zeit.

Wenn die Kirche vermeiden will, dass ihr Bild in der Öffentlichkeit weiter Schaden nimmt, dann müsste sie die Inquisitionsbehörde, das Sant' Uffizio, die Kongregation für die Glaubenslehre, sofort auflösen. Sie müsste der direkten und der indirekten Einschüchterung, dieser Anstachelung zum Hass mit dem angeblichen Ziel, »den Glauben zu verteidigen«, unverzüglich ein Ende setzen. Der Boss des Sant' Uffizio müsste abtreten, alle seine Kompetenzen müssten an den Papst zurückfallen, oder ein Kollegium von Bischöfen müsste die Aufgaben und Funktionen des Gremiums intern auf mehrere Verantwortliche verteilen. Im Lauf der Jahrhunderte hat die Heilige Inquisition, eine kriminelle Organisation, mehrfach einen anderen Namen bekommen, sie selbst ist aber unverändert geblieben. Genauso war es in den Ländern mit kommunistischen oder anderen repressiven Regimen: Die Nomenklatur wurde von Zeit zu Zeit modifiziert, damit der Eindruck entstand, dass Reformen durchgeführt worden seien. Die Diktatur blieb aber immer die gleiche.

Im Grunde handelt es sich bei der Congregatio pro Doctrina Fidei um eine Geheimdienstorganisation. Die Deutschen könnten das Uffizio mit der Stasi vergleichen, die Polen könnten sich stattdessen an das *Urząd Bezpieczeństwa*, das Kommunistische Sicherheitsbüro, erinnert fühlen. Ich bin heute der Ansicht, die CDF müsste für ungesetzlich, für kriminell erklärt werden, genauso wie sie selbst jahrhundertelang die Schwulen, Lesben, Transsexuellen und aus bestimmten Gründen nicht wenige Heterosexuelle zu Gesetzesbrechern erklärt hat: Diese Kongregation hat keinerlei Recht, sich in die Politik demokratischer Staaten einzumischen, und müsste abgeschafft werden. Doch ich weiß, dass es nicht dazu kommen wird.

Mein spiritueller Vater und Doktorvater Kardinal Becker, der leider verstarb, als ich diese Zeilen schrieb, hatte einmal die Prophezeiung abgegeben: »Sie werden es zehn Jahre in der Kongregation aushalten können, keinen Tag länger, Sie würden sonst verrückt werden. Sie denken zu viel, um ihr länger angehören zu können.« Doch es waren bereits zwölf Jahre vergangen, und ich gehörte immer noch dazu. Ich musste gleichzeitig weinen und lachen wegen der geistigen Trägheit, mit der ich in Berührung gekommen war, ich wurde sowohl zynisch als auch gleichgültig. Oscar Wilde hat einmal gesagt, es gebe keine Sünde außer der Dummheit: Demzufolge waren wir Sünder. Ich hielt es in diesem Tollhaus für Legalisten und Formalisten nicht länger aus.

Homosexualität war in meinen Gesprächen mit Kardinal Becker nie Thema gewesen. Nur einmal ließ er eine kryptische Bemerkung über einen schwulen Pfarrer fallen und erweckte damit bei mir den Eindruck, dass er möglicherweise über den »Klub« Bescheid wusste. Er war wissbegierig, er fühlte sich der Tradition verpflichtet, war aber trotzdem in der Lage, zu denken und sich Fragen zu stellen. Oft begann er einen Gedanken zu entwickeln, hielt dann aber inne, damit der Gesprächspartner ihn weiterführte und auf diese Weise verstehen konnte. Er war ein wahrer Lehrer. Zu mir sagte er beharrlich: »Sie haben die Pflicht, innerhalb der Kongregation zu erklären, dass man nicht so tun kann, als ob das Problem der wiederverheirateten Geschiedenen gar nicht existierte: Sie müssen Ihren Vorgesetzten klarmachen, dass ihr nicht ständig Vorschläge unterbreiten könnt, die zu keiner Lösung führen. Ihr könnt nicht weiterhin die Realität negieren.« Nach außen hin war er ein Traditionalist, aber es steckte ein vernünftiger Progressiver in ihm. Im Sant' Uffizio gab es jedoch niemanden, der offen genug war, dass ich ihm die »ketzerischen« Ansichten des alten Becker hätte übermitteln können. Überdies war er selbst ein Berater der Kongregation, und ich fragte mich, warum er sich nicht direkt an diese wandte.

Als Mitglied des Sant' Uffizio bekam ich es nicht oft mit sexuellen Annäherungsversuchen zu tun. Das geschah nur ein- oder zweimal. Ich möchte über den ersten Fall berichten. Ich mochte jenen intelligenten Priester (ja, es gibt welche) und hatte schnell begriffen, dass er homosexuell und in mich verliebt war: Wenn er zu mir in mein Büro kam, konnte er es sich nicht versagen, mich zu liebkosen. Er tätschelte mich auf eine Weise, die immer eindeutiger wurde. Ich hingegen sah in ihm nur einen Freund, mit dem man reden, lachen und hin und wieder essen gehen konnte. Ich wollte keinen Sex, ich war meinerseits auch nicht verliebt in ihn. Es störte mich, wie er sich bei mir im Büro benahm, denn ich war strikt gegen eine Vermischung von Beruf und Privatleben. Das war nicht mein Stil: Arbeit ist Arbeit, Sex ist Sex, Liebe ist Liebe, Freundschaft ist Freundschaft. Auf der anderen Seite war es uns kaum möglich, uns privat zu treffen. Ich wies seine Avancen zurück und bedauerte, dass er nicht begriff, dass wir Freunde sein könnten. Es machte mir Kummer, als er, vielleicht über meine ablehnende Haltung beleidigt, aufhörte, mit mir zur reden. Doch fand ich es noch unerträglicher, dass er nach einer gewissen Zeit erneut versuchte, sich an mich heranzumachen. Trotz allem ist mir jener Geistliche als eines der menschlichsten und einfühlsamsten Mitglieder des Sant' Uffizio in Erinnerung geblieben.

Wer weiß, was nach der Veröffentlichung dieser Zeilen

im Sant' Uffizio, in diesem »heiligen« Amt, das der Papst nicht schließen will, vor sich gehen wird. Ich stelle mir vor, dass es zu einer regelrechten Hexenjagd kommen wird. Man wird mit allen Mitteln herausfinden wollen, wer – außer mir, dem Verräter – die anderen Schwulen in der Inquisitionsbehörde sind. In einer Geheimsitzung werden die Oberen die Liste der Mitglieder durchgehen, deren Fotos betrachten in der Hoffnung, vielleicht am Blick ablesen zu können, ob ein im Verdacht stehender Kleriker wirklich schwul ist. Eigentlich müssten sie die unfehlbare Methode kennen, die die Nazis anwandten: Sie zwangen Verdächtige dazu, mit Prostituierten zu verkehren (mir kommt hier eine Szene aus dem herzzerreißenden Film *Bent* von 1997 in den Sinn, in der die Homosexuellen mit Zügen in die Konzentrationslager transportiert werden). Vielleicht werden die Oberen auch behaupten, ich hätte alles erfunden, um das Sant' Uffizio in den Schmutz zu ziehen. Wer mich kennt, weiß, dass ich gar nicht die dazu nötige Fantasie besitze. Das, was ich im Sant' Uffizio miterlebt habe, wirkt wie Science-Fiction, verhüllt von scheinbarer Normalität und Ernsthaftigkeit. Vielleicht werden jene Oberen auch insinuieren, dass eine Schwulenlobby mich einer Gehirnwäsche unterzogen, mich bezahlt und mir einen tollen Job angeboten habe. Die einzige Lobby, mit der ich jemals in Berührung gekommen bin, ist aber jene katholische: Menschen, die ebenso homosexuell wie homophob sind.

So ging auch noch das *Annus Domini Nostri* 2014 ins Land – nicht 1514, wie man hätte denken können.

Meine Entscheidung war getroffen: Ich musste von diesem Zug abspringen, aus dieser Versammlung ausscheiden, die gegen die Menschlichkeit und den Gebrauch der Vernunft agierte. Papst Franziskus leistete Großes bei seinem Versuch, das stark in Mitleidenschaft gezogene öffentliche Bild der Kirche wiederherzustellen. Er baute eine ausgezeichnete Verbindung zu den Menschen und den Medien auf. In Wirklichkeit wollte oder konnte aber auch er nicht allzu viel ändern. Seine Interventionen waren eher kosmetischer Art. Es war, als würde man eine Schicht Schminke auf ein altes, faltiges Gesicht auflegen – auf das der römischen Kurie, dieser klatschsüchtigen und bösartigen Vettel. Man konnte nicht viel ändern, solange eine integralistische Denkweise noch so tief im Klerus verwurzelt war.

Das Sant' Uffizio, eine Institution im Herzen der Kirche, lässt sich nur schwer mit wenigen Sätzen beschreiben. Der Sängerin und Schauspielerin Alaska von dem Duo Fangoria, eine Galionsfigur der spanischen Homosexuellen-Gemeinde ist dies aber in einem Lied gelungen. Für mich kam es einer Offenbarung gleich, dieses Lied zu hören, und ich bin ein Fan von ihr geworden. In ihrem *Criticar por criticar* sehe ich mein früheres Leben, meine alltägliche Arbeit als Mitglied der Inquisitionsbehörde widergespiegelt. Diese Frau muss mindestens ein Jahr als Praktikantin bei der Behörde absolviert haben. Wie hätte sie sonst in Erfahrung bringen können, wie es dort zuging.

In ihrem Lied heißt es, dass Neid wie ein Dolch ist und dass üble Nachrede, das, was man an Bösem über andere sagt, am Ende immer auf einen selbst zurückfällt. Und: »*Palabreria y obsessión producen muy mala impresión*« – »*Geschwafel und Besessenheit hinterlassen einen sehr schlechten Eindruck*«. Was folgt, scheint eine zutreffende Charakterisierung der Funktionäre des Sant' Uffizio zu sein, denn es heißt, dass sie ihr Talent damit vergeuden, andere zu vernichten, indem sie Lügen über sie verbreiten und die Wahrheit verdrehen. »*Yo soy la santa inquisición*«, heißt es dann, was so viel bedeutet wie: Ich verschwende meine Zeit, finde bei einigen wenigen Menschen müde Beachtung, und für ein bisschen Berühmtheit mache ich nichts, als um des Kritisierens willen zu kritisieren: *criticar por criticar*.

Früher einmal war auch ich die Heilige Inquisition und musste daher lernen, um des Kritisierens willen zu kritisieren, jeden, der nicht sprechen durfte, zum Schweigen zu bringen, die Menschen, die denken konnten, zu zwingen, sich blind irgendwelchen Geboten zu unterwerfen, Angst und Hass wach werden zu lassen...

Das Sant' Uffizio und das Sperma

Ich will mich jetzt erst einmal nicht mehr mit der besessenen Fixierung jener Behörde auf das Thema Homosexualität befassen, sondern mich über »das Sant' Uffizio und das Sperma« auslassen – und zwar Sperma im Zusammenhang mit heterosexuellem Verkehr. Die Kirche verfolgt nicht nur die Homosexuellen, sondern sie hat auch ein Problem mit dem Sex an sich, mit der Sexualität der gesamten Menschheit. Wenn man für die sexuelle Freiheit der Minderheiten eintritt, tritt man daher für die aller Menschen ein. Oft denke ich, dass den Heterosexuellen noch vor den Homosexuellen von der Kirche Leid zugefügt worden ist. Sie hat sie zwar als »gesund« bezeichnet, aber durch verschiedene über sie verhängte wirklichkeitsfremde Verbote im gleichen Maß erniedrigt und ihrer Würde beraubt.

Um noch einmal daran zu erinnern: Wir schrieben das Jahr 2014, nicht 1714, als sich das ereignete, von dem ich hier erzählen will.

Traditionellerweise wurde in den freitäglichen Versammlungen des Sant' Uffizio, die wir »congressi« nannten, von den jüngeren Mitarbeitern der Inquisition das erste Fegefeuer entfacht.[35] Meine in etwa gleichaltrigen Kollegen wetteiferten darum, die Aufmerksamkeit der Höhergestellten darauf zu lenken, wie sie weniger problematische Fälle lösten. Damit konnten sie sich profilieren und ihre Karriere vorantreiben. Der Amtsvorsteher dachte sich manchmal auch Themen aus, damit die Versammelten etwas zu tun hatten. Bei diesen Treffen kämpfte jeder darum, dass sein Lösungsvorschlag zu einem bestimmten Problem angenommen wurde. Diese Lösung konnte zum Beispiel darin bestehen, einem Missetäter einen kleinen Seitenhieb zu verpassen, ihn ein wenig zu desavouieren oder sanft zurechtzuweisen. Jede dieser bitteren Pillen bekam einen Überzug aus Zucker verpasst: Wir verhängten Urteile, die oft ungerecht und ungerechtfertigt waren, taten aber so, als ob es Bonbons wären, die allen schmecken müssten. Wir verlangten, dass alle, die zur Kirche gehörten, dem zustimmten, was wir für angebracht hielten. Wir beschränkten uns darauf, den »Klienten« ganz sachte vom Felsvorsprung zu stürzen, indem wir zum Beispiel nur andeuteten, dass er etwas Ketzerisches geäußert hatte. Das geschah aber immer, ohne dass wir sein Buch aufmerksam gelesen oder es einem eingefleischten Traditionalisten zur Lektüre gegeben hätten. Wir drängten ihn zum Abgrund hin, indem wir eine arbiträre, aber höfliche Bitte aussprachen, er möge seine Äußerungen innerhalb von drei Monaten – Fristverlängerung ausgeschlossen – zurücknehmen oder korrigieren.[36] Wir zerstörten Karrieren oder verhinderten Ernennungen in höhere kirchliche Ämter, nur weil der betreffende Kandidat uns nicht gefiel. Niemand würde das jemals erfahren: Es war ja alles vertraulich, geheim... es blieb unter uns.

An einem Tag im Jahr des Herrn 2014 (nicht 1814) wurde der freitäglichen Versammlung der Brief eines Urologen aus dem Süden Italiens zur Kenntnis gebracht, eines guten Gläubigen. Der Arzt bat das Sant' Uffizio um eine Stellungnahme in einem delikaten Fall. Ein Mann hatte ihn zusammen mit seiner Ehefrau aufgesucht: Beide sehnten sich nach einem Sohn, der ihnen aber bisher nicht geschenkt worden sei. Die Frau sei nicht schwanger geworden, obwohl das Paar beim Beischlaf immer die von der Kirche gutgeheißene Missionarsstellung eingenommen habe. Dem Arzt war klar, dass man das Sperma des Mannes untersuchen musste, um diagnostizieren zu können, wo oder »bei wem« das Problem lag, und eventuell auf medizinischem Weg Abhilfe schaffen zu können. Diese braven Gläubigen hatten niemals die Möglichkeit künstlicher Befruchtung in Betracht gezogen, da diese ja für die Kirche ein Verbrechen darstellt. Sollte es jedoch eine andere medizinische Lösung für ihr Problem geben, die der Doktrin der Kirche nicht zuwiderliefe, würden sie einen Versuch wagen …

Und jetzt kommt das Pikante an der Geschichte: Wenn man das Sperma des Mannes untersuchen wollte, benötigte man eine Probe davon – und zwar in »frischem« Zustand. Das heißt, der Mann müsste masturbieren, damit man die Analyse vornehmen konnte. Doch auf diese Weise einen Samenerguss herbeizuführen, galt als Sünde. Das wussten sowohl der Patient als auch sein Arzt. Der Arzt jedoch stellte als vernünftig denkender Mensch sich – und der Kongregation – eine Frage: Da es dazu diente, zwei Menschen zu helfen, könnte man da nicht doch den Samen des tugendhaften, aber vermutlich unfruchtbaren Ehemanns untersuchen? Er habe sich informiert, sowohl Abhandlungen zur Moraltheologie gelesen als sich auch mit alternativen Methoden zur »Gewinnung« der Samenflüssigkeit befasst, die ihm aber alle nicht praktikabel oder gar bedenklich zu sein schienen. Er wolle es um jeden Preis vermeiden, seinen Patienten der Gefahr auszusetzen, durch Selbstbefriedigung eine Todsünde zu begehen. Er hätte dann ja in der Hölle enden können – etwa wenn er beim Verlassen der Arztpraxis von einem Auto überfahren worden wäre. Dann hätte er noch nicht einmal erfahren, welche Ergebnisse die Untersuchung seines Spermas erbracht hatte, sondern wäre schnurstracks beim Teufel gelandet – alles nur, weil er ein einziges Mal die Sünde der Selbstbefleckung begangen hatte. Der Arzt fügte an, dass er es in der Vergangenheit bei einem anderen Patienten mit der Methode der Prostatamassage versucht habe, damit dieser sich keines Verbrechens schuldig machen müsse.

Das sei aber noch unangemessener, noch »unbefriedigender« gewesen. Man habe zwar genügend Samenflüssigkeit für eine Untersuchung erhalten, doch sowohl er selbst als auch der Patient hätten sich bei dieser Prozedur äußerst unbehaglich gefühlt, sie seien sich beide wie Onanisten vorgekommen. In seinem Brief schilderte der Urologe das teuflische Verfahren in allen Einzelheiten und versprach, es nie wieder bei einem Patienten zur Anwendung zu bringen. Er sei deswegen aber jetzt ratlos, er wisse einfach nicht, wie man an das Sperma seines derzeitigen Patienten gelangen solle. Er bitte daher das Sant' Uffizio, ihm eine Lösung vorzuschlagen. Wäre es nicht letzten Endes doch denkbar, dass der Mann sich ganz rasch selbst befriedigte, damit man seinen Samen untersuchen, ihn von seiner Unfruchtbarkeit heilen und er dann eine ganze Schar von Söhnen – und gläubigen Katholiken – zeugen könne? Er sei so aufrichtig und arglos.

Zum Glück lässt aber die Aufmerksamkeit des Sant' Uffizio nie nach, sondern es ist allzeit auf der Hut. Es lässt sich nicht erweichen oder hinters Licht führen. Der Fall wurde von einem Prälaten entschieden, der rigoros wie ein Jakobiner war, mit über jeden Zweifel erhabenem Sachverstand, schnell und schmerzlos, der gültigen Doktrin entsprechend. Der Amtsvorsteher, ein Moralist oder vielmehr ein Gewissenspolizist, applaudierte. Drei von Scheitelkäppchen bedeckte Häupter nickten zum Zeichen der Zustimmung. Sie schienen trotz des Horrorszenariums, das vor ihnen entworfen wurde, eingeduselt zu sein, aber sie stimmten dem Verdikt zu, ohne Einwände zu erheben. Auch der Prokurator befand, dass über den Fall dem Gesetz entsprechend befunden worden sei. Der Untersekretär, der seine Yogaübungen unterbrochen hatte (die offiziell mit einem zweideutigen Erlass der Kongregation für die Bedauernswerten, die ihr nicht angehörten, verboten, den Mitgliedern aber erlaubt worden waren), erklärte die Entscheidung ebenfalls für richtig, ja vorbildlich. An der Antwort, die man dem Arzt erteilen würde, könnte man sich orientieren, wenn man in Zukunft Bescheid auf ähnliche Anfragen hin würde geben müssen. Der Vorschlag des sich streng an die Doktrin haltenden Prälaten wurde also angenommen, obwohl dieser Mann im Verdacht stand, Probleme mit der eigenen Sexualität zu haben. Der Fall war gelöst – für immer oder zumindest bis zum nächsten Jahrhundert, wenn das Archiv in Flammen aufgehen wird oder die Unterlagen irgendwo vergraben werden und man, angesichts der gewandelten Zeiten und aufgrund der vom Uffizio vorgenommenen Vertiefung der Materie, genau das Gegenteil sagen wird.

Doch vorerst siegte die gültige Doktrin – damit ging man auf Nummer sicher. Der Fall war in allen Einzelheiten untersucht worden. Man hatte sich auf alle »unfehlbaren« Erlasse des Sant' Uffizio bezogen, mit denen in der Vergangenheit jede Berührung des eigenen Penis durch einen Mann verurteilt worden war, es sei denn, er nahm diese Berührung unter der Dusche vor, und dann, ohne den Blick nach unten zu richten. Jeder Akt der Selbstbefriedigung würde die Pforten des Paradieses unweigerlich zuschlagen und die von Flammen umzüngelten der Hölle weit aufspringen lassen. Jeder Mann, der masturbierte und dies anschließend nicht beichtete, würde der ewigen Verdammnis anheimfallen. Es war wohl keinem Mitglied des Sant' Uffizio bekannt, dass viele heterosexuelle Paare sich gegenseitig mithilfe manueller oder anderweitiger Stimulanz Befriedigung verschaffen und so ihre Liebe zueinander vertiefen. In den normalen und glücklichen katholischen Familien dringt der Penis in die Vagina, und nirgendwo anders, ein. »Danach« schläft der Mann ein. Sein Sperma vergießt er nur zum Zweck der Fortpflanzung – er darf es noch nicht einmal zum Zweck einer medizinischen Untersuchung tun.

Der Prälat, der mit der Lösung dieses speziellen Falles beauftragt war – und der sich rühmte, ein passionierter Wissenschaftler zu sein und innerhalb des von der Kirche erlaubten Rahmens Psychologie zu betreiben –, rief überdies allen Anwesenden die Gefahren jener obszönen Praxis des allein, »in Einsamkeit« ausgeübten Masturbierens in Erinnerung. Seine Ausführungen unterfütterte er mit Daten oder Fakten, die einem das Blut in den Adern hätten gefrieren lassen können. Es sei wissenschaftlich erwiesen, dass diese Beschäftigung mit sich selbst zu gravierenden psychischen Problemen führe. Schnell war uns allen klar, welchen Gefahren jener bedauernswerte Katholik aus dem Mezzogiorno sich aussetzte, wenn er in der Praxis des Arztes – der sich unklugerweise an das Sant' Uffizio gewandt hatte – Hand an sich oder einen Teil von sich legte. Wenn er das täte, könnte er vielleicht mithilfe einer Spermaanalyse von seiner Unfruchtbarkeit geheilt werden. Doch würde dieser diabolische Akt, auch wenn er nicht dem sexuellen Lustgewinn diente, eine Sünde bleiben. Und wenn der Mann vielleicht auch anschließend einen Sohn hätte zeugen können, wäre es ihm mit größter Sicherheit beschieden gewesen, in einer psychiatrischen Klinik zu landen. Die katholische »Wissenschaft« hatte bewiesen, dass das die mehr oder weniger unausbleiblichen Folgen eines solchen entsetzlichen Akts waren. Man musste daher diesen tugendsamen Mann – und die ganze Menschheit – davor bewahren, aufgrund eines solchen Verbrechens nicht nur des ewigen Heils verlustig zu gehen, sondern sich überdies noch ein schreckliches psychisches Leiden zuzuziehen.

Das Sant' Uffizio ließ dem Arzt also auf seine Frage, ob sein Patient ausnahmsweise die Erlaubnis zum Masturbieren erhalte, ein klares, uneingeschränktes Nein zukommen, das aber »heilbringend« war. Auch um die Heilung von einem Leiden zu ermöglichen, darf nicht masturbiert werden. Es ist unerheblich, dass dieser Akt nicht dem einsamen »widernatürlichen« Lustgewinn gilt, sondern nur der Durchführung einer medizinischen Untersuchung. Tut uns leid. Man kann das nicht als Entschuldigung geltend machen. Das heißt: Eigentlich tut es uns nicht leid. Es geht nicht – und damit basta!

Absurde Entscheidungen solcher Art waren an der Tagesordnung. Es wurde nie darauf geachtet, dass sie das fragile Gewebe des menschlichen Lebens und des Glaubens sowie die Suche nach dem Glück gefährdeten. Es ließ das Offizium auch kalt, dass die Lösung bestimmter Probleme eigentlich eingehende Studien erforderlich gemacht hätte und dass die neuesten Entwicklungen auf dem Gebiet der Medizin in die Überlegungen hätten einbezogen werden müssen. Häufig wurden noch nicht einmal vertrauenswürdige Fachleute um ihren Rat gefragt (was aber sowieso nicht viel bewirkt hätte). Wir wussten selbst über alles Bescheid, vermochten, so inkompetent wie wir waren, die anderen einzuschüchtern, wenn wir unsere dogmatischen Überzeugungen nur stur und rabiat genug verfochten.

Was mich schockierte, war die Tatsache, dass menschliche Probleme, vor allem solche moralischer Art, ohne jedes Einfühlungsvermögen und Mitleid »aus der Welt geschafft« wurden – von einer Handvoll Opportunisten, die selbst nicht immer frei von Komplexen diverser Art waren, aber überall ein »widernatürliches« Verhalten der anderen zu erkennen glaubten. Es empörte mich, dass diese Behörde keinerlei ernsthafte Untersuchungen anstellte, dass man keine wissenschaftlichen Veröffentlichungen las, sich in keinerlei Hinsicht informierte, weil man in grenzenloser Anmaßung glaubte, bereits im Besitz der Weisheit und Wahrheit zu sein. Über Sexualität wusste man natürlich schon seit vielen Jahrhunderten alles, was es zu wissen gab ... Mit welcher Berechtigung erlaubte es sich die Kirche, der Gesellschaft, den Staaten und den einzelnen Gläubigen ihre eigenen Lebensrezepte aufzuzwingen?

Heute würde ich mit größerer Besonnenheit sagen, dass es sich bei den Urteilen des Sant' Uffizio um Verfügungen einer effizienten konfessionellen Organisation handelt, welche eigentlich nach den internationalen Gesetzen der zivilen Welt strafrechtlich verfolgt werden müsste. Es handelt sich bei den Entscheidungen um Maßnahmen, die der öffentlichen Gesundheit abträglich sind und arglose Personen, die ihrer Kirche vertrauen, daran hindern, ihr Glück zu finden. Menschen in dieser Weise einzuschüchtern, irrationale Ängste in ihnen auszulösen, kommt der Verbreitung von Terror gleich. Diese Monster sollen bloß nicht glauben, dass sie eines Tages sagen können: »Wir bitten um Entschuldigung«, oder dass sie die »kleinen Irrtümer« der Vergangenheit und die Exzesse damit rechtfertigen können, dass eben der historische Kontext ein anderer gewesen sei. Der Kirche wird man nie vergeben können, dass sie solche Ungeheuer hervorgebracht hat und weiter hervorbringt, dass sie sie nicht nur toleriert, sondern hegt und pflegt. Dieser Kirche kann man nicht mehr vergeben: Sie muss dringend wieder zum Respekt vor allem, was natürlich und menschlich ist, zurückfinden.

Mehrfach wurde ich Zeuge, dass das Sant' Uffizio ein getroffenes Urteil korrigierte und widerrief. Diese Korrekturen wurden aber stets nur intern bekannt gegeben und streng vertraulich behandelt. Wenn uns nachgewiesen wurde, dass wir etwas Dummes gemacht hatten, lautete unsere Reaktion immer: »Na ja, vielleicht haben wir ein wenig übertrieben. Vielleicht haben wir das Vertrauen der Gläubigen zu sehr auf die Probe gestellt, mit unangemessenen Maßnahmen, mit Fehlurteilen. Ist aber doch eigentlich egal, wenn der Priester aufgrund unserer irrationalen Forderungen aus seinem Amt ausgeschieden ist. Macht doch nichts, wenn wir unseren ›Klienten‹ ungerechte Strafen auferlegt haben. Ist doch nicht so schlimm, wenn irgendjemand unseretwegen den

Glauben verloren hat. Vielleicht waren wir ja ein bisschen zu streng, aber …« Bei einem der letzten »congressi«, an dem ich als Referent teilnahm, nahm ich allen Mut zusammen und brachte, von Papst Franziskus angeregt, ganz vorsichtig die Möglichkeit ins Spiel, dass die Kongregation einen eventuellen Fehler auch öffentlich eingestehen könnte. Der Vorschlag wurde aber vom Untersekretär mit einem kurzen und bündigen Diktum abgeschmettert: »Das Sant' Uffizio entschuldigt sich nie!« Er fuhr fort: »Wir dürfen unsere Fehler nie öffentlich eingestehen. Vor allem nicht bei den Verhältnissen, die unter dem jetzigen Papst eingezogen sind.«

Wir waren also zum Stillstand verurteilt, steckten in einer erstarrten Denkweise fest, während die faszinierende Entwicklung auf allen möglichen Gebieten es eigentlich dringend erforderlich gemacht hätte, dass wir unsere veralteten Ansichten der modernen Zeit anpassten.

Eine Universität – oder vielmehr zwei

Zum Glück hatte ich Lehraufträge an der Universität.

Wenn ich nicht diese Möglichkeit zur Begegnung mit anderen Menschen, mit Außenstehenden gewissermaßen, gehabt hätte, wäre ich schon viel früher »geistig eingegangen«, meiner absurden Tätigkeit innerhalb der Inquisitionsbehörde erlegen. Die Universität vermittelte mir zumindest den Eindruck – oder die Illusion –, ernsthaft über etwas nachdenken und diskutieren zu können und auch eine gewisse Freiheit zu besitzen, an Dingen, die mir nicht richtig erschienen, Kritik zu üben. Man konnte wenigstens Fragen stellen und sich sogar den Luxus erlauben, keine Antworten zu finden, also einige Fragen offen zu lassen.

Doch auch als Dozent beschränkte ich mich weitgehend darauf, Dinge zu lehren, die meine Studenten und partiell auch mich selbst sicherer in der Kenntnis der Doktrin werden ließen. Das heißt, auch dort war ich in meinem Denken nicht wirklich frei. Immer häufiger fühlte ich mich wie der Protagonist in Tom Fords meisterlichem Spielfilm *A Single Man.* Jeden Morgen brauchte ich mehr Zeit, um zu dem Dozenten zu werden, von dem alle glaubten, dass ich es sei – um die Maske aufzusetzen, hinter der ich meine Unsicherheit und mein inneres Leiden verbergen konnte. George Falconer, jener Einzelgänger in Fords Film, war, wenn auch vielleicht nicht mein Idol, so doch jemand, mit dem ich mich identifizierte, weil er von den gleichen Ängsten besessen schien wie ich. Ich kaufte mir sogar eine Brille mit dunklen Gläsern im Stil der sechziger Jahre, wie er sie auf der Leinwand trug. Wie er sich an der seinen, so versteckte auch ich mich, das heißt mein wahres Ich, an meiner Universität.

Ich habe in Rom an zwei sehr unterschiedlichen Universitäten unterrichtet. Die erste war die 2004 von den Legionären Christi gegründete »Regina Apostolorum«. Ich erinnere mich daran, wie die ideologische Ausrichtung dieser Hochschule bekannt wurde und wie die sexuellen Verfehlungen von Marcial Maciel, dem »heiligen« Gründer der Ordensgemeinschaft, der damals noch lebte, ans Licht kamen. Es hatten immer Verdachtsmomente gegen ihn bestanden, doch dass es dann zu einem solchen Erdbeben kommen würde, damit hatte niemand gerechnet. An der Universität wimmelte es von jungen Lateinamerikanern, und Spanisch war die erste Sprache. Die Homophobie war so ausgeprägt, dass es einem schier den Atem raubte: Sie erfüllte die Aufgabe eines Schutzmantels, der jeden davor bewahren sollte, sich in Gedanken mit Homosexualität zu beschäftigen, Fragen zu ihr zu stellen, etwas über sie in Erfahrung zu bringen. *Obediencia perfecta…* Gehorchen, ohne zu fragen, das war das ungeschriebene Gesetz. Für meine Studenten empfand ich Sympathie, aber auch Mitleid wegen ihrer Naivität, die sie so leicht manipulierbar machte. Man missbrauchte ihre Arglosigkeit, um ein Heer von bösartigen Marionetten zu erschaffen. In der Anfangszeit schmierten sich alle Neulinge an der Universität Gel ins Haar, meiner Meinung nach nur deswegen, weil das dem Gründer gefiel. Und über den Geschmack dieses alten *maricón*, dieser autoritären Schwuchtel, ließ sich nicht streiten.

Meine Lehrverpflichtungen an der Universität nahm ich immer sehr ernst. Ich bot jedes Jahr neue Veranstaltungen an, sodass ich im Lauf der Zeit in meinen »nachmittäglichen Diskursen« (ich rannte immer erst zur Uni, wenn ich meine Arbeit in der Kongregation hinter mich gebracht hatte) eine stattliche Zahl von unterschiedlichen Themen behandelte.

Doch habe ich in keiner meiner Vorlesungen jemals all das sagen können, was ich wirklich hätte sagen wollen.

Die zweite Hochschule, an der ich unterrichtete, und zwar von 2009 an, war die Gregoriana, die älteste der päpstlichen Universitäten in Rom, an der ich selbst promoviert hatte. Die an ihr eingeschriebenen Studenten kamen vorwiegend aus Europa, es gab aber auch den einen oder anderen Asiaten oder Afrikaner unter ihnen, weil man auf eine »pluralistische« Zusammensetzung der Studentenschaft Wert legte. Für mich war besonders wichtig, dass ich es wagen konnte, mehr Fragen zu stellen und auch – dies vor allem in den letzten Jahren – nicht immer mit den Wölfen zu heulen, sondern hin und wieder meine ganz persönliche Meinung zu äußern. Das weckte die Neugier der Studenten: Es interessierte sie, was dieser Vertreter der Inquisition zu sagen hatte. Manchmal geschah es auch, dass Zweifel an meiner »Rechtgläubigkeit« aufkamen, doch fiel es mir nicht schwer, mich zu verteidigen. Ich erklärte einfach, man müsse mich missverstanden haben. Ein polnischer Funktionär versuchte mich einmal mit der Frage zu verunsichern, warum ich so viele Artikel veröffentlichte und so viele Seminare abhielt. Irgendjemandem könnte das, was ich schrieb, missfallen, er könnte Fehler darin entdecken, und das könnte mir meine Karriere verderben. Das war eine gemeine, hinterhältige Bemerkung, doch war nicht ganz von der Hand zu weisen, dass mir wirklich einmal etwas Derartiges passieren könnte. Auf jeden Fall ließ mich die Frage nicht völlig unbeeindruckt. Dennoch war ich glücklich, an der Universität lehren und Artikel veröffentlichen zu können ... auch wenn ich damit das Risiko einging, mich zu exponieren.

Bei ein, zwei Gelegenheiten musste ich mich wirklich einem Kollegen aus dem Sant' Uffizio des Langen und Breiten erklären, um ihn von meiner Rechtgläubigkeit zu überzeugen. Irgendjemand hatte ihn auf meine »Abschweifungen« von der Orthodoxie in dem Seminar hingewiesen, dessen Studienpräfekt ich von 2003 bis 2006 gewesen bin. Ein frommer Seminarist hatte das betreffende Mitglied der Glaubenskongregation angerufen und ihm gesteckt, dass ich gemeint hatte, man müsse nicht während der gesamten Messe knien. Es gibt viele Katholiken, die bis zum Ende des Gottesdienstes in dieser Stellung ausharren. Ich empfand das aber als übertrieben und war als Anhänger der liturgischen Reform, die die Kirche beim letzten Vatikanischen Konzil verabschiedet hatte, dagegen. Doch diese Neuerungen passten dem Sant' Uffizio überhaupt nicht, daher blieb mir nichts anderes übrig, als meinen Kollegen zu beruhigen, indem ich ihm versicherte, der Student, der mich denunziert hatte, habe mich nicht richtig verstanden.

Ich habe immer gerne mit den Studenten gearbeitet, auch wenn es anstrengend war. Die vielen Stunden der Lehre kamen ja noch zu meinen Verpflichtungen als Mitglied der CDF hinzu, und im Gegensatz zu vielen meiner Kollegen arbeitete ich viel im Dienst der Kongregation. Doch im Grunde haben diese Jahre als Dozent mich selbst geschult und entscheidend geprägt. Jede neue Publikation, die ich vorlegen konnte, erfüllte mich mit Freude. Ich hoffe, dass es eines Tages wieder an irgendeiner Universität einen Platz für mich geben wird....

... und ich mich dann nicht mehr verstecken muss.

Benedikt, Franziskus und die ergebnislosen Synoden

Die katholische Kirche weiß Synoden wahrlich nicht viel abzugewinnen.

Es ist keine Kirche, innerhalb derer man diskutiert. Ja, es wird einem Katholiken zu seinem eigenen Wohl sogar davon abgeraten, zu diskutieren. Er soll um seines Seelenfriedens, seiner Gemütsruhe willen besser darauf verzichten. Papst Franziskus hat versucht, zumindest nach außen hin etwas zu ändern, indem er Synoden einberufen hat. In einem gewissen Sinn hat er sich ein Coming-out vonseiten der Kirche gewünscht, das heißt, er hätte es gern gehabt, wenn sie sich selbst erklärte, wenn sie offenbarte, wer oder was sie war. Der Widerstand vonseiten der hohen Würdenträger war sehr stark, doch allein die Tatsache, dass der Pontifex es sich im totalitären System der Kirche erlaubt hat, etwas zu sagen, womit er aus dem allgemeinen Chor der Stimmen ausscherte, stellt eine epochale Neuerung dar.

Alles begann am 11. Februar 2013. Ich stand gerade mit meinem Verlobten in Paris auf dem Platz vor Notre-Dame, als er von einer Freundin eine SMS erhielt: »*Eduard, el cap del teu noi ha dimitit. Espero que això no us destorbi el cap de setmana.*«[37] Ich erfuhr auf diese Weise – auf Katalanisch – vom ersten Rücktritt eines Papstes in der Neuzeit. Benedikt hatte die wenigen Zeilen, die für immer die Kirche und ihre Wahrnehmung durch die Welt verändern sollten, auf Latein vorgelesen. Wir rannten in die nächstgelegene Bar, um uns die Nachrichten über dieses Erdbeben, die aus Rom in die ganze Welt drangen, im Fernsehen anzusehen. Eine wirklich kuriose Situation: ein Mitarbeiter des Vatikans in Paris, an der Seite des Gefährten, den er nicht haben durfte, ein zurückgetretener Papst und eine Freundin, die auf Katalanisch über das Vorgefallene informiert.

Das war, glaube ich, der Augenblick, in dem ich beschloss, aus dem Klerus auszuscheiden. Ich musste nur noch den Mut finden, diesen Entschluss in die Tat umzusetzen. Deswegen bedrückte es mich, als Eduard meinte, ich sei noch nicht bereit für mein Coming-out, für la *salida dal armario*, das *sortir du placard*, dafür, alles offenzulegen. Ich wollte ihm, García Lorca zitierend, zurufen: »Tritt aus dem Elfenbein des Kopfs hervor,/erbarme dich, den Kummer brich für immer/denn Liebe bin ich doch, bin doch Natur!« Er wiederholte aber nur: »Du musst das Gefühl haben, bereit dazu zu sein.«[38] Es war wie eine Litanei. Dann sagte er, indem er den großen polnischen Schriftsteller Ryszard Kapuściński zitierte, dass die Revolution erst dann beginnt, wenn der Mann aus dem Volk keine Angst mehr verspürt.[39]

Ich musste mir eingestehen, dass er recht hatte. Ich war wirklich noch nicht bereit. Ich musste die Angst noch überwinden, doch ich fürchtete, dass ich mein ganzes Leben lang in diesem Zwischenzustand gefangen bleiben könnte, bedrückt von der Aussicht, meine Arbeit zu verlieren und keine neue zu finden. Ich verdiente meinen Lebensunterhalt als Priester – auf etwas anderes verstand ich mich nicht. Zu meiner Überraschung stellte ich aber bald fest, dass ich wirklich bereit war, diesen Schritt zu tun. Ich hatte mich nicht bis zu einem solchen Grad versklaven lassen, dass es mir nicht mehr möglich gewesen wäre, mich aus meiner Lage zu befreien.

Benedikt hatte abgedankt, und das bestärkte mich in meinem Entschluss. Ich fühlte, dass die Kirche nach ihm, ohne ihn nicht mehr die gleiche sein würde. Natürlich konnte sie sich nur zum Besseren hin entwickeln. Doch empfand ich trotzdem das starke Verlangen, mich zu befreien: Der Wandel, der sich abzeichnete, würde nicht radikal genug sein können, um einen homosexuellen Gläubigen glücklich zu machen. Ich hatte außerdem das Gefühl, wenn Ratzinger den Mut gehabt hatte, sich gegen die gesamte Kirche zu stellen, indem er abdankte, und damit einen eigenen, persönlichen Akt der Anprangerung dieser Institution zu vollziehen, dann müsste auch ich das fertigbringen. Ich würde mein Amt niederlegen, auf diese Weise meine Kritik äußern und mir meine Freiheit wiederverschaffen.

Zunächst aber herrschte tiefe Traurigkeit in mir vor. Benedikts Pontifikat war eine der finstersten Phasen der Kirchengeschichte gewesen, in der man durch Schüren und Anheizen von Homophobie unablässig und verzweifelt darum bemüht gewesen war, zu verbergen, dass es auch unter uns Klerikern Homosexuelle gab. Dass der Vatikan sich 2008 weigerte, den Appell der UNO zu unterstützen, Homosexualität nicht mehr als strafbares Delikt einzustufen, stellt einen der größten Schandflecke in der Geschichte der neuzeitlichen Kirche dar. Doch ist diese Weigerung in der Öffentlichkeit kaum registriert worden. Natürlich konnte die Kirche schlecht für die Entkriminalisierung der Homosexualität eintreten, da diese »Perversion« von ihr selbst so scharf verurteilt wurde. Dass Monsignor Paglia, der »Familienminister« des Vatikans, den von religiösen Führern beherrschten Ländern nahelegte, Homosexuelle nicht mehr zu verfolgen, konnte man nur als Witz auffassen. Das Sant' Uffizio erklärte sich erschüttert darüber, dass dort Schwule immer noch ins Gefängnis gesteckt oder sogar hingerichtet wurden, und diese verlogenen Erklärungen erzielten auf lange Sicht die gewünschte Wirkung: Man vergaß allgemein, dass der Vatikan sich geweigert hatte, den Appell der UNO mit zu unterzeichnen; alle erinnerten sich aber daran, dass die Kirche sich für den jungen Moslem eingesetzt hatte, der in aller Öffentlichkeit splitternackt ausgezogen, misshandelt und am Ende umgebracht worden war, damit der Teufel aus ihm ausfuhr. Oder man behielt im Gedächtnis, dass sie sich um die lesbischen Mädchen besorgt gezeigt hatte, die man öffentlich vergewaltigt hatte, um ihnen ihre Neigungen auszutreiben. Oder auch, dass die Kirche sich betroffen über die Selbstmorde von Lateinamerikanern geäußert hatte, deren Leben vom Hass jener Bestien zerstört worden war, die sich selbst als katholische Christen bezeichneten.

Ich werde Benedikt nie die in formeller und rhetorischer Hinsicht perfekte Rede verzeihen können, die er Weihnachten 2012 hielt. Da er zu diesem Zeitpunkt seinen Rücktritt schon ins Auge gefasst haben muss, handelte es sich um eine Art Testament. Er zitierte in dieser Rede die lange Invektive eines französischen Rabbiners gegen die gleichgeschlechtliche Ehe. Hätte er einen besseren Schlussakkord finden können? Als guter deutscher Theologe schlug er zwei Fliegen mit einer Klappe: Er erkannte die gemeinsamen Wurzeln der Christen und der Juden an – wir waren keine Antisemiten mehr – und erklärte uns gleichzeitig zu Waffenbrüdern im Kampf gegen Homosexualität. Diese beschämende Rede bildete den krönenden Abschluss eines Pontifikats, in dem er viel Erhellendes zur Gestalt Jesu gesagt und publiziert (er hatte ihm immerhin drei Bücher gewidmet) und sich gleichzeitig schockierend rückschrittlich in Bezug auf die Beurteilung von Homosexuellen gezeigt hatte. Er hatte ihnen gegenüber nichts als Hass und Feindseligkeit an den Tag gelegt und keine Gelegenheit ausgelassen, sie zu stigmatisieren. Wenn man seiner Rede lauschte, konnte man den Eindruck gewinnen, der Hasspredigt des fanatischen Pastors irgendeiner protestantischen Sekte zuzuhören. Der Papst hätte dieses Testament um ein Zitat aus einer Erklärung eines radikalen, extremistischen Schwulenhassers ergänzen können, um auch noch die Aussöhnung mit den anderen christlichen Konfessionen zum Ausdruck zu bringen. Dann hätte man gleich drei Fliegen mit einer Klappe geschlagen. Diese Chance hatte Benedikt sich leider entgehen lassen, aber: *Nobody is perfect!*

Benedikt hatte also eine neue Welle katholischen Schwulenhasses ins Rollen gebracht, und 2007 wurde er dafür in die »Hall of Shame« von Human Rights Watch gewählt; diese Ehrung lässt die Organisation denjenigen zuteilwerden, die die ihnen verliehene Autorität zur Unterhöhlung oder Negierung von grundlegenden Menschenrechten missbrauchen. Human Rights Watch begründete die Auszeichnung Benedikts damit, dass er »weit darüber hinausgegangen« sei, die »theologischen Meinungen der Kirche zur Homosexualität zum Ausdruck zu bringen«. Das stimmt: Ratzinger verstand es vorzüglich, den Hass auf die Homosexuellen zu verschärfen. Wenn ich jedoch heute an die Jahre zurückdenke, in denen er Papst war, dann steht mir ein Pontifikat vor Augen, in dem es im Vatikan so schwul zuging wie wohl nie zuvor in der Neuzeit. Es war eine Periode, in der das ganze schwule Szenarium, welches das Rom der Barockzeit zu bieten gehabt hatte, wieder auflebte – mit roten Schühchen, sorgfältig choreografierten Prozessionen, sommers wie winters von Scheitelkäppchen bedeckten Köpfen, Spitzen und Quasten und Fransen, die überall herauslugten. Wie jammerte doch einer der päpstlichen Zeremonienmeister: »Bald werden wir alle Spitzenunterwäsche anziehen müssen!« Vielleicht ist es unbekannt, doch bei Homosexuellen sind hübsche, mit Spitze besetzte Slips sehr en vogue; auf einem muskulösen, wie aus Marmor gemeißelt wirkenden Männerkörper sehen sie wirklich toll aus…

Unter Benedikt lebte die Schwulenästhetik der Vergangenheit wieder auf, was mir persönlich überhaupt nicht gefiel. Mir liegt mittlerweile die andere, modernere Richtung der *moda gay* mehr, die durch größere Schlichtheit gekennzeichnet ist. Meine alten homosexuellen Freunde waren jedoch hellauf begeistert darüber, dass die Kirche dem barocken Theater zu neuem Leben verhalf, diesem gewaltigen *spectaculum* mit seiner ausgeprägten Atmosphäre des Uneindeutigen, Geheimnisvollen und Flüchtigen. Sie wandte sich damit einer Welt, einer Epoche zu, die der Vergangenheit angehörte – auch für einen großen Teil der Schwulengemeinde. Doch die Kirche ist ja in fast jeder Beziehung von gestern.

Es war Fellinis *Roma*, das da um uns herum neu entstand. Deswegen war ich immer gerne bei den Aufführungen meiner kostümierten Freunde dabei, die sehr geschickt darin waren, in andere Identitäten zu schlüpfen, was die Kirche sich jetzt zunutze machte. Die Schwulenmode, wie sie von Jean-Paul Gaultier kreiert wird, lehnt sich stark an den Pomp der Barockzeit, an die christliche Ästhetik jener Epoche an. Das wurde mir anlässlich einer fantastischen Ausstellung in der Züricher Kunsthalle klar: Ich erkannte, dass die Konzerte von Madonna, Lady Gaga und Conchita Wurst, dieser modernen »Philosophinnen« der Musik, Neuauflagen der christlichen Zeremonien und Rituale des Barocks sind, dass in ihnen die verborgenen Spannungen und die unausgesprochenen und nicht aussprechbaren Begierden jener Zeit eine Wiedergeburt erleben. Wer über die großartigen Tänzer Madonnas lästert, die in hochhackigen Schuhen über die Bühne wirbeln, vergisst, dass Katholiken jahrhundertelang genau solche Schuhe getragen haben. Man braucht nur in einem x-beliebigen Kunstmuseum Gemälde aus dem 17. Jahrhundert anzuschauen, auf denen katholische Adlige dargestellt sind. Ich habe erst kürzlich im Museum von Grenoble solche Bilder gesehen. Vor noch nicht allzu langer Zeit brauchte ich aber gar nicht in ein Museum zu gehen: Ich hatte ja den Hof Benedikts vor Augen.

Rom wandte sich glücklich wieder seiner eigenen Art zu,

Homosexualität zu leben – einer Lebensweise, die im Verborgenen stattfand, viel Geld erforderte und daher den Reichen vorbehalten war. Auch aus diesem Grund war diese Art bei vielen Schwulen verhasst, vor allem bei den jungen, die verfolgt, ausgeschlossen und manchmal ausgenutzt wurden (es sei denn, dass es einem von ihnen gelang, in den Vatikan einzudringen, indem er sich von einem Monsignore abschleppen ließ, der lüstern nach seinem schönen Körper war, und mit einer versteckten Filmkamera ihre heilige Begegnung aufnahm, um die Öffentlichkeit an ihrem Vergnügen teilhaben lassen zu können).

Doch nicht nur Homosexualität bei Männern war zu der Zeit ein Thema. In den Salons tuschelte man viel über jene Fürstin, die dem hübschen Sekretär des Papstes sehr nahestand und die offenbar mit einer Gefährtin zusammenlebte, welche reich und schön wie eine Göttin war.

Rom konnte sich endlich des Zusammenwirkens staatlicher Macht mit der kirchlichen erfreuen. So soll ein hoher Staatsbeamter sich mithilfe eines Sängers des vatikanischen Chors, eines Tenors von schwarzer Hautfarbe, seine Geliebten besorgt haben. Der Mann schwor, nicht pädophil zu sein: Ihm gefielen nur reife Männer. Aber gewiss, liebes hohes Tier im Staatsdienst, das hätten Sie doch nicht eigens zu sagen brauchen, daran hätten wir doch niemals gezweifelt! Und Sie können sich auch unserer Bewunderung sicher sein, weil alles unseren Moralvorstellungen entsprechend vor sich geht. In der Abgeschiedenheit der eigenen vier Wände kommt es zur Vereinigung zweier männlicher Körper, auch innerhalb des Klerus, was dessen Mitglieder aber nicht davon abhält, in schöner Übereinstimmung öffentlich die Personen zu bekämpfen, mit denen sie ins Bett gegangen sind und die sie in ihrer Lebensweise stören, indem sie öffentlich verlangen, dass Homosexuellen und Lesben mehr Rechte zugestanden werden. Ihr glaubt doch nicht etwa, dass der Vatikan jenen diese Rechte verweigert, die innerhalb seiner eigenen Mauern leben. Doch muss er gleichzeitig das von ihm beherrschte Volk »schützen«, indem er verhindert, dass staatliche Gesetze zugunsten von Homosexuellen und Lesben erlassen werden. Außerdem – und was dies betrifft, hat die Kirche niemals Zweifel gehabt – müssen die Italiener dafür bezahlen, das sie den Vatikan in ihrer Hauptstadt beherbergen dürfen: Pilger und ausländische Gesandte bringen ihnen beträchtliche Einnahmen ein, doch dafür müssen zumindest die homosexuellen Italiener auf elementare Rechte verzichten. Tatsächlich bezahlen aber auch die heterosexuellen Bürger dafür, dass der Vatikan ihnen so nahe ist, beispielsweise wenn sie es sich herausnehmen, sich zu verlieben, obwohl sie schon mit einem ungeliebten Partner verheiratet sind, oder, um Kinder haben zu können, sich von der Medizin helfen lassen wollen.

Das ist das Rom der hohen Herrschaften und der Kleriker, der Träger pompöser Titel und päpstlicher Orden, die ebenso fromm wie sexuell aktiv sind – und Letzteres in mehr als einem Bett. Ihre Scheinheiligkeit wird in der ostentativen Abscheu vor jenen armen und dummen Schwulen manifest, die sich zu Füßen des Kolosseums küssen, dort, wo sich das winzigste, im Grunde nur aus einer einzigen Bar und einem Lädchen bestehende »Schwulenviertel« Europas befindet. In dem von der Kuppel des Petersdoms überschatteten Italien findet das Schwulenleben nicht auf der Straße, im Licht der Sonne, statt, sondern in den Salons des päpstlichen Roms.

Zu einem bestimmten Zeitpunkt hat die Kirche es aus politischen Gründen für angebracht erachtet, ihre Liebe und Fürsorge gegenüber den Sinti und Roma zu signalisieren. Viele, wenn auch keineswegs alle dieser Menschen, die man früher »zingari« (Zigeuner) nannte, fristen ihr Leben, indem sie andere Arme, vor allem solche, die jeden Tag mit öffentlichen Verkehrsmitteln unterwegs sind, bestehlen. Der

Kardinalvikar des Papstes verurteilte in kurzer Folge zweimal jemanden, der einen Zigeuner geschlagen, und jemanden, der eine Zigeunerin belästigt hatte. Die Herren aus den vatikanischen Palästen pflichteten mit mitleidsvoller Miene bei … Schade nur, dass im gleichen Zeitraum in der Nähe des Kolosseums ein schwules Pärchen angegriffen wurde, weil brave katholische Jungs meinten, die beiden Mores lehren zu müssen. Die Herren aus den vatikanischen Palästen schwiegen – und signalisierten damit: Okay, vielleicht sind unsere Jungs manchmal ein bisschen rüde, doch zumindest sind sie gesund, und als gute Katholiken würden sie Mädchen, wenn überhaupt, nur deswegen Gewalt antun, um sich darin zu üben, wie man ein guter patriarchalischer Familienvater wird. Sie bilden den gesunden Teil der italienischen Gesellschaft, und wir müssen sie gewähren lassen, damit sie diese Homosexuellenpest bekämpfen (die Schwulen sind ja Gott sei Dank nur wenige an der Zahl, und man kann sie leicht einschüchtern). Das schwulste Pontifikat der Neuzeit jubilierte und frohlockte, es sorgte für Moral und Ordnung in Italien, und nicht nur dort, und ließ die abartigsten Manifestationen von katholischem Traditionalismus zu neuem Leben erwachen, die unerbittlich und lächerlich zugleich waren; es tolerierte so nicht nur die extremsten Äußerungen von homophobem Hass, sondern befürwortete sie sogar. Das schwulste Pontifikat der Neuzeit gebar Ungeheuer. Das schwulste Pontifikat der Neuzeit rauschte mit geblähten Segeln voran und legte fröhlich immer neue Kleider und Verkleidungen an.

Diese Kostümierung ließ an Raffinesse nichts zu wünschen übrig, sie gelang perfekt. Doch es war, als ob noch etwas zur Komplettierung dieses ausgefeilten Szenariums fehlte: ein künstlerisches Manifest oder ein Männerballett (perfekt wäre zum Beispiel eine Premiere von Roberto Bolle, dem berühmten italienischen Tänzer, gewesen, die nur im

Osservatore Romano angekündigt worden wäre, der Tageszeitung des Papstes, die die Leser immer mit zwei Tagen Verzögerung über das aktuelle Geschehen informiert). Zu jener Zeit wurde gerade Leonardo da Vincis Gemälde *Johannes der Täufer*, das eigentlich im Louvre hängt, in Rom ausgestellt. Man könnte es als nostalgische Darstellung einer ephemeren Homosexualität deuten. Der damalige Papst Benedikt XVI. zog los, es zu bewundern. Wer weiß, was ihm durch den Kopf ging, als er jene sinnliche Jünglingsgestalt betrachtete. Nehmen wir einfach mal an, dass er nur Johannes den Täufer vor sich sah, mit jenem übertrieben in die Länge gezogenen Zeigefinger, der auf den Heiland verweist. Wir alle verehren ja die großen Künstler: Leonardo, Michelangelo, Caravaggio. Und wir bewundern auch Julien Green, Thomas Mann, Arthur Rimbaud und Paul Verlaine, und wie großartig finden wir ein Werk wie Tschaikowskis *Pathétique*. Mich persönlich vermag auch die Arie »Ebben? Ne andrò lontana« der Wally in Alfredo Catalanis gleichnamiger Oper im Innersten zu ergreifen, und das nicht nur, wenn die Callas sie singt. Ja, Kunst kann Ekstase in uns auslösen ...

Vor der Amtsniederlegung Ratzingers musste es aber – zur Abrundung seines Pontifikats gewissermaßen – unbedingt noch ein großes künstlerisches Ereignis geben: ein sinnliches Ballett, von Männern aufgeführt. Und auch das wurde uns schließlich geboten. Es war ein schöner Mittwoch irgendeiner Woche des Jahres 2013 in der Aula Paolo VI, der Audienzhalle, als eine Truppe akrobatischer Tänzer von einer fantastischen homosexuellen Grazilität vor den Thron des Papstes trat. Eine junge Dame nahm ihnen ihre Jacken ab, sodass sie alle mit nackten, schweißglänzenden Oberkörpern dastanden. Hinter dem Thron drängten sich in einer Ecke die Monsignori in ihren Soutanen mit den breiten violetten oder roten Bauchbinden. Ihre Augen waren starr auf die Tänzer gerichtet, und ihre Herzen müssen wild geschlagen haben, weil sie ja so empfänglich für jede Form von Kunst sind. Auf Youtube kann man sich diesen göttlichen Moment anschauen, der aufgenommen wurde, damit auch spätere Generationen sich daran erfreuen können. Die Tänzer, genügend entkleidet, um mit ihrer perfekten Muskulatur beeindrucken, ja blenden zu können, umarmten sich in einem exquisiten akrobatischen maskulinen Tanz. Die hohen Kleriker hielten die Augen starr auf ihre Körper geheftet, sie saugten deren männliche Schönheit in sich auf, es gelüstete sie nach ihnen, und sie sehnten sich nach dem Unaussprechlichen.

Dieselben Jungs waren mit dem gleichen Programm im Jahr zuvor in Barcelona bei der Gay Pride Parade aufgetreten – mit riesigem Erfolg. Auch in der Aula Paolo VI brandete nach ihrer Show Applaus auf. So wurde eine geistige Brücke zwischen der Stadt im fernen Katalonien, die zu den liberalsten und tolerantesten der Welt zählt, und dem noblen Rom von Papst Benedikt geschlagen. Die Monsignori waren derart begeistert, dass sie sich nur mit Mühe zurückhalten konnten, um nicht in Rufe auszubrechen wie: »Ja, wir sind alle schwul, und das ist gut so!« Für gewöhnlich mussten die italienischen und polnischen Homosexuellen in ein Flugzeug klettern, um in Barcelona ein wenig freiere Luft atmen zu können. An jenem Nachmittag aber tobte im Vatikan die größte Schwulenfeier des ganzen Jahres.

Mir kommt die scherzhafte Bemerkung eines lieben Freundes in den Sinn. Als ich in seiner Gegenwart die Kirche wegen ihres Hasses auf Homosexuelle kritisierte, sagte er mit ernster Miene: »Wie kannst du es dir erlauben, die älteste Homosexuellenorganisation der Welt zu kritisieren! Es gibt keine andere Vereinigung von Schwulen, die sich rühmen kann, schon seit zweitausend Jahren zu existieren.« Das stimmte. Man müsste all diejenigen, die es sich herausnehmen, Kritik an der Kirche zu üben – diesem Paradigma schwuler Vereinskultur, diesem Modell für erotische Freiheit – der Homophobie bezichtigen. Um die Freiheit zu erlangen, die innerhalb der Kirche seit zweitausend Jahren existiert, gehen Homosexuelle und Lesben seit einigen Jahrzehnten auf die Straße, und sie sind – Gott sei es gedankt – inzwischen in vielen Ländern dabei, sie zu erringen. In der Kirche ist diese erotische Freiheit, wie es scheint, schon lange Realität. Sie existiert aber ausschließlich hinter den Kulissen.

Scherz beiseite… Die Kirche war auf dem Höhepunkt der Absurdität angekommen. Sie konnte es sich nicht länger erlauben, grundlos Hass zu entfachen. Sie hatte das Recht eingebüßt, sich weitere Jahrhunderte des Zögerns zu gönnen, doch die gedankenlose Homophobie ist zu tief in der Gemeinde der katholischen Gläubigen verwurzelt, um sie innerhalb einer Generation ausrotten zu können. Als ich daher, im Schatten von Notre-Dame stehend, jene SMS der katalanischen Freundin gelesen hatte, vollzog ich einen weiteren Schritt in Richtung auf mein Coming-out. Das schwulste Pontifikat der Neuzeit ging seinem Ende entgegen. Das barocke Rom ahnte noch nicht, was auf es zukam.

Mit Benedikt ging ein großer Intellektueller, jemand, der stets zurückhaltend auftrat, ein Liebhaber der Musik; ein empfindsamer und äußerst schüchterner Mensch, der sich in seinen Büchern vergrub und sein Leben lang ein treuer Leser Hesses gewesen war. Er hatte einen etwas verlorenen Blick, sah einen aber trotzdem durchdringend an, und es lag etwas Sehnsuchtsvolles in seinen Augen. Ein großer Mann, einer der bedeutendsten Denker, den die Kirche aufzuweisen hatte, dem es aber nicht gelungen war, seine eigene Homophobie in den Griff zu bekommen. Vielleicht lag das an der Generation, der er angehörte und von deren Denken und Fühlen er sich nicht zu lösen vermochte. Vielleicht gab es aber auch ganz andere Gründe dafür. Er wird eines meiner Idole bleiben, auch wenn für mich das, was er über Homosexuelle im Priesteramt gesagt hat, immer einen Schatten auf sein Bild werfen wird. Diese Ausfälle waren unnötig gewesen. Das schwulste Pontifikat der modernen Geschichte ging zu Ende, indem der frisch emeritierte Papst in einen Hubschrauber stieg und in Richtung Castel Gandolfo in den Wolken verschwand.

Der Sitz, von dem die homophobe Unterdrückung ausgegangen war, war nun vakant. Die Kardinäle würden erneut Einzug in die Sixtinische Kapelle halten, die frömmsten oder die scheinheiligsten von ihnen würden dabei den Blick senken, um nicht jene schwulen Küsse, die auf den Fresken Michelangelos getauscht werden, sehen zu müssen, während die mutigeren, die neugierigen oder einfach die schwulen unter ihnen verstohlen – und vielleicht traurig darüber, dass die alten Augen nicht mehr so gut sahen – nach jenen männlichen Lippen, die einander um jenes göttlichen Vergnügens eines Kusses willen suchten, Ausschau halten würden. Inmitten dieser geheimnisvollen Aura galt es den neuen Papst zu wählen. Würde er hetero- oder homosexuell sein? Einigen zufolge hatten sich in jüngerer Zeit mehr oder minder ein Heterosexueller und ein Homosexueller auf dem Papstthron abgewechselt. Doch es war gleichgültig, ob jetzt ein Homo oder ein Hetero an der Reihe sein würde, wichtig war einzig und allein, dass die Kirche sich wandelte. Niemals wandeln wird sich allerdings die Zusammensetzung der Kerntruppe, auf die sich der Papst bei der Ausübung seines Amtes stützt: Die Homosexuellen werden immer zu seinen besten Ministern zählen.

Nach Benedikt war die Kirche nicht mehr die gleiche wie vorher. Das Wunder Franziskus beschleunigte ihre Wandlung und ließ Hoffnung aufkommen: die Hoffnung, dass die Kirche uns nicht ersticken würde, dass sie uns das Leben nicht durch unablässiges Einhämmern auf Schwule und Lesben kaputtmachen würde. Die Hoffnung, dass sie zumindest die Ausdrucksweise ein wenig mäßigen würde, mit der sie dieser Welt Befehle und Anweisungen gab und sie regierte. Das würde nicht einfach sein angesichts der vielen katholischen Dämonen, die in den verschiedenen Teilen der Welt von Franziskus' Vorgänger losgelassen worden waren. Der Schlaf der Vernunft gebiert eben Ungeheuer, wie der Untertitel zu der von Francisco Goya 1797 geschaffenen Radierung lautet.

Doch die Hoffnung war stärker, und man war auch des moralisierenden Drucks überdrüssig, dem man schon so lange ausgesetzt gewesen war. Und dabei denke ich nicht nur an Schwule und Lesben, sondern auch an heterosexuelle Männer und Frauen, die die Borniertheit der Kirche nicht länger ertragen wollten. Die Hoffnung war vielleicht ein wenig irrational, vielleicht mischte sich auch eine Spur Verzweiflung hinein, doch sie war nicht erloschen.

Und tatsächlich: Der Papst berief eine Synode ein, oder vielmehr gleich zwei.

Die Kirche befand sich in einer Sackgasse: Die Entwicklung der westlichen Gesellschaft ließ ihre Unfähigkeit, die Zeichen der Zeit zu erkennen, immer deutlicher hervortreten.[40] Oder die, wenigstens ein sexualwissenschaftliches oder psychologisches Handbuch zu lesen, eines, das nicht von »katholischen Fachleuten« für diese Disziplinen verfasst war. (Als ob solche Fachleute nötig wären, damit man zu zutreffenden, »wahren« Erkenntnissen käme; leider wurden uns sogar die Ergebnisse dieser katholischen Experten nur in verstümmelter Form vorgesetzt, nachdem die Inhalte von »oben« abgesegnet worden waren.) Die Kirche war erstarrt, petrifiziert, unfähig, sich mit der Wissenschaft auseinanderzusetzen. Eine Wissenschaft, die sich nicht mehr wie die des Kopernikus mit der Position der Erde im Universum befasste und auch nicht wie die Darwins mit dem Prozess der Evolution, sondern mit viel Wichtigerem, nämlich mit der menschlichen Existenz an sich, mit ihrem intimsten Bereich, mit dem Sexual-, Familien-, Gefühls-, Liebesleben des Menschen oder einfach mit seinen nicht weiter spezifizierten Beziehungen zu anderen. Auch was die Beschäftigung mit diesen Fragen betraf, hinkte die Kirche um hundert Jahre hinterher, und ihre falschen und irrigen Ansichten auf diesem Gebiet schaden der Menschheit weit mehr, als es die Verurteilung und Ablehnung der Erkenntnisse und Entdeckungen von Kopernikus oder Darwin getan haben. Die Wissenschaft war jetzt dabei, ihre falschen Thesen und Aussagen in Bezug auf Schwule und Lesben zu revidieren. Neue Gesetze rehabilitierten Homosexuelle. Die Medizin half immer häufiger Menschen, die sich danach sehnten, Kinder zu haben, aber auf normalem Weg keine bekommen konnten. Die Geisteswissenschaften überzeugten uns, dass Sexualität nicht mit einem primitiven Fortpflanzungstrieb gleichzusetzen ist, sondern mit zwischenmenschlichen Gefühlen zu tun hat. Die Chirurgie half, transsexuelle Menschen von ihren Qualen zu befreien. Doch die Kirche zeigte sich verhärtet. Sie verschloss sich all diesen Neuerungen und blieb in ihrem rigorosen Dogmatismus befangen; sie wusste nicht, wie sie diesen abstreifen sollte, ohne das Gesicht zu verlieren.

Franziskus berief Synoden ein, auf denen man versuchen wollte und musste, den aggressiven Ton der Erklärungen und Stellungnahmen der Kirche zu dämpfen, der mittlerweile unerträglich geworden war. Man würde das so machen müssen, dass man kein innerkirchliches Schisma auslöste, aber auch so, dass nicht zu viele Gläubige abtrünnig wurden. Vielleicht würde man so viele verlieren wie durch das Zweite Vatikanische Konzil, als die Anhänger von Marcel Lefebre sich von Rom losgesagt hatten. Bei dieser Piusbruderschaft handelte es sich um ein Grüppchen, das zwar beschämend reich war, doch im Grunde keine große Bedeutung besaß.

Und das geistige Niveau dieser Menschen war jämmerlich niedrig: Es war nur ein Häuflein lächerlicher Traditionalisten, auf die man gut verzichten konnte.

Worauf es jetzt ankam, war, die Denkweise des hohen Klerus zu ändern, sodass die Kirche sich allen bislang aus ihr ausgeschlossenen, von ihr diskriminierten und verfolgten Menschen öffnen konnte.

Franziskus schlug mit seinen Synoden einen neuen Weg ein. Er beschritt diesen Weg aber zunächst eher zögerlich. In Argentinien hatte er es noch für Teufelswerk erklärt, wenn zwei junge Männer, die sich liebten, die Ehe schlossen. Die Kirche schien einfach nicht zu verstehen, dass Schwule keine Frauen heiraten können, weil sie diese dann täuschen oder vielmehr »enttäuschen« und ihnen dadurch Kummer und Leid bereiten würden. Doch genau dieser Franziskus eröffnete jetzt, 2014 und 2015, eine Familiensynode. Was er über die Homoehe und das Teuflische an ihr gesagt hatte, war in Vergessenheit geraten. Seine Synoden ließen hoffen ...

Die erste Synode begann gut. Am Eröffnungstag berichtete ein australisches Ehepaar fortgeschrittenen Alters über ein katholisches Elternpaar aus seiner Bekanntschaft, das einen schwulen Sohn hatte und dadurch in ein entsetzliches Dilemma geraten war. Sie brachten es nicht über sich, ihm zu sagen: »Du bist teuflisch, krank, pervers ...«, denn er war ja Fleisch von ihrem Fleisch und hatte niemandem etwas Böses getan. Diese Eltern überlegten, ob sie ihren Sohn und seinen Gefährten zu Weihnachten zu sich einladen sollten. »Wir können sie nicht abweisen, wir können unseren Sohn und die Person, die er liebt, nicht einfach fortschicken.« Ich saß mit Tränen in den Augen wie versteinert in den Räumen des Sant' Uffizio und verfolgte im Internet den Bericht des alten Paares mit. Ich weinte vor Ergriffenheit und bat Gott, dafür zu sorgen, dass sie in einem Saal voller Männer Gehör finden würden, dass das, was sie sagten, in deren Herzen dringen

und sie erschüttern würde. Ich träumte, während das Sant'
Uffizio erbebte.

Als die Synode zur Hälfte vorüber war, wurde eine provisorische Erklärung ausformuliert und den Teilnehmern zur Diskussion vorgelegt. Der Boss der Inquisitionsbehörde bezeichnete sie als schändlich, und ein polnischer Bischof donnerte im Namen des religiösesten und rückständigsten Teils Europas in Radio Vatikan, dass dieser Text die Ausgeburt einer antikatholischen Ideologie sei und sich vor allem auch gegen jenen kleinen Gott richte, der Johannes Paul II., jener einzig wahre Papst, für die Polen war. (Er erinnerte sich nicht einmal mehr daran, dass es nach Wojtyła einen weiteren, nicht weniger homophoben Papst gegeben hatte. Er hätte ihn wenigstens aus Gründen der Höflichkeit zitieren können!)

Diesen Reaktionen zum Trotz hoffte ich immer noch, dass die Versammlung aufwachen und sich hinter die Erklärung stellen würde, in der man, wenn auch nur schüchtern, gute Worte über die menschlichen Qualitäten von Schwulen und Lesben fand.[41] Man konnte beinahe den Eindruck gewinnen, dass die Kirche seit eh und je, ohne dies allerdings offen kundzutun, die Einstellung verinnerlicht hatte, die in diesem Text zum Ausdruck kam. Es heißt, dass man die Würde von Homosexuellen respektieren solle. Das war aber nur Fassade, eine Fassade, von der man sich nicht täuschen lassen durfte. Doch ich frage mich: Was wäre aus der Kirche ohne die vielen schwulen Architekten, Maler, Bildhauer und Schriftsteller geworden? Was hätte sie ohne die Päpste, Bischöfe, Priester, Geistlichen, Missionare, Sakristane und erst recht die vielen Gläubigen gemacht, die schwul waren? Was wäre übrig geblieben, wenn sie – wie es die Taliban und der IS getan haben – alles zerstört hätte, was Homosexuelle für die Kirche geschaffen haben? Man hätte noch nicht einmal einen Ort gehabt, an dem man sich zum Konklave hätte versammeln können.

Doch die Schlacht ging verloren. Der Oberinquisitor triumphierte. Die Bischöfe erzielten keinen Konsens in Bezug auf drei Artikel der Erklärung, worunter auch der war, der homosexuelle Menschen betraf. Es war ein richtiger Krimi: Die Traditionalisten ließen den Passus, der eine neue Sichtweise eröffnet hätte, tilgen und durch einen ganz rückwärtsgewandten ersetzen, in dem auch auf die schlimmsten Urteile, die das Sant' Uffizio gefällt hatte, eingegangen wurde.[42] Der extreme Rettungsversuch fand also nicht die erhoffte Mehrheit, doch die Unzufriedenen und Enttäuschten trauerten der ursprünglichen Fassung nach und machten unmissverständlich klar, dass sie eine so plumpe, unmenschliche und gefühllose Korrektur nicht hinnehmen würden. Sie trugen insgeheim einen kleinen Sieg davon, und es blieb ein wenig Hoffnung bestehen. Die Welt jedoch musste genau den gegenteiligen Eindruck gewinnen: dass nämlich die gewonnen hatten, die an der Tradition des Hasses festhielten.

Papst Franziskus entfachte erneut einen Funken Hoffnung in mir, als er einen Monat nach der ersten Synode persönlich den Text einer Ansprache veränderte, der von dem »göttlichen« Amt, dem ich diente, für das »Internationale interreligiöse Kolloquium über die Komplementarität von Mann und Frau« (»Colloquio internazionale sulla complementarietà tra uomo e donna«) für ihn vorbereitet worden war. Dieses Kolloquium war einzig und allein zum Zweck ideologischer Propaganda von amerikanischen Traditionalisten ins Leben gerufen und finanziert worden. Sie hatten sich diesen Versuch der Indoktrinierung eine gewaltige Summe kosten lassen und legten einen Elan an den Tag wie früher die Kommunisten, wenn sie die Proletarier der Welt dazu aufforderten, sich zu vereinigen – nur dass sie ihren Appell an die Geistlichen der Welt richteten und ihr Kampf statt dem Klassenfeind den Homosexuellen galt. Der Boss und seine Truppe setzten ihren Krieg fort, wobei ein amerikanischer Karrierist, von dem man innerhalb der Kongregation munkelte, er sei homosexuell, in höchste Ränge aufstieg. Ihm wurde die Leitung der Veranstaltung übertragen, an der der Papst höchstselbst teilnehmen sollte, wenn auch nur kurz.

Es ging bei diesem »interreligiösen« Kongress nicht darum, Vertretern des Taoismus oder Buddhismus zuzuhören oder jenem protestantischen Pfarrer, der mit Schaum vor dem Mund gegen die Schwulen geiferte und das Sant' Uffizio in Begeisterung versetzte. Es ging um den Papst. Er war das »Ziel« der Traditionalisten.

Würde Franziskus wirklich wie geplant teilnehmen, würde das der Versammlung große Publicity verschaffen. Im Uffizio trafen widersprüchliche Signale ein: Der Papst ließ bis zum allerletzten Augenblick offen, ob er der Versammlung beiwohnen oder nur eine Grußbotschaft übermitteln lassen würde (die Nerven aller waren daher zum Zerreißen gespannt: Wird er erscheinen oder nicht? Er wollte uns anscheinend bis zum letzten Moment zappeln lassen). Dann kam der schicksalsschwere Tag: Der Papst erschien, um die Versammlung mit jener Rede zu eröffnen, die wir für ihn aufgesetzt hatten. Er las sie vom Blatt ab, aber mit traurigem und melancholischem Gesicht, anscheinend ohne sich von dem Text in irgendeiner Weise berühren zu lassen. Man gewann den Eindruck, dass er sich nur der Medien wegen zeigte.

Doch an einem gewissen Punkt der Rede angelangt, legte er plötzlich das Manuskript zur Seite und fing an, aus dem Stegreif weiterzureden. »Dazu möchte ich eines sagen: Wir dürfen nicht in die Falle tappen, aufgrund ideologischer Konzepte Urteile zu fällen. Die Familie ist eine anthropologische Tatsache und folglich ein gesellschaftliches Faktum, ein kulturelles und so weiter. Wir können sie nicht aufgrund von Konzepten ideologischer Natur bewerten, die nur in einem bestimmten Augenblick der Geschichte Geltung besitzen und sich dann auflösen. Man kann heute nicht von einer ›konservativen‹ oder einer ›progressiven‹ Familie sprechen: Familie ist Familie. Lasst euch nicht von diesen oder anderen Konzepten ideologischer Art beeinflussen. Die Familie besitzt an sich Validität!«[43] Damit wischte Franziskus das hinweg, was die Mitglieder der Glaubenskongregation mit so viel Mühe ausgearbeitet hatten, damit er es vorlesen und sie in ihrem integralistischen Kampf unterstützen würde. Er machte das mit einer extemporierten Rede, und zwar auf Italienisch, sodass die amerikanischen Extremisten von der Rechten nicht mitbekamen, dass er den Kurs änderte und uns aufforderte, keine Ideologen zu sein. An jenem Morgen wurden wir Zeugen einer neuen, subtileren Art des Kampfes, was aber zu diesem Zeitpunkt noch niemandem bewusst war. Alle hatten eine Fotokopie der Rede in ihrem Originalwortlaut vor sich. Und alle glaubten, Franziskus hätte sich wieder der Truppe des Sant' Uffizio angeschlossen. Die Tatsache, dass der Papst überhaupt das Wort ergriffen hatte, reichte ihnen schon aus: Sie fassten es als Unterstützung für ihre integralistischen Bemühungen auf. Niemand hatte ihm wirklich zugehört, niemand hatte seine alternativen Beurteilungen und Lösungsvorschläge überhaupt zur Kenntnis genommen. Niemandem war die Subtilität seiner Argumentation aufgefallen. Alle warteten nur darauf, dass man sich endlich zum Mittagessen niedersetzen würde – das dann so üppig ausfiel, dass man mit den Speisen den Hunger einer ganzen afrikanischen Dorfgemeinschaft hätte stillen können.

Auch das ist ein Grund dafür, dass ich auf keine weitere Synode warte. Ich will mir keine übertriebenen Illusionen mehr machen, nicht länger darauf hoffen, eines Tages das menschliche Antlitz meiner Kirche sehen zu können, wenn sie von ihren Ängsten befreit ist. Ich schließe mich den russischen Juden in dem Broadway-Musical *Fiddler on the Roof* an, die sagen: »Gott segne den Zaren, er möge ihn aber fern von uns halten.« Er halte die Urheber des Hasses fern von uns und gestatte uns, frei zu atmen, den Respekt aller Menschen zu genießen, die wie wir lieben und Beziehungen eingehen wollen, die es danach gelüstet, frei von Ideologien ihr Leben zu leben.

Gott, segne den Papst und seine Kirche, aber halte sie fern von uns. Seine Leute können der Menschheit nicht länger den rechten Weg weisen, sie können den Menschen nicht mehr vorschreiben, mit wem sie schlafen dürfen, wen sie lieben dürfen und wen sie zu hassen haben. Sie haben das Recht eingebüßt, ihnen Befehle zu erteilen. Sie haben ihre Autorität eingebüßt. Sollen sie sich doch ihren homosexuellen Beziehungen hingeben, deren sie sich in keiner Weise zu schämen brauchen, weil sie ganz normal, ganz natürlich sind. Segne sie und mach, dass sie untereinander diskutieren und uns in Ruhe lassen.

Die Realität setzt jedoch der Hoffnung Grenzen, dass dies einmal so sein könnte.

Scheinheilige Gesellschaft

Ein Gutteil meines Lebens habe ich inmitten von Pharisäern zugebracht. Dieses Ambiente hat mich bis in die Tiefe meiner Seele geprägt. Ich war von Leuten umgeben, die personifizierte Lügen waren. Für sich genommen sind diese Menschen oft harmlos, ins System eingegliedert, verwandeln sie sich aber zu dessen blindwütig auf den Gegner einschlagenden Kriegern.

Im Laufe der Zeit begann der katholische Klerus, wie bereits mehrfach gesagt, für mich immer mehr einer Armee zu ähneln, in der es prozentual mehr Homosexuelle gibt als in der Gesellschaft im Allgemeinen, innerhalb derer diese aber zugleich wütender verfolgt werden. Drewermann liegt mit seiner Analyse richtig: Der Klerus ist eine in sich geschlossene Gesellschaft, die sich gegen sich selbst wendet. Er legt eine merkwürdige schizophrene Einstellung an den Tag – er ist krank.

Der Film *Burning Blue* (2013) vermittelt ein anschauliches und zutreffendes Bild von der US-Armee in der Zeit von 1993 bis 2010, einer Zeit, in der man in Bezug auf die sexuelle Orientierung der Soldaten die sogenannte *Don't ask, don't tell*-Praxis befolgte: Die Vorgesetzten sollten nicht nach der sexuellen Orientierung der Soldaten fragen, diese sollten aber auch nicht von sich aus darüber reden.

Als der Film in die Kinos kam, hatte der damalige Präsident Obama die Army vom Pharisäertum befreit und der Verfolgung von Schwulen und Lesben ein Ende gesetzt. In der Kirche jedoch ging die Hexenjagd weiter, und zwar aus den gleichen Beweggründen, wie sie dem Autor und Regisseur D. M. W. Green zufolge in Kreisen des Militärs veranstaltet worden war.

Die Kirche stellt Homosexualität als etwas derartig Schändliches dar, dass es für einen gläubigen Schwulen undenkbar ist, diese seine »krankhafte« Veranlagung einzugestehen. Was könnte also einen katholischen Homosexuellen zu einem Coming-out bewegen? Warum sollte er selbstbewusst etwas von sich preisgeben, das als schändlich und verwerflich gilt? Auch aus diesem Grund scheint die Kirche gegen die Antidiskriminierungsgesetze zu sein, denn solche Gesetze könnten, so drückt es ein Dokument der Glaubenskongregation aus, »eine Person mit homosexuellen Neigungen dazu ermutigen, ihre Veranlagung öffentlich bekannt zu geben oder sich sogar einen Partner zu suchen«.[44] Nur den Heterosexuellen ist es erlaubt, ihrer Sexualität frei Ausdruck zu verleihen.

Gewiss, es scheint auf der Hand zu liegen: Wenn man *gay* ist und es nicht herausposaunt, dann läuft man nicht so schnell Gefahr, diskriminiert zu werden. Die homophobe Diskriminierung büßt ihre Grundlage ein. Das von der Kongregation veröffentlichte Dokument enthält folgenden Passus: »Für gewöhnlich macht die Mehrheit der Personen mit homosexueller Neigung, die versucht, ein keusches Leben zu führen, ihre sexuelle Veranlagung nicht öffentlich bekannt. Infolge davon entsteht das Problem ihrer Diskriminierung in Bezug auf Beruf, Wohnung etc. normalerweise gar nicht.«[45] Doch was sind das für Diskriminierungen »in Bezug auf Beruf, Wohnung etc.«, mit denen ein Schwuler es zu tun bekommt, der seine eigene Persönlichkeit nicht leugnen oder aufgeben will? Die Kirche hat die Antwort parat: Wenn jemand nicht stark oder gefestigt genug ist, um seine Homosexualität bis zu seinem Tod zu verbergen, dann muss er mit der »gerechten Diskriminierung« rechnen, die von der katholischen Kirche vorgesehen ist. In dem erwähnten Dokument heißt es weiter: »Es gibt Fälle, in denen es keine ungerechte Diskriminierung darstellt, der sexuellen Veranlagung [einer Person] Rechnung zu tragen, zum Beispiel bei der Unterbringung von Kindern zum Zweck der Adoption oder Pflegschaft, bei der Einstellung von Lehrern oder Sporttrainern und bei der Einberufung zum Militärdienst.« Und das sind nur Beispiele! Ein Homosexueller, der an einem Gymnasium Mathematik unterrichtet, in einem Fitnessstudio arbeitet, an einem Strand den Bademeister abgibt oder als Soldat seinem Vaterland dient, könnte also nach Ansicht der Kirche automatisch seine Stelle verlieren, wenn er sich outet. Er würde als ungeeignet für diese und für viele andere Tätigkeiten gelten. Doch damit nicht genug! Die Kirche wiederholt pausenlos, dass man, wenn man den Schwulen dieselben Bürgerrechte zugesteht wie allen anderen, den »richtigen« Familien Schaden zufügte, weil man ihnen dringend benötigte Wohnungen streitig machte und überdies »Haus- oder Wohnungsbesitzer bei der Auswahl potenzieller Mieter vor Schwierigkeiten stellt«. Meine Kirche erklärt also, dass Wohnraum nur jenen Familien zusteht, die sie als »echt« anerkennt, und nicht solchen, die aus gleichgeschlechtlichen Partnern bestehen. Meine Kirche erklärt Vorurteile für berechtigt, die ein Vermieter gegenüber einem schwulen Bewerber um eine Wohnung empfinden könnte. Es ist wie zur Zeit der Rassentrennung, als Bewerber um Stellen, Wohnungen und so weiter aufgrund ihrer Hautfarbe abgewiesen wurden. Meine Kirche impft all diese Vorurteile dem katholischen Denken ein, wobei sie sich auf folgende Grundsätze beruft: »Neben anderen Rechten besitzen alle Menschen das Recht auf Arbeit, auf eine angemessene Wohnung usw. Doch bestehen diese Rechte nicht uneingeschränkt. Sie können mit vollem Recht eingeschränkt werden aufgrund eines objektiv nicht der Norm entsprechenden äußeren Verhaltens. Manchmal ist eine solche Einschränkung nicht nur statthaft, sondern sogar obligatorisch, und überdies wird sie nicht nur im Fall eines Fehlverhaltens vorgenommen werden, sondern auch im Fall von Aktionen physisch oder psychisch kranker Menschen. Es ist also hinzunehmen, dass der Staat die Ausübung von Rechten einschränken kann, zum Beispiel im Fall von Personen mit ansteckenden Krankheiten oder mit geistigen Störungen.« Solche geistig Kranken, solche Personen, die andere »anstecken« könnten, sind für die Kirche auch wir, die Schwulen. Wir müssen uns verstecken, um nicht »verdientermaßen« entlassen oder aus unserem Zuhause geworfen zu werden, für das wir pünktlich Miete bezahlen und in dem wir wohnen, ohne die anderen Mieter in irgendeiner Weise zu stören. Die Kirche will es uns Schwulen auferlegen, allein zu leben und unsere Veranlagung vor anderen und uns selbst zu verleugnen, wenn wir uns nicht ohne Arbeit auf der Straße wiederfinden wollen.

Manchmal glaube ich, dass der Schwulenfilm als Genre mir das Leben gerettet hat. Ich weiß nicht, was aus mir geworden wäre, wenn er mir nicht ein Fenster geöffnet hätte, durch das ich in die Freiheit schaute, das mich sowohl mit Freude als auch mit Hoffnung erfüllte, mich an den Gefühlen und Leiden von Menschen wie mir selbst teilnehmen ließ. Allein in Gesellschaft mit meiner Kirche hätte ich wahrscheinlich den Verstand verloren. Überall um mich herum wurde die Welt immer offener, immer toleranter und verständnisvoller, doch die Kirche blieb, von der Riesenheerschar des Klerus verteidigt, sich selbst immer gleich. Und dies in einer Zeit, als die Königin von England endlich Alan Turing rehabilitierte, den genialen schwulen Mathematiker. Er hatte sich, nachdem er die Grundlagen für die Computertechnologie entwickelt hatte, 1954 das Leben genommen, weil er die Hormonbehandlung, eine Art chemischer Kastration, der man ihn zwangsweise unterzog, um ihn von seiner Homosexualität zu »befreien«, nicht ertrug.

Als in Polen 2014 der Film über Turing, *The Imitation Game*, in die Kinos kam, hieß es in Besprechungen, Turing habe »gewisse persönliche Probleme« gehabt. Die Wörter »schwul«, »homosexuell« (die es merkwürdigerweise auch im Polnischen gibt) kamen nirgendwo vor. Die polnischen Katholiken hielten also daran fest, von bestimmten sexuellen Neigungen als von »persönlichen Problemen« zu reden. Es war wirklich abstoßend.

Auch was Eheschließungen betrifft, folgen polnische Behörden demütig den Vorgaben der katholischen Kirche. Auf den Formularen, die zur Eheschließung polnischer Staatsbürger im Ausland nötig sind, kann ein Mann nur den Namen seiner zukünftigen Gattin, und eine Frau nur den ihres zukünftigen Gatten eintragen. Falls ein armes Schwein von polnischem Staatsbürger (wie ich zum Beispiel) oder polnischer Staatsbürgerin den Wunsch verspüren sollte, die standesamtliche Ehe mit einer Person desselben Geschlechts einzugehen – weit von Polen entfernt natürlich, wo das ja nicht gestattet ist und wohin besagter Staatsbürger oder besagte Staatsbürgerin vielleicht auch nie wieder zurückkehren wollen – dann könnte diese Person das nicht tun, weil ihr nicht das Dokument ausgestellt werden könnte, das ihren Ledigenstand bestätigt. Um es zu bekommen, müsste sie jenes Formular ausfüllen, auf dem nur Platz für einen Penis oder eine Vagina ist. Der polnische Staatsbürger oder die polnische Staatsbürgerin werden auf diese Weise in ihrem Land »eingesperrt«, das sie zum Ausgleich aber vor ihren schlimmen Gelüsten schützt. (Natürlich könnten er oder sie auch lügen, indem sie ihren Namen »anpassen«, also so verändern, dass sie dem jeweils anderen Geschlecht anzugehören scheinen. Aber das wäre ja Heuchelei! Nein, so etwas tut man doch nicht.)

Warum erzähle ich das alles? Weil in Polen in jüngster Zeit der Anstoß zu einer Verwaltungsreform gegeben worden ist, die es Homosexuellen ermöglicht hätte, das ersehnte Dokument erlangen, ihre Heimat, die sich ihnen gegenüber so herzlos verhält, zu verlassen und im Ausland mit der Person, die sie lieben, die Ehe zu schließen. Das alles wäre jedoch in verdeckter Weise vor sich gegangen. Der der Kirche hörige polnische Staat hätte sich gewiss nicht dazu durchgerungen, seine Bürger in einem anderen (säkularen) Staat das tun zu lassen, wozu sie dort das Recht haben, sondern hätte sich darauf beschränkt, ein anderes Formular auszugeben, auf dem das Geschlecht des zukünftigen Ehepartners nicht hätte angegeben werden müssen. Doch ist es noch nicht einmal dazu gekommen. Die Reform ist niemals in Kraft getreten.

Heuchelei ist auch das letzte Mittel, der letzte Ausweg, zu dem die erleuchteten Geister des Sant' Uffizio greifen. Wenn ihnen keine andere Möglichkeit, keine andere Methode mehr einfällt, um zu verhindern, dass den Schwulen Bürgerrechte zuerkannt werden, dann rät die Kongregation den konservativen Politikern von der Rechten, sich in die »unvermeidliche« Entwicklung zu fügen, es aber im Geheimen zu tun und aus einem vorgeschobenen Grund, sodass es nicht als Zugeständnis an die Homosexuellen zu erkennen ist.

Durch die Einführung jenes abgeänderten Formulars hätte der polnische Staat sich weiterhin den Anschein geben können, ein treuer Gefolgsmann der Kirche zu sein. Es wäre so gewesen, als hätte er gesagt: »Wir stellen euch jenes verdammte Zertifikat für eure Schweinereien aus, aber nur, wenn ihr uns nicht sagt, warum ihr es haben wollt. Ihr kriegt es, keine Sorge, denn wir wollen nicht, dass ihr innerhalb unserer Grenzen – das heißt, in eurem eigenen Land – herumschweinigelt, ihr Ferkel!« Das ist die Heuchelei des Katholizismus, kümmerlich und gemein. Vonseiten des polnischen Staats hätten wir also zu hören bekommen können: »Was wollt ihr denn jetzt noch? Wir geben euch euer

Zertifikat, aber dafür müsst ihr uns auch etwas gewähren: Seht euch als inexistent an, so wie ihr es für uns seid.« In der katholischen Gewohnheit, Gott zu loben und den Menschen zu vernichten, liegt die allerhöchste Hypokrisie begründet.

Übertreibe ich? Sehe ich das, was eine Lösung darstellen könnte (die allerdings nie realisiert wurde), als eine Tragödie an? Nein, ich erlebe bloß hautnah in meinem alltäglichen Leben die Falschheit der Kirche und jener Gesellschaft mit, die die Kirche sich immer noch untertan zu machen vermag, indem sie den Menschen Angst einjagt.

Vor einigen Jahren begann das Sant' Uffizio gegen eine katholische nordamerikanische Vereinigung von Krankenhausangestellten zu wettern; diese Vereinigung hatte verfügt, dass die Homosexuellen unter ihren Mitgliedern (und es gibt sehr viele gute Pfleger unter den Schwulen) das gleiche Recht wie die Heterosexuellen genießen sollten, ihre anerkannten Gefährten, mit denen sie dem bürgerlichen Gesetz nach in einem der Ehe gleichgestellten Verhältnis lebten, über sich selbst mit zu versichern. Ein Bischof, »Freund« der Kongregation, hatte die entsprechenden Unterlagen fotokopiert und nach Rom geschickt. Die Kongregation kam zu folgender Entscheidung: Man könne nichts dagegen tun, dass die Vereinigung ihren Mitarbeitern dieses Recht zugestand, denn es war im Gesetz verankert. Man schlug aber vor, dass die Betreffenden – als gute Katholiken – auf den Policen nicht angeben sollten, in welchem Verhältnis sie zu der Person standen, auf die der Versicherungsschutz ausgeweitet werden sollte. Als ich das hörte, mochte ich meinen Ohren nicht trauen, ich hätte nicht geglaubt, dass ein solcher Gipfel der Dummheit möglich war. Der »Bürovorsteher«, der stolz auf diese von ihm vorgeschlagene »kluge« Lösung war, wusste noch nicht einmal, dass man den Versicherungsschutz nicht auf x-beliebige Personen, sondern nur auf Familienangehörige ausweiten konnte.

An dieselbe Bastion der Inquisition wurde die Frage herangetragen, wie man sich verhalten sollte, wenn ein gleichgeschlechtliches Paar sein Kind taufen lassen wollte. Eine wirklich knifflige Frage, denn es durfte ja auf keinen Fall so aussehen, als würde die Elternschaft des gleichgeschlechtlichen Paares durch den Taufakt anerkannt. Doch wie sollte man das vermeiden? Indem man es einem/einer von ihnen verwehrte, im Taufbuch zu unterschreiben. Glücklicherweise gab es das Urteil unserer juristischen Fachleute vom Opus Dei, denen zufolge das Kind eines homosexuellen Paares der biologische Nachkomme nur eines der beiden Partner oder Partnerinnen sein und nur dieser oder diese daher in einer unserer Schwarten unterschreiben kann. Der oder die andere existiert nicht, steht in keinem elterlichen Verhältnis zu dem Kind, das getauft werden soll. Was zählt, ist einzig und allein die biologische Verwandtschaft, nicht die affektive Beziehung: die Liebe. Diese erleuchteten Kenner der Materie zogen noch nicht einmal in Betracht, dass viele schwule oder lesbische Paare Kinder adoptieren. Das Sant' Uffizio gab immer wieder Direktiven solcher Art aus: voller Widersprüche und peinliche Wissenslücken zu erkennen gebend, das heißt frei von Sachkenntnis. Sie betrafen alle möglichen Gebiete, von Transsexualität bis zu genetisch manipulierten Organismen. Zum Glück bleiben diese Anweisungen geheim, vertraulich. Auf diese Weise blieb uns zumindest die Schande erspart, als Vereinigung von Heuchlern, die zudem leider auch nicht sehr klug waren, entlarvt zu werden. Die evangelischen Pharisäer zeichnen sich wenigstens durch ein gewisses Maß an Intelligenz aus...

Die Heuchelei ist die Taktik, die Verhaltenswiese, die in dieser Kirche der Pharisäer dominiert. Auch Papst Franziskus kann nicht viel dagegen ausrichten. Die Kirche ist seit Jahrhunderten so. Der Klerus wüsste sich gar nicht anders zu verhalten. Das ist seine Stärke.

Unverheiratet und gewalttätig

Im Lauf meines Lebens habe ich mich auch mit einer anderen dunklen Seite der Kirche auseinandergesetzt: mit dem sexuellen Missbrauch von Minderjährigen durch »brave« Priester, die doch angeblich in sexueller und psychischer Hinsicht »gefestigt« sind und keine Schwächen aufweisen.

Inzwischen haben, Gott sei Dank, verschiedene bürgerliche Gesellschaften (nicht alle) die Kirche dazu verpflichtet, diverse schwere Vergehen, die von Klerikern begangen wurden, offenzulegen, einzugestehen und Wiedergutmachung für sie zu leisten. Darunter fallen der Missbrauch von Kindern und Jugendlichen, im Beichtstuhl begangener Missbrauch sowie Vergewaltigungen eingeschüchterter Nonnen, die oft zur heimlichen Abtreibung gezwungen werden. Am weitesten verbreitet ist aber der Missbrauch von Minderjährigen: Sie sind die Lieblingsopfer von Priestern, da sie sich meist ergeben in ihr Schicksal fügen und schweigen. Bekanntlich ist es Aufgabe des Sant' Uffizio, sich mit solchen Verbrechen zu befassen. Doch habe ich während meiner Zeit bei dieser Behörde nicht den Eindruck gewonnen, dass dies so ist. Ich bin jedenfalls als Mitglied dieses Gremiums nicht hautnah mit diesem scheußlichen sexuellen Vergehen in Berührung gekommen.

Ich habe auch das Glück gehabt, persönlich nie auf solche Weise belästigt zu werden. Vielleicht hatte man, da ich in meiner Jugend so ernst und unnahbar wirkte, einfach Angst, mir »auf die Pelle« zu rücken. Man bewunderte mich nur aus der Ferne… Und vielleicht hatte ich als Heranwachsender aufgrund meiner Ernsthaftigkeit nicht so verlockend gewirkt. Aber eigentlich hätte ich wohl doch vielen gefallen können. Indirekt habe aber auch ich eine schmerzhafte Erfahrung mit den pädophilen Neigungen von Kirchenleuten gemacht. Heute sehe ich alles etwas distanzierter, weil sehr viel Zeit vergangen ist. Doch werde ich es der Kirche nie vergeben können, dass sie auch meine Familie, die ihr immer treu ergeben war, diese Hölle hat durchleben lassen.

Es geschah, nachdem mein Vater uns verlassen hatte. Ein Priester, ein Freund unserer Familie, hielt es für angebracht, ein wenig mehr Leben in sein Dasein als Geistlicher zu bringen, indem er nicht nur zum Essen zu uns nach Hause kam – wo Priester gern gesehene Gäste waren –, sondern sich zudem an jemandem aus unserer Familie delektierte. Die Kirche soll bloß nicht versuchen, Rechtfertigungen für solche Übergriffe zu finden, zu denen es immer wieder kommt, was aber ekelhafterweise verschwiegen wird! Gerade diese Kirche, die es ihren Gläubigen verbietet, ihre Sexualität auf gesunde Weise auszuleben, und die der gesamten Menschheit Befehle geben will, bringt Ungeheuer hervor.

Jener Priester war vermutlich schwul. Ich hegte diesen Verdacht auch, weil es mir schien, dass er einen Freund hatte, mit dem er intim war. Doch er war ebenfalls und vor allem ein hemmungsloser Perverser: Er wollte sich offenbar einen Sinnesrausch verschaffen, indem er sich einen Heranwachsenden, einen Minderjährigen, »zu Gemüte führte«. Und im Gegensatz zu dem, was alle Männer der Kirche behaupten, hat das überhaupt nichts mit einer homosexuellen Veranlagung zu tun, oder vielmehr, es hat mit Homosexualität genauso viel zu tun wie mit Hetero- oder Bisexualität: nämlich gar nichts. In Polen ist es aber der Kirche gelungen, den Leuten die Überzeugung einzupflanzen, dass alle Homosexuellen auch Pädophile sind, Päderasten. Das ist jedoch eine beleidigende Unwahrheit, für deren Verbreitung die Kirche vor Gericht verklagt werden müsste. Leider glaubt man ihr aber, zumindest in Polen – sie ist ja die heilige Kirche.

Ich finde nicht die Worte, um zu schildern, was für ein Schock es für mich war, als mir viele Jahre später das Opfer jenes Priesters, ein Verwandter, den ich sehr gern hatte, auch wenn wir schon seit langer Zeit nicht mehr in enger Beziehung zueinander standen, offenbarte, was er über sich hatte ergehen lassen müssen. Jener geistliche Freund der Familie, jenes fromme Priesterlein, hatte versucht, ihn als Minderjährigen zu missbrauchen. Für mich war es egal, ob es am Ende wirklich zu sexuellen Handlungen gekommen war oder nicht, ich empfand einfach nur noch Ekel vor der gesamten Kirche, an die ich glaubte, der ich diente und in der meine Zukunft zu liegen schien. Mir wurde schlagartig bewusst, dass ich in ein System des Schweigens und Verschweigens eingebunden war, das mich erschauern ließ: Ich wurde um des Glaubens willen aufgefordert, die Augen vor all dem Schlimmen zu verschließen, es zu vergessen.

Als ich das erkannte, verfiel ich in eine Art Lethargie, wurde kraftlos, wie gelähmt vor Angst und vor Ohnmacht. Der polnische Künstler und Dramatiker Stanisław Wyspianski hat in seinem Stück *Wesele* (Die Hochzeit) von 1901 diesen Zustand, dem mein ganzes katholisches Vaterland mehr als einmal anheimgefallen ist, in seiner Darstellung des *taniec chocholi*, des »Koboldtanzes«, perfekt eingefangen. Von Zweifeln und der eigenen Handlungsunfähigkeit gepeinigt, versinkt man in Schlaf, um das Unerträgliche ertragen zu können. Man wird von unangenehmer Schlaffheit befallen, vegetiert gewissermaßen nur noch dahin, erwartet sich nichts mehr vom Leben. Alles scheint wertlos, und um einen herum erheben nur Gespenster und Monster ihr Haupt, die einen schwächen.

Im Übrigen hing ich beruflich vom Bischof und dem Netz der Kleriker ab. Mein Bischof war ein Mann von ungewöhnlicher Intelligenz, ein kompetenter Exeget und echter Gelehrter. Ich war intellektuell von ihm fasziniert, wenn ich auch mit dem preußisch strengen Regime, das er in seiner Diözese eingeführt hatte, nicht einverstanden war. Er war häufig Gast bei uns daheim, und es herrschte ein Klima geistiger Freundschaft zwischen ihm und meiner Familie. Wenn ich ihm berichtet hätte, dass jener Priester meinen Verwandten unsittlich belästigt hatte, hätte der Bischof sich mit dieser düsteren Angelegenheit befassen müssen, die aber nicht ans Licht kommen durfte. Und Letzteres brachte für mich alles ins Wanken, auch das, was gut war: Auch die geistigen Freundschaften hielten nur bis zu einem gewissen Grad. Das System schützte uns vor der unangenehmen Realität und paralysierte uns deshalb. Die Realität musste verschwiegen werden.

Ich befand mich in einem Dilemma. Wenn ich jenen mehrere Jahre zurückliegenden Vorfall angezeigt hätte, hätte ich mir selbst die Möglichkeit genommen, auf der Karriereleiter weiter nach oben zu steigen. Ich will nicht sagen, dass mir mein Aufstieg in der kirchlichen Hierarchie damals wichtiger war, als Gerechtigkeit oder Wiedergutmachung für meinen Verwandten zu erlangen. Doch ich wusste nicht, was ich konkret hätte tun können, ohne dass die Kirche alles herunterspielen oder mich zum Schweigen bringen würde. Mir waren ähnliche Situationen wohlvertraut: Mir war klar, dass »sie« alles vertuschen würden. Wenn ich die Sache publik machte, würde ich aus dem kirchlichen Dienst ausscheiden müssen. Doch damals wollte ich noch dabeibleiben – aber nicht nur um meiner Zukunft willen. Ich glaubte wirklich, dass es sich um einen Ausnahmefall handelte und dass diese Tatsache sogar bestätigte, dass unser System an sich »gut« war. Doch begann ich immer deutlicher zu erkennen, dass das eine irrige Ansicht von meiner Seite aus war – und das erfüllte mich mit Bitterkeit.

Ich fing an, an meinen Idealen zu zweifeln: Sie begannen gewissermaßen vom Himmel auf die Erde zu stürzen. Der große romantische Dichter Cyprian Kamil Norwid beschreibt in seinem *Fortepian Szopena* (Chopins Klavier) eine Erfahrung, die der meinen ähnelte. Er lässt den Moment wieder aufleben, in dem 1863, nach einer der Erhebungen gegen die russische Herrschaft, zaristische Soldaten in Warschau die Häuser und Wohnungen der dortigen Adligen verwüsten. Sie stürzen auch das Klavier Frédéric Chopins aus dem Fenster. Und es heißt: »gefallen… gefallen ist – Dein Klavier! […] Haben geschrien die stummen Steine – Das Ideal ist auf der Erde aufgeschlagen.« Wie Chopins Klavier, so schlugen auch meine Ideale auf der Erde auf – meine hehren Glaubenssätze, all das, wonach ich mein ganzes Leben ausgerichtet hatte. Ich selbst war am Boden zerstört, niedergeschmettert, und meine Kirche, an die ich mich voller Vertrauen um Beistand hätte wenden sollen, existierte in jenem Augenblick der Not nicht mehr.

Und so erwachten in mir neue Gespenster. Ich meinte, zuerst nachprüfen zu müssen, ob die Vorwürfe gegen den Priester berechtigt waren, um dann, wenn unumstößliche Beweise vorlagen, weiter gegen ihn vorzugehen (während es eigentlich Sache der Institution gewesen wäre, diese Überprüfung vorzunehmen, der ich den Verstoß aber nicht einmal zu melden wagte – eine dramatische Folge jenes Schweigegebots, das meine Kirche den Ihren auferlegte). In Wirklichkeit war ich in keiner Weise berechtigt, die Wahrheit dessen, was mein Verwandter mir anvertraut hatte, in Zweifel zu ziehen. Er hatte einen Übergriff vonseiten der Kirche über sich ergehen lassen müssen, deren Funktionär ich war, von der ich jedoch zugleich nicht Gerechtigkeit zu fordern vermochte. Ich hatte Angst: Meine Kirche war nur so lange gut, wie sie ihre Scheinheiligkeit, ihren Einflussbereich, ihr Bild in der Öffentlichkeit nicht schützen musste.

Wenn diese Grenze überschritten war, wurde sie unmenschlich. Heute ist mir bewusst, dass ich gegen dieses Vertuschen und dieses moralische Fehlverhalten, das die Kirche auch in anderen Bereichen – wie dem der Finanzen und der Allianz mit der Staatsmacht – prosperieren lässt, öffentlich hätte angehen müssen. Wir Kleriker richten unsere Aufmerksamkeit im Grunde viel zu sehr auf das Jenseits, als dass uns Ungerechtigkeiten und Unterlassungen im Diesseits noch auffallen würden. Doch irgendetwas in mir war stärker: Vielleicht war es die Angst, vielleicht die Heuchelei, vielleicht die Verlogenheit. Vielleicht war ich einfach zu sehr versklavt: Schließlich war ich jahrelang einer entsprechenden Prägung ausgesetzt gewesen.

Ich wusste, dass ich es nicht mit meiner Kirche aufnehmen konnte. Ich kannte nur zu gut die Geschichten derer, die es versucht hatten und danach isoliert worden waren. Und es war mir klar, dass ich mein ganzes Dasein als Kleriker verspielen könnte. Ich hätte es auch nicht ertragen, vom Boss Bemerkungen zu hören zu bekommen wie: »Wir wollen nicht übertreiben«, »Das ist doch alles schon so lange her«, »Wer weiß, was daran wahr ist« oder irgendwelche anderen Floskeln dieser Art. In der Kirche werden Verstöße ganz gewohnheitsmäßig vertuscht, wird Schuld verheimlicht. Wir machen das zum Wohl der Institution: *pro bono ecclesiae.* Ein Kardinal, der fragwürdiger Kontakte bezichtigt wurde, beichtete – wie er über die Medien kundtat – jede Woche, und damit war für ihn das Problem aus der Welt geschafft. Ein Funktionär der Kirche, der beschuldigt wurde, mit der einen oder anderen Million, die ihm gar nicht gehörte, sondern der Kirche, etwas Unkoscheres angestellt zu haben, konterte sofort mit der Geschichte eines anderen Mannes, der auch nicht besser war als er – das reichte zu seiner Rechtfertigung. Auch alle Delikte auf dem Gebiet der Finanzen werden angeblich nur zum Vorteil der Kirche begangen –

und daher verziehen. Im Klerus werden Schandtaten grund-sätzlich vertuscht: Heute vertusche ich die deinen, morgen vertuschst du die meinen…

Alles, was ich zustande brachte, war daher, dem betreffen-den Priester eine kryptische Mail zu schicken: »Wir müssen wegen einer Sache miteinander reden, die XY betrifft.« Seine Antwort brachte mich aus der Fassung. Ich hatte erwartet, dass er überrascht eine Frage stellen würde wie: »Um was geht es denn?« Stattdessen schrieb er mir zurück, er habe sich immer um meine Familie gekümmert und sich uns ge-genüber immer anständig und korrekt verhalten. Ich hatte aber überhaupt nicht durchblicken lassen, worum es ging: Es war viel Zeit verstrichen, ich hätte über viele Dinge mit ihm reden wollen können, doch er schien genau zu wissen, was ich zur Sprache bringen wollte. Für mich hatte dieses Unge-heuer in Soutane sich damit verraten. Damals vermochte ich mich aber nur im Tanz der Lüge mit zu wiegen, den die Kir-che mich gelehrt hatte.

Ich brach die Beziehungen zu jenem Priester ab und meinte, es müsse das Opfer selbst sein, das ihn anzeigte. Das hätte die Kirche im Einklang mit ihrem juristischen Forma-lismus so gewollt. Ich fand aber noch nicht einmal die Kraft, mit meinem Verwandten zu sprechen, um ihm zu raten, was er unternehmen sollte. Wahrscheinlich erwartete er sich das von mir, aber ich gehörte zum System der Kirche, ich war ein wichtiges Mitglied von ihr, genoss eine gewisse Autorität und war in der Hierarchie schon ein ganzes Stück weit nach oben geklettert. Ich weiß nicht, bis zu welchem Punkt ich mich falsch verhielt, indem ich mir solche – von der Kirche geforderte – Selbstbeherrschung auferlegte. Ich empfand da-mals nur das quälende Gefühl, etwas unerledigt gelassen zu haben. Diverse Male stand ich kurz davor, den Priester an-zuzeigen, doch ich brachte es nie fertig. Erst jetzt tue ich es endlich.

Andererseits: an welche Stelle, welche Instanz hätte ich mich damals wenden können? An die polnischen Bischöfe, die die Frechheit gehabt hatten, alle vor den Kopf zu stoßen, indem sie öffentlich bekannt gaben, dass sie keine Entschädigung für von einem Priester begangene Vergehen zahlen würden, die also nicht daran interessiert waren, dass einem Opfer Gerechtigkeit widerfuhr? Der Vorsitzende der polnischen Bischofskonferenz war anmaßend und kaltherzig und riet den Opfern mit für ihn typischer Unverfrorenheit, sich direkt an die betroffenen Geistlichen zu wenden. Es wirkte wie ein absurdes Theaterstück, in dem eine Institution, die nicht mehr zeitgemäß war und sich nicht an ihre eigenen Gesetze hielt, den Protagonisten abgab. Das unantastbare System verteidigte sich, es setzte sich über die allgemeine Meinung hinweg und stigmatisierte die Opfer, denen nichts anderes übrig blieb, als zum Wohl aller weiterhin ergeben zu schweigen.

Dass meine Familie dieses Geheimnis für sich behalten musste, stellte eine unbeschreibliche psychische Belastung für sie dar. Es bekam bald mehr Gewicht als andere Probleme, und wir mussten darum kämpfen, unseren Glauben nicht zu verlieren und weiterhin ein glückliches Leben zu führen – oder das, was meine Kirche als glückliches Leben ausgab. Doch ließ dieses schreckliche Geheimnis die Spannungen deutlich werden, die in unserer Glaubensgemeinschaft herrschten, es brachte die Zerbrechlichkeit und Schwäche jener Kirche ans Licht, der wir uns so rückhaltlos anvertraut hatten. Ich weiß nicht, wie wir so lange haben durchhalten können.

Es begann eine Zeit, in der die Kirche uns viele Zuwendungen zukommen ließ. Sie wurden uns im Austausch für unser Schweigen, unser Stillhalten gewährt. Vielleicht hätte ich mich gegenüber den Bischöfen darauf berufen sollen, dass in Amerika endlich Fälle von Pädophilie öffentlich gemacht wurden, während man sie in Polen weiter unter den Teppich kehrte. Ich fühlte mich nur noch von meiner Kirche eingesperrt, in ein Ambiente, in dem ich mein Dasein ihrer perversen Logik nach zu fristen gezwungen war, ein Ambiente, in dem Glaube und Gewalttätigkeit eine unheilvolle Verbindung eingingen und strenge Schweigepflicht herrschte. Heute weiß ich, dass Pädophilie ein Phänomen ist, das von der Mentalität der Kirche gewissermaßen systematisch hervorgebracht wird, einer Kirche, die jede Transparenz zunichtemacht und zur Omertà zwingt, die jedem die Möglichkeit nimmt, seine Sexualität in gesunder Weise auszuleben, während sie alle, die einen anderen Menschen sexuell missbrauchen, durch ihr Schweigegebot schützt.

In einem gewissen Sinne werfe ich heute eine unerträgliche Last von mir. Es ist die Last der *forma mentis* »glühender« Katholiken, jener Gläubigen, die überzeugt sind, dass die Berichte über Missbrauch übertrieben sind, dass es sich um subjektive »Empfindungen« und Erfindungen der angeblich Betroffenen handelt, die einer objektiven Grundlage entbehren. Solche glühenden Christen, überzeugte Gläubige, die der Kirche blind vertrauten, waren auch wir – oder zumindest ich war es. Man hätte uns vielleicht als Fanatiker, Fundamentalisten, Extremisten bezeichnen können, kaum besser als die Taliban. Wir glaubten an die Rationalität und die Transparenz der Kirche, die niemals vor der Wahrheit Angst haben müsste. Die Kirche war Teil unserer Familie, sie war immer bei uns, mit uns, auf unserer Seite. Sie war unsere Zuflucht in dem totalitären System nach sowjetischem Zuschnitt, in dem wir hatten leben müssen. Und jetzt hatte diese große katholische Gemeinschaft sich selbst beschmutzt – mit einem schrecklichen Verbrechen, das an einem der Unseren begangen worden war. Nicht die Russen waren schuld an diesem Verbrechen gewesen, auch nicht die Freimaurer, die Juden, die Schwulen oder Lesben, sondern

die braven Priester der Kirche. Eine »totale Institution« –
wie Erving Goffman es nennen würde –, die sich durch
Schweigen und Verschweigen davor schützt, angeklagt zu
werden. Eine Kirche, die den Ihren keinen Seelenfrieden
mehr zu garantieren vermochte.

Doch als es so weit war, dass mir dies alles bewusst wurde,
gehörte ich nicht mehr dazu.

Aussätzige

Im Lauf der Zeit wurden die homosexuellen Regungen in mir immer stärker, und ich fing an, diesen Teil meiner Persönlichkeit zu verstehen und zu akzeptieren. In mir wurden unablässig starke Gefühle der Liebe wach, ganz bestimmte Neigungen und Affekte.

Lange hatte ich sie abgewehrt oder verdrängt wie eine Krankheit, wie etwas, das nicht sein durfte und auch nicht wahr war. Doch irgendwann stellte ich fest, dass ich nicht mehr die Kraft hatte, mich vor mir selbst zu verstecken. Es stimmt, dass dann, wenn eine schwul oder lesbisch veranlagte Person sich ihrer Identität bewusst wird, sie ihre Veranlagung zwangsläufig durch den Filter dessen sieht, was sie zuvor in ihrem Leben verinnerlicht hat. Und so nimmt sie ihre eigene Persönlichkeit unter Einbeziehung der Einstellungen gegenüber Schwulen und Lesben wahr, die sie zuvor kennengelernt hat: der Angst vor ihnen, ihrer Ablehnung.
So ging es auch mir, und ich habe diese Erfahrung besonders intensiv durchlebt, weil ich meine Prägung durch die Kirche erhielt. Homosexualität ist keine »sekundäre« Veranlagung, die ich mir erwählt habe, um mich von der heterosexuellen Mehrheit abzusetzen. Es ist wirklich meine primäre Veranlagung, meine Natur. Neben ihr hatte sich aber so etwas wie eine zweite Natur in mir festgesetzt, die aus Hass und Abscheu vor mir selbst bestand, aus Mangel an Selbstwertgefühl, aus unerträglicher Angst. Unablässig empfand ich Stress, der sich zu der Angst gesellte, demaskiert zu werden oder zumindest in Verdacht zu geraten. Ich hatte mich an diesen Stress gewöhnt, mich mit ihm abgefunden,

so wie man sich mit einer unheilbaren Krankheit abfinden kann. Dieser chronische Stress hätte meinen Reisebegleiter auf dem Rest meines Lebenswegs abgeben können, jemand, der mich ständig auf der Hut sein und darauf achten ließ, dass die Tür zum Keller, in dem ich mein persönliches unheilbares Leiden versteckt hielt, immer gut verschlossen blieb.

Die Kirche hatte mich durch ihre Diagnosen zu einer Art Leprakrankem gemacht, und die Lepra muss um jeden Preis von den anderen ferngehalten werden. Auf diese Weise führte ich eine schizophrene Existenz, ich war innerlich zerrissen, meine Veranlagung ließ mich Hass auf mich selbst empfinden. Das einzige Mittel, um diese Hölle zu ertragen, hätte darin bestanden, die Homophobie zu internalisieren. Doch gelang mir das nicht so vollständig, wie die Kirche es gewollt hätte. Ja, im Lauf der Zeit begann ich mich von ihr zu befreien, immer mehr. Und so stand ich plötzlich ohne den Schutz durch das »Kondom Homophobie« da, das es mir ermöglicht hätte, den Stress, den meine Kirche mir bereitete, zu ertragen.

In einem gewissen Sinn wurde mir insinuiert, dass die quälende Unruhe, die mir mit so perfider Geschicklichkeit und Perfektion ins Herz eingepflanzt worden war, die Strafe dafür sei, dass ich homosexuell »geworden« war. Doch kann man sich wirklich mit Homosexualität »anstecken«? Oder kommt man schon mit dieser »Krankheit« auf die Welt? Kann man sich dafür entscheiden, »so« zu sein, oder wird einem diese Veranlagung einfach mitgegeben? Trägt man selbst die Verantwortung dafür, wie man ist, oder handelt es sich um ein Geschenk der Natur, das man annehmen muss? Was diese Fragen betrifft, so geben die Katholiken immer eine merkwürdige Konfusion oder Unentschiedenheit zu erkennen, auch wenn sie dazu tendieren, immer die erste der beiden Möglichkeiten zu bevorzugen. Wenn dann die Irrationalität dieser Annahmen deutlich wird, also der, dass man sich mit Homosexualität anstecken, sich willentlich für sie entscheiden oder für sie selbst verantwortlich sein könnte, dann brechen sie das Gespräch mit einem ab und bringen Gott ins Spiel und die Wissenschaft: »Überlassen wir die Klärung dieser Dinge lieber der Wissenschaft, wir wissen nur, dass es eine Sünde vor Gott ist.« Und dann sagen sie dir noch, dass dieses Vergehen gegen die Natur der Grund für deine – dich zu Recht quälenden – Ängste ist, deiner anhaltenden Unruhe und deiner Albträume. Gleichzeitig ist es katholischem Denken zufolge richtig, die Homosexuellen zu diskriminieren und an den Rand der Gesellschaft zu drängen. Die Gesunden müssen davor geschützt werden, sich an den Aussätzigen anzustecken. Und die Schwulen und Lesben, die Bisexuellen und Transsexuellen sind Aussätzige. Gefährlicher als sie kann man kaum sein.

Sie haben uns zu Aussätzigen abgestempelt, und dann haben sie uns ihr Mitleid geschenkt. Der Katechismus der katholischen Kirche empfiehlt den Gläubigen, Homosexuellen mit »Achtung, Mitleid und Takt« zu begegnen. Dabei bleibt völlig außer Acht, dass durch ein solches Verhalten unsere Würde auf ganz und gar inakzeptable Weise verletzt wird.[46] Jenes »Mitleid«, das man mit den Schwulen empfinden soll, ist demütigend: Im Umgang mit Heterosexuellen (die ja als »gesund« gelten) wird es nicht gefordert, sondern man soll es für jene aufbringen, die aufgrund ihrer »Veranlagung« als minderwertig oder als nicht ganz »bei Trost« anzusehen sind. Solches Mitleid und solches Taktgefühl sind im Umgang mit Menschen erforderlich, die einer besonderen Behandlung bedürfen, weil sie geistig krank oder unreif sind. Erst haben sie uns stigmatisiert, und dann haben sie uns ihre Barmherzigkeit geschenkt, unter der Bedingung, dass wir akzeptieren, von Gott »anders« geschaffen worden zu sein, oder eingestehen, dass wir selbst von seinem Schöpfungsplan abgewichen sind. Doch wie können sie es sich herausnehmen, der Welt gegenüber zu erklären, dass sie gegen unsere Ausgrenzung kämpfen, gegen unsere Diskriminierung sind und sich nicht unserer Verurteilung auf Lebenszeit anschließen? Wie können sie es sich herausnehmen, zu erklären, dass sie sich um die Schwächsten sorgen, um die Personen ohne Partner, die unter ihrer Einsamkeit leiden? Wie können sie es sich herausnehmen, angesichts dieser fürchterlichen Bedingungen, die sie selbst geschaffen haben und in Bezug auf einen großen Teil der Menschheit aufrechterhalten, von (Nächsten-)Liebe zu sprechen?

Wie können sie sich das alles herausnehmen? Vielleicht ist in dieser Kirche alles nur Schein, gibt es in ihr nur scheinbare »Hirten«.

DRITTER TEIL

DAS ERWACHEN

Die Diktatur der Heterosexualität

Die Kirche besitzt nicht das Recht, wie Johannes Paul II. es getan hat, zu sagen: »Der Mensch ist der Weg der Kirche«, denn eine solche Verallgemeinerung ist falsch. Vielleicht könnte sie behaupten: »Der heterosexuelle Mensch ist der Weg der Kirche«, vorausgesetzt, die Heterosexuellen stimmen zu. Doch das schließt weder mich ein noch meine wie ich ausgegrenzten Freunde. Und wenn man ernsthaft darüber nachdenkt, können nicht einmal die Heterosexuellen sich von der Kirche verstanden und einbezogen fühlen.

Die Kirche besitzt nicht das Recht, sich als »Sachverständige für die Menschheit« zu bezeichnen, wie Paul VI. es getan hat. Vielleicht könnte sie für sich in Anspruch nehmen, sich mit dem heterosexuellen Teil der Menschheit auszukennen, unter der Bedingung, dass die Heterosexuellen zustimmen, doch auch das lässt mich und andere, die genauso stigmatisiert sind wie ich, außen vor. Ich glaube sogar, dass auch die Heterosexuellen Schwierigkeiten haben, das Expertentum der Kirche in Sachen Mensch anzuerkennen: Wer die Minderheiten nicht versteht, kann auch die Allgemeinheit nicht verstehen. Wer die Würde und die Rechte der Minderheiten respektiert, respektiert die Würde und die Rechte aller, die der gesamten Menschheit.

Wenn man die Absurdität, die Blindheit, die innere Widersprüchlichkeit der Morallehre der Kirche in Betracht zieht – vor allem in Bezug auf die Sexualität –, dann kommt einem spontan der Gedanke, dass diese eigentlich schweigen oder sich eines anderen besinnen oder sich zumindest an die moderne Zeit anpassen müsste. Stattdessen nimmt die Kirche für sich in Anspruch, das Leben der Menschen regeln zu dürfen – von denen sie aber nichts weiß und vor denen sie keine Achtung hat. Insbesondere was die Homosexuellen betrifft, hat sie nie Hilfreiches vorgeschlagen. Sie hat nur Hass auf sie gepredigt oder im höchsten Grad unmenschliche Lösungen dafür propagiert, wie man mit dem Problem »fertigwerden« kann, das sie darstellen.

Als der ultrakonservative deutsche Theologe David Berger sich 2010 als schwul outete, meinte jemand, dass die Kirche von heute mit Homosexuellen kaum anders umgehe, als die Nazis es getan hätten.[47] Man könnte hinzufügen: auch nicht wesentlich anders als die kommunistischen Diktaturen. Im Vatikan sahen das alle als lächerliche Übertreibung an, doch sind solche Vergleiche im Kern begründet. Die Unterdrückung der Homosexuellen hält im Westen bis heute an und wird in erster Linie von der katholischen Kirche am Leben erhalten, einer treuen, stummen Verbündeten der totalitären »Gottesstaaten«. Man kann das bei Abstimmungen der UNO feststellen, und auch die heimlichen Allianzen mit jenen islamischen Staaten, in denen Schwule umgebracht werden, geben es zu erkennen. Es hätte einem aber auch bei der letzten Synode über die Familie bewusst werden können, bei der ein Kardinal aus Afrika, um die Stimmung gegen die Schwulen anzuheizen und eine durch sie ausgelöste Apokalypse an die Wand zu malen, sie mit modernen »Nazis« verglich und von der Kirche forderte, diese Pest auszurotten, so wie man es nach 1945 mit den historischen Nazis gemacht habe. Diese Bemerkung löste – zumindest nach außen hin – bei keinem der anwesenden Bischöfe so etwas wie Entrüstung aus, und daher fühlte sich dieser Kardinal kürzlich ermutigt, nachzulegen, indem er die Rechte, die Transsexuellen zugestanden wurden, »diabolisch« nannte, und die, die man Homosexuellen gewährte, als »vergiftend« bezeichnete. Die Kirche, die sich von jeder

Art von Gewaltherrschaft distanziert – auf verbaler Ebene jedenfalls –, verwendet also weiterhin jene Schreckenspropaganda der Diktaturen, die es als ihre Pflicht empfanden, die eigene Rasse zu »säubern«.

Wahrscheinlich ist die Kirche in Bezug auf die Naturwissenschaft tatsächlich um zweihundert Jahre zurückgeblieben, wie der 2012 verstorbene Kardinal Martini meinte, und hat daher den Menschen aus den Augen verloren. In Zukunft wird man es ihr nicht mehr verzeihen, ihre Ideologie bezüglich der menschlichen Natur nicht an die moderne Zeit angepasst zu haben. Sie hat wortreich wegen der Gräueltaten um Verzeihung gebeten, die im Lauf ihrer Geschichte in ihrem Namen begangen wurden, und macht doch weiter wie zuvor.

Monique Wittig, die große Theoretikerin des Feminismus, hat mich gelehrt, was der Ausdruck »Heteronormativität« bedeutet und was für eine Macht und Bedeutung dieser in einer Welt zukommt, in der die überwiegende Mehrheit der Menschen heterosexuell ist.[48] Die Gesellschaften, die sich auf Heteronormativität gründen, das heißt diese Form der Sexualität als allein »gültig« und als von Gott gegeben ansehen, sind zutiefst intolerant, ungerecht und gewalttätig gegenüber der jeweiligen Minderheit, die daher immer eine solche bleiben wird. Diese Frau hat mir in Bezug auf viele Dinge die Augen geöffnet. Sie hat mir deutlich gemacht, dass die Kirche mir eingebläut hat, der Heterosexuelle sei der einzige Mensch, der das Recht besitze, überhaupt zu existieren.

Diese Ideologie der Kirche ist auch unter dem Namen Homophobie bekannt. Es handelt sich um eine spezifische »kirchliche Phobie«, die besonders widerwärtig, gefährlich und scheinheilig ist, die Manifestation einer Aversion, die von den höheren Rängen des Klerus, von einigen nicht-kirchlichen Gruppierungen und den katholischen Medien eifrig gefördert wird. Aus ihr ergeben sich gravierende Eingriffe in das Leben einzelner Personen wie auch in die Politik und die Gesetzgebung souveräner Staaten, sofern sie diese Einmischung zulassen.

Homophobie ist eine Kombination aus gegen Homosexuelle gerichteten Handlungen und irrationalen Gefühlen der Angst, des Hasses oder der Verachtung. Ihnen werden diese Gefühle einzig und allein aus dem Grund entgegengebracht, weil sie »so sind«, und sie schlagen sich in verbalen Äußerungen, in konkreten Handlungen oder in von Unterdrückung oder Machtmissbrauch geprägten Formen gesellschaftlichen Umgangs nieder. Von Ausübung physischer Gewalt geht man zu der psychischer Gewalt über, von verbalen Demütigungen zu Benachteiligungen im Beruf, zur Verweigerung gesellschaftlicher, familiärer und rechtlicher Anerkennung. Das höchste und letzte Ziel der Homophoben ist die gesellschaftliche Ächtung sowie die psychische und, wenn möglich, auch physische Vernichtung ihrer Opfer.[49]

Nach allem, was ich erlebt habe, bin ich der Meinung: Die Kirche möchte erreichen, dass die Schwulen und die Lesben, die Bisexuellen, Transsexuellen und Intersexuellen von der Bildfläche verschwinden, unsichtbar werden. Man muss aber den Mut haben, die Aufmerksamkeit der Menschen auf jene besondere Art von Homophobie zu lenken, die die beschriebene »kirchliche Homophobie« darstellt. Sie ist »die Aktivität, die die der Fortpflanzung dienende Heterosexualität als einzige von Gott gewollte Form der Sexualität ausweist, allem, was die patriarchalische Ordnung und heterosexistische Hegemonie in Zweifel zieht, misstraut und es kritisiert, Angst und Sorgen bei den Menschen auslöst und sie auf diese Weise zum Hass auf sowie zur Ablehnung und zur Diskriminierung von lesbischen, schwulen, trans- und bisexuellen, intersexuellen Personen und *queer people* (LGTBIQ) aufwiegelt. Die kirchliche Homophobie kämpft mit Samthandschuhen [...], in denen sich aber eine eiserne Faust verbirgt: Sie verwendet die üblichen Parolen vom Mitleid mit dem Nächsten und der Liebe zu ihm – sowie der Besorgtheit um die Familie –, während die katholische Hierarchie anscheinend homosexuelle Personen vorbehaltlos akzeptiert und aufnimmt. Doch die Handlungen der ranghohen Kleriker, ihr Verhalten und ihre täglichen Stellungnahmen (ganz zu schweigen von ihren offiziellen Lehren) decken die Gefühllosigkeit und die Verachtung auf, mit denen sie diesen Personen gegenüberstehen.«[50]

Während zunächst die Wissenschaft und anschließend die Legislative der säkularen Staaten angefangen haben, ihre ursprüngliche Einschätzung und Beurteilung von Homosexualität zu korrigieren, ist die Kirche ein Hort irrationalen Hasses geblieben, der aber als Fürsorglichkeit ausgegeben wird: Sie behauptet, nichts anderes zu tun, als die Menschheit vor sich selbst zu schützen. Deswegen müssen die Schwulen verschwinden, und wenn sie sich sträuben, müssen sie zumindest unsichtbar werden und sehen, wie sie mit ihren Schuldgefühlen, ihrem zerstörten Selbstwertgefühl zurechtkommen. Sie müssen sich damit abfinden, »wilde Tiere« zu sein, die aber von uns Katholiken aufgenommen werden unter der Voraussetzung, dass sie unsichtbar bleiben, dass sie uns nicht mit ihren Forderungen nach einem Umdenken und anderen Idiotien belästigen. Sie sollen sich bloß nicht beklagen, wenn wir sie ein bisschen leiden lassen. Das geschieht ihnen nur recht, das haben sie sich mit ihrer perversen Veranlagung eingebrockt. Wenn wir sie hassen, dann um einer gerechten und guten Sache willen.

Wir Homosexuelle sind jahrhundertelang unsichtbar gewesen, und viele von uns sind es immer noch. Das ist die Bedingung, um in der von der Kirche ausgerufenen Heterodiktatur zu überleben: unsichtbar zu bleiben um der Seelenruhe der traditionellen, der bürgerlichen und katholischen Familien willen. Jeder heterosexuelle Junge kann, wenn er mit seinem Mädchen über die Straße geht, er selbst sein, während es einem Schwulen nicht erlaubt ist, sich Hand in Hand mit seinem Gefährten in der Öffentlichkeit sehen zu lassen. Das Einzige, was ihm erlaubt ist, ist zu träumen, wie schön es wäre, hetero zu sein.

Dieser abstrusen Logik zufolge wäre es einem Schwulen nicht verboten zu heiraten – er müsste aber die Ehe mit einer ... Frau eingehen. Das ist die einzige Art von ehelicher Verbindung, die Schwulen offensteht. Ich habe den Eindruck, dass wir nur ein Existenzrecht besitzen, wenn wir uns in Heterosexuelle verwandeln. Die Mittel dazu, die man uns empfehlen würde, reichen von der chemischen Kastration bis zu Hormoninjektionen, von Elektroschocktherapie bis hin zu streng vegetarischer Ernährung, von intensivem Fußballspielen bis zu ebenso intensivem Beten um Vergebung.

Im Grunde hat die Kirche nie auf die Vergewaltigungen von Lesben reagiert, die das Ziel hatten, diese zu »bekehren«, und ebenso wenig auf das, was Homosexuellen angetan wurde, um sie »umzukrempeln«. Sogar heute noch tritt sie ganz gefühllos für jene unwissenschaftlichen und gefährlichen korrigierenden Therapien ein, um die Angehörigen dieser Minderheiten zu »heilen«. Dieselbe Kirche hat sich auch, unter dem Pontifikat von Benedikt XVI., im Einklang mit den Regierungen der islamischen Staaten gegen die Entkriminalisierung der homosexuellen Orientierung ausgesprochen und sich geweigert, Resolutionen gegen die Diskriminierung von Homosexuellen und deren Verfolgung zu unterzeichnen. Sie erklärt obsessiv den Geschlechtsverkehr zwischen Mann und Frau zum einzig legitimen – unter der Voraussetzung natürlich, dass dabei auf Verhütungsmittel verzichtet wird. Statt das Geheimnis des Menschen zu ergründen, hat man ihn reduziert – auf Penis und Vagina. Die

Kirche hat den Menschen auf seine Geschlechtsteile reduziert! Man fragt sich, was aus der Heilsbotschaft Jesu geworden ist, der sich überhaupt nicht dafür interessierte, auf das Sexualleben des Menschen Einfluss zu nehmen. Was ist aus seinem Prinzip der Gleichheit und Gleichberechtigung aller geworden? Im Galaterbrief (3, 28) heißt es: »Es hat [...] nichts [...] zu sagen, ob ein Mensch Jude oder Nichtjude, ob im Sklavenstand oder frei, ob Mann oder Frau. Durch eure Verbindung mit Jesus Christus seid ihr alle zu einem Menschen geworden.«

Die Kirche erträgt es nicht, dass sich so etwas wie ein homosexuelles (Selbst-)Bewusstsein entwickelt und bemerkbar macht, dass Schwule sich nicht mehr krank, schuldig, anormal vorkommen. Sie kann einen Schwulen, der sich glücklich und erfüllt fühlt und mit sich selbst im Reinen ist, nicht »vertragen«: Er könnte die anderen anstecken. Die Kirche akzeptiert es nicht, dass jemand seiner Natur nachgibt, seiner Veranlagung freien Lauf lässt. Die Kirche kann nicht die Freiheit gewähren zu lieben, ungehindert von Verboten das zu genießen, was am schönsten ist. Jedes Regime hasst diejenigen, die es wagen, sich zu erheben. Die Konzentrationslager der Nazis haben es uns gelehrt: Es wurde nicht toleriert, dass ein Insasse sich die Freiheit nahm, Selbstmord zu begehen, um auf diese Weise der Hölle zu entkommen. Für jeden Selbstmord, durch den sich jemand »befreite«, mussten diejenigen, die zurückblieben, büßen. Genauso toleriert meine Kirche es nicht, wenn jemand die Freiheit sucht; sie verhält sich auf psychologischer Ebene nicht wesentlich anders als die verblendeten und blindwütigen Regimes, wie das der Nazis eines war. Sie toleriert es nicht, wenn den Schwulen Freiheit gewährt wird, und geht dagegen vor, indem sie behauptet, die Institution Familie verteidigen zu müssen. Die Strategie der Kirche ist heimtückisch: Die Schwulen werden, da sie sich nicht sehen lassen dür fen, nie die eigenen Rechte verteidigen können, denn die Gesellschaft kann die Rechte von Menschen, die nicht existieren oder so eingeschüchtert sind, dass sie es nicht wagen, ihr Gesicht zu zeigen, nicht anerkennen. Homophobie zu verbreiten dient dazu, den anderen zu vernichten. Die subtile Unmenschlichkeit dieser Taktik erreicht ihren Höhepunkt dadurch, dass insinuiert wird, das psychologische Eliminieren einer Minderheit könne der Gesamtheit zum Wohl gereichen.

»[E]s ist uns besser, ein Mensch sterbe für das Volk, denn dass das ganze Volk verderbe« (Johannes 11, 50). Besser, dass eine kleine Gemeinschaft ausgelöscht wird, als dass das große Volk der Heterosexuellen in Gefahr gerät. Nach diesem Grundsatz sind auch die Pharisäer mit dem unschuldigen Christus verfahren; er ist geschlagen, verleugnet und mit einer Lanze durchbohrt worden. Jetzt tut die Kirche das »den anderen« an. Sie meint, das Recht zu schützen, doch vielleicht weiß sie gar nicht mehr, was das Recht ist, vielleicht vermag sie gar nicht mehr zu erkennen, was richtig und gerecht ist, weil sie den Menschen und das Mysterium seiner Natur vernachlässigt hat. So verrammelt sie die Tore in dem Versuch, die eigene Position, die mittlerweile nicht mehr haltbar ist, zu verteidigen. Sie bringt Gottes Lehre mit fragwürdigen Ansichten durcheinander und verteidigt diese mit blankem Schwert, als ob sie den Willen Gottes wiedergäben. Sie achten Gottes nicht mehr, und ebenso wenig des Menschen…

Es scheint, als würden die Mahnungen von Papst Franziskus ungehört verhallen: »Es geschieht auf diese Weise, dass die Christen das, was der Heilige Geist in den Herzen der Menschen bewirkt, mit der Denkweise von Doktoren der Jurisprudenz zerstören. Das ist nicht in Ordnung, denn die Kirche ist das Haus Jesu, und Jesus nimmt die Menschen auf, aber er nimmt sie nicht nur auf, sondern er zieht auch aus, sie zu suchen, so wie er ausgezogen ist, um jenen Bedürftigen zu suchen. Und wenn jemand versehrt ist, was macht Jesus dann? Tadelt er ihn, weil er versehrt ist? Nein, er kommt zu ihm und trägt ihn auf den Schultern. Das nennt sich Barmherzigkeit, und genau davon spricht Gott, wenn er sein Volk mahnt: ›Barmherzigkeit will ich, kein Opfer!‹«[51] Es scheint, als wollte Franziskus in dieser Ansprache von 2015 diejenigen, die heute das Anrecht homosexueller Personen auf Liebe und ein eigenes Familienleben verteidigen, vor den Attacken durch seine eigenen Gefolgsleute in Schutz nehmen: »Auch heute gibt es Christen, die sich wie studierte Juristen aufführen und das tun, was man mit Jesus getan hat, indem sie Vorwürfe erheben wie: ›Aber dieser und jener sagt etwas Ketzerisches, dieses darf man nicht tun, das verstößt gegen die Disziplin der Kirche, jenes gegen das Gesetz.‹ Und so verschließen sie die Türen vor vielen Menschen. Aber wir haben die Hinwendung zur Barmherzigkeit Jesu nötig: Nur so wird dem Gesetz vollständig Genüge getan, denn das Gesetz gebietet, Gott und den Nächsten so zu lieben wie uns selbst.«[52] Und um den Nächsten lieben zu können, ist es zuallererst erforderlich, ihn zu verstehen. Eine solche Liebe macht eine Erkundungsreise in das Denken und Fühlen des Anderen nötig. Wenn man voller Vorurteile ist, kann man nicht lieben.

Nur zehn Tage nachdem er dies gesagt hatte, nahm Franziskus den Gedankengang wieder auf, doch bei dieser Gelegenheit schenkte ihm schon niemand mehr Gehör: »Die Doktoren der Jurisprudenz sahen nicht das Freudige an der Verheißung, sie sahen nicht das Freudige an der Hoffnung, sie sahen nicht das Freudige am Bund mit Gott. Sie erkannten es nicht. Und sie verstanden es nicht, sich zu freuen, weil ihnen dieses Gefühl abhandengekommen war, das nur aus dem Glauben resultiert. […] Diese Doktoren der Jurisprudenz hatten den Glauben verloren: Sie waren Doktoren der Jurisprudenz, aber sie besaßen keinen Glauben! Mehr noch: Auch das Gesetz war ihnen fremd; denn das Zentrum des Gesetzes ist die Liebe, die Liebe zu Gott und zum Nächsten. Sie jedoch kannten nur ein System genauer Vorschriften, die sie jeden Tag weiter präzisierten, damit niemand sie infrage stellte.« (Mir scheint, dass er hiermit auf das Sant' Uffizio zielte.) »Sie waren Menschen ohne Glauben, ohne Gesetz, die sich an Lehren festklammerten, woraus auch ein Betreiben von Haarspaltereien werden kann, im Stil von: Darf man Cäsar die Abgabe bezahlen, oder darf man es nicht? Diese Frau, die siebenmal verheiratet gewesen ist, wird sie, wenn sie in den Himmel gelangt, die Ehefrau von diesen sieben sein? Solche Haarspaltereien zu betreiben, das ist ihre Welt: eine abstrakte Welt, eine Welt ohne Liebe, eine Welt ohne Glauben, eine Welt ohne Hoffnung, eine Welt ohne Vertrauen, eine Welt ohne Gott.«[53] Im weiteren Verlauf seiner Ansprache schien Papst Franziskus die Haltung der frommen Katholiken in den freiheitlichen Gesellschaften zu beschreiben, in denen – unter gewaltigen Anstrengungen und Mühen – die Anerkennung der Rechte sexueller Minderheiten langsam durchgesetzt wurde. Jedes Projekt dieser Art stürzte die strenggläubigen Katholiken in Panik, es löschte die Gelassenheit des Denkens aus und die Freude, die sich eigentlich mit der Aussicht hätte verbinden müssen, dass der oder die Nächste, der oder die schwul oder lesbisch war, endlich anerkannt und verstanden werden würde. Man sollte doch eigentlich selbst glücklich sein, wenn der Nächste glücklich wird, ohne dass dadurch das eigene Glück geschmälert wird. Die Katholiken jedoch triumphierten jedes Mal, wenn ein Gesetzesentwurf, mit dem auch Nicht-Heterosexuellen ihre Würde zugestanden werden sollte, scheiterte. Es schien, als spielte Franziskus genau darauf an, als er sagte, dass man sich, wenn man seinen Mitmenschen nicht versteht, keinerlei Freude verschaffen kann, auch nicht, wenn man über andere einen Sieg davonträgt. Die Pharisäer »empfanden noch nicht einmal Freude, wenn sie ein Fest zu ihrer Unterhaltung feierten: Mit Sicherheit öffneten sie die eine oder andere Flasche, nachdem Jesus verurteilt worden war. Doch immer ohne Freude, ja sogar voller Angst, weil einer von ihnen, vielleicht während sie tranken, sich Jesu Verheißung erinnerte, er werde ›wiederauferstehen‹. Und so zogen sie umgehend angsterfüllt zum Prokurator und sagten zu ihm: ›Bitte, achtet auf diesen da, dass es zu keinem Schwindel kommt.‹ All das, weil sie Angst hatten. Doch so ist das Leben ohne Glauben an Gott, ohne Vertrauen auf Gott, ohne Hoffnung auf Gott. Das Leben derjenigen, die erst, als sie begriffen, dass sie nicht recht hatten, meinten, es bliebe ihnen nichts anderes übrig, als Steine aufzuklauben, um Jesus zu steinigen. Ihr Herz ist versteinert. Es ist in der Tat traurig, gläubig zu sein, dies aber, ohne Freude zu empfinden. Und Freude stellt sich nicht ein, wenn es keinen Glauben gibt, keine Hoffnung, kein Gesetz, sondern nur Vorschriften, nur die kaltherzige Lehre. Das ist es, worauf es ankommt.«[54] Franziskus kam immer wieder auf dieses Thema zurück, während die kaltherzige Doktrin uns erstickte.

Wenn man unterdrückt wird und keine Freude empfindet, dann kann man nicht gläubig sein. In dieser Kirche, die verschlossen und bar jeden Mitleids ist, meinte ich oft, ein Echo jener schmerzerfüllten Arie des Canio zu vernehmen, mit der der erste Aufzug von Leoncavallos Oper *Der Bajazzo* zu Ende geht:

»Hüll dich in Tand nur
und schminke dein Antlitz.
Die Leute zahlen und wollen lachen hier.
Und wenn dir Harlekin die Colombine raubt,
Lache, Bajazzo, und jeder applaudiert!

Verwandle in Witze
die Schmerzen und die Tränen,
die Schmerzen und die Tränen
und Weh! Ah!
Lache, Bajazzo, über die zerbrochene Liebe,
lache über den Schmerz, der das Herz dir vergiftet.«

Lache, Bajazzo, zwing dich, ein fröhliches Gesicht zu machen, und spiel weiter in dem absurden Theaterstück mit, das deine Kirche aufführt, in diesem Stück, in dem sie aus lauter Angst nur ihre kaltherzigen Regeln kundtut. Setz die Maske auf: »Bist du vielleicht ein Mensch? Du bist nur ein Clown.« Ein Clown im Dienst des Systems. Lache, dafür bezahlt das Volk …

Die Kirche löst heute oft Missverständnisse oder Verwirrung aus. Sie entfernt sich immer mehr von der komplexen menschlichen Natur, sie erhebt eine subjektive Ansicht zur unumstößlichen Wahrheit, das, was fragwürdig ist, zu etwas Unbestreitbarem. Im Lauf ihrer Geschichte hat sie sich verschiedene Fehler geleistet, es ist ihr aber immer gelungen, diese zu rechtfertigen. Sie hat jahrhundertelang die Sklaverei befürwortet als gottgewollte Einrichtung, von der schon in der Bibel die Rede ist. Sie hat aufgrund ihres atavistischen Antisemitismus nichts gegen die Ausrottung der Juden unternommen, hat ganze Zivilisationen vernichtet, um deren Angehörige im Eiltempo zu bekehren. Sie hat Bibliotheken in Flammen aufgehen lassen, im Zuge ihrer Eroberungen Kunstwerke indigener Völker zerstört. Sie hat immer den Naturwissenschaften misstraut, die sich ihrer Ansicht nach nur zu Wort melden dürfen, wenn sie »konfessionell« sind. Sie hat sich gegen Ehen zwischen Angehörigen verschiedener Rassen oder Bekenntnisse ausgesprochen, weil Gott solche Verbindungen nicht gewollt hätte. Und heute spricht sie sich gegen die Heirat von Menschen desselben Geschlechts aus. Diese Segregation, die Trennung der Menschen in Heteros und Homos, ist weder für die Minderheiten noch für die Mehrheit gut. Sie ist für niemanden gut: Alle bleiben unverstanden, und die einen atmen Hass auf die anderen.

Die Heterodiktatur feiert Triumphe, das Spektakel geht weiter. Lache, Bajazzo…

Das freie Europa

Ich reise viel, sehr viel.

Ich fliege gern, andere Verkehrsmittel sagen mir nicht so sehr zu. Früher habe ich manchmal davon geträumt, Pilot oder zumindest Steward zu werden, und die männlichen Flugbegleiter beneidet, von denen es im Lauf der Jahre immer mehr gab und die, so zumindest mein Eindruck, nicht selten schwul waren. Ihre Art zu leben hätte auch mir gefallen. Sie kamen in der Welt herum, entkamen der Enge, waren immer in Bewegung – irgendwo da oben, in den Wolken. Meistens buchte ich meine Flüge bei Billig-Airlines, träumte aber immer davon, in der Businessclass reisen zu können.

Eduard und ich dankten dem Himmel dafür, dass es diese Billigflüge gab, die es uns ermöglichten, uns mindestens alle zwei Wochen zu treffen. Wir führten eine Fernbeziehung mithilfe von Skype, WhatsApp, Viber und E-Mails unter der Woche und mit Flügen zum Spartarif an den Wochenenden. Das war die Formel für unsere Liebe. Doch wir reisten auch viel gemeinsam.

Paris war auch für uns die »Stadt der Liebe«, wie man es ja nennt. Wir reisten mindestens einmal im Jahr hin. Obligatorisch war für uns jedes Mal ein Besuch im »Sciences Po«, dem Institut für Politische Studien im Herzen von Saint-Germain. Eduard hatte immer davon geträumt, an dieser Hochschule zu studieren. Wir verbrachten viele Stunden in der Bibliothek für Sozial- und Politikwissenschaft und nahmen bald auch das Institut für Internationale und Strategische Beziehungen, IRIS, in unser Programm auf. Direktor von IRIS ist der Geopolitiker Pascal Boniface, Autor von zahlreichen Büchern, die Eduard regelrecht verschlungen hat. Außerdem verbrachten wir immer mindesten einen halben Tag in der Buchhandlung Gibert Joseph am Boulevard Saint-Michel – er in der Abteilung für Geschichte und Geopolitik, ich in der für Geisteswissenschaften, insbesondere für Soziologie, Psychologie und *gender studies* … Danach liefen wir von einer Ausstellung zur nächsten. Museen und Kunstgalerien übten eine berauschende Wirkung auf uns aus. Eduard studierte besonders intensiv die stilisierten Frauenantlitze von Modigliani, ich die geometrischen Formen und Linien von Mondrian; ihm gefielen die Exterieurs von Pissarro, ich bevorzugte die Gestalten Picassos; er nahm die atmosphärisch dichten Gemälde von Alfred Sisley in genauen Augenschein, ich ließ mich von Brancusi, Kandinsky oder Max Ernst in den Bann ziehen; er schwärmte für die Impressionisten und Expressionisten, ich für den zukunftsweisenden Gustave Courbet; ihn beruhigten die Farben des Meeres auf den Bildern von Joaquín Sorolla, mich eher die figürlichen Darstellungen der Malerin Tamara de Lempicka. Doch wurden die von ihm bevorzugten Maler auch zu meinen Lieblingskünstlern und umgekehrt, während wir, was Chagall anbelangte, von Anfang an einer Meinung gewesen waren. … Leider trafen wir 2014 einen Tag zu spät in Paris ein, um uns die historische Ausstellung *Masculin/Masculin. L'homme nu dans l'art de 1800 à nos jours* im Musée d'Orsay ansehen zu können; sie war gerade zu Ende gegangen. Wir statteten auch den berühmten Pariser Friedhöfen einen Besuch ab: Auf dem Cimetière Père-Lachaise suchten wir das Grab Camille Pissarros auf, auf dem Cimetière de Passy das der iranischen Prinzessin Leila Pahlavi, die sich das Leben genommen hatte. (Eduard war zu einem Experten für persische Geschichte geworden und wusste vor allem alles über Farah, die letzte Shabbanu, eine wirklich außergewöhnliche Frau.) Unsere Tage gingen in einem Bistro bei einer *soupe à l'oignon* zu Ende oder in einem japanischen Restaurant bei einer Portion unserer geliebten Sushi.

Es war unser Paris, es gehörte nur uns. Wir versuchten es immer so einzurichten, dass wir – ich von Rom, er von Barcelona aus – zur gleichen Zeit in Paris eintrafen, um von dort aus gemeinsam weiterzufliegen: nach Amsterdam, Lissabon, Porto, Brüssel, Istanbul, München, Warschau, Athen, Lyon oder Nizza. Die richtigen Flüge herauszusuchen, bereitete einem manchmal regelrechtes Kopfzerbrechen. Bisweilen reisten wir aber auch schon von Barcelona aus gemeinsam irgendwohin.

Ich hatte, schon lange bevor ich Eduard kennenlernte, begonnen, durch Europa zu reisen. Von allen Städten, die ich besuchte, beeindruckte mich Barcelona am meisten. Zum ersten Mal hatte ich mich spirituеller Exerzitien wegen in die katalanische Hauptstadt begeben. Das Viertel Eixample und die fantastische Schwulenszene der Stadt waren mir damals noch unbekannt, und ich konnte mir auch in meinen kühnsten Träumen nicht vorstellen, dass ich mich eines Tages in einen Katalanen verlieben würde. Bei jener Gelegenheit hatte mich die Rambla verzaubert, wo jener mysteriöse Geist der Freiheit, den man in Barcelona mit jedem Atemzug in sich aufnahm, besonders stark spürbar war. Ich spazierte inmitten höflicher, offener Menschen einher, die keine Grimassen schnitten, wenn ihnen zwei junge Männer begegneten, die einander an den Händen hielten. Vielleicht idealisiere ich die Verhältnisse, aber in Katalonien habe ich eine – in der Mehrheit heterosexuelle – Gesellschaft kennengelernt, die die homosexuelle Minderheit weder verfolgte noch hasste, sondern sie einfach akzeptierte.

Seit meiner Jugend verband sich für mich mit Barcelona das gleichnamige Lied, gesungen von Montserrat Caballé und Freddie Mercury, das zur Hymne der Olympischen Spiele von 1992 wurde. Schon damals war Barcelona die

Stadt, die ich heute liebe, in der Lage, die klassische Oper mit der Musik der Gegenwart zu vereinen. Gaudí, Dalí, Miró, Tapiès, aber auch der Modernismus von Domènech Montaner stehen für eine Stadt, die zeitgemäß und tolerant ist. Wie hätte ich ahnen können, dass ich einige Jahre später bei der Kundgebung am Tag vor dem Volksentscheid über die Unabhängigkeit an der Seite meines Verlobten vor den Quatre Columnes (»Vier Säulen«) von Josep Puig i Cadafalch stehen würde, dem Symbol für die katalanische Nation? Und dass ich dort das 1978 von Jacek Kaczmarski geschriebene Lied *Mury (Mauern)* hören würde, das zur Zeit des kommunistischen Regimes die Hymne der Freiheitsbewegung Solidarność gewesen war. Als es 2014 von den Katalanen angestimmt wurde, entdeckte ich, dass es gar nicht polnischen, sondern tatsächlich katalanischen Ursprungs war. Es heißt eigentlich *L'Estaca* (»Der Pfahl«) und war schon 1968 von Lluis Llach geschrieben worden. Während Polen bereits fest zur Europäischen Gemeinschaft gehörte, brachte dieses Lied in meiner neuen Heimat das gleiche glühende Verlangen nach Unabhängigkeit zum Ausdruck, das es Jahrzehnte zuvor im Land meiner Geburt zum Ausdruck gebracht hatte. Ich verfolgte die einzelnen Etappen mit, die Katalonien auf dem Weg zur Selbstbestimmung durchlief, als ob es mein Vaterland wäre: Ich war gerührt, ich war wütend, ich war voller Hoffnung.

Jene sich aus Jung und Alt zusammensetzende Volksmenge, die voller Inbrunst Freiheitslieder sang, schien sich durch die Anwesenheit vieler Schwuler und Lesben in keiner Weise irritiert zu fühlen. Die Leute respektierten einander und forderten gleichzeitig, zu einer Einheit zusammengeschweißt, dass ihre nationale Identität geachtet würde. Ich begriff das, wie nur ein Pole es begreifen kann, da mein Vaterland mehr als ein Jahrhundert lang von den Landkarten getilgt war. Während mein Vaterland schon fest in Europa integriert war, mussten die Katalanen paradoxerweise der Gefahr ins Auge sehen, dass sie, sollten sie tatsächlich die Unabhängigkeit erlangen, aus der Europäischen Union ausgestoßen würden. Ich bewunderte sie, wenn sie voller Zuversicht sagten: »Es wird nicht geschehen, wir werden in der Union bleiben, doch für den Fall, dass es doch dazu kommen würde: die Freiheit unseres Vaterlandes wäre es uns wert.« Ich fühlte mich in die Zeit von Solidarność zurückversetzt, als die regierende »katholische« Partei die Kämpfer für die Freiheit verunglimpfte und anfeindete, weil sie die Geburt eines unabhängigen Staats zu verhindern suchte. In der Vergangenheit wurden die Katalanen im übrigen Spanien abschätzig »Polacken« genannt. Sie haben diesen Schimpfnamen immer mit Würde getragen, vielleicht auch deswegen, weil ihr Drang nach Freiheit sie mit den echten Polen verband.

Ich bewundere das katalanische Volk. Ich habe in ihm die Liebe der Polen für die Unabhängigkeit des eigenen Vaterlands wiederentdeckt. Eine Liebe, die mich immer überrascht hat, die vielleicht ihren Ursprung in einem Mitempfinden für alle diejenigen hat, die absurden Ungerechtigkeiten ausgesetzt sind. Dass ich mich den Katalanen verwandt fühlte, war vielleicht darauf zurückzuführen, dass ich während meiner Studienzeit in Rom viel mit Angehörigen dieses Volkes zusammen war. Wehe, man verwechselte sie mit Spaniern: Sie verteidigten und liebten ihre Identität. Und so hing ich, schon bevor ich Eduard kennenlernte, vor dem Fernseher und verfolgte gebannt den Ausgang der Wahlen mit, die einen Wendepunkt in dem Prozess um die Erlangung der Unabhängigkeit darstellten. Ich hatte in Polen miterlebt, wie man die vom Kommunismus errichteten Mauern niedergerissen hatte. Jetzt wurde ich Zeuge des Muts, der Entschlossenheit und des Zusammengehörigkeitsgefühls der Katalanen in ihrem Kampf um das Recht auf Selbstbe-

stimmung. Bei allem Furor, mit dem sie diesen Kampf aus-
fochten, kam ihnen nie das Bewusstsein für den Wert eines
friedlichen Zusammenlebens abhanden. Für mich war dieses
Volk in der Lage, die Geschichte auf demokratische Weise in
andere Bahnen zu lenken. Es besaß glücklicherweise einen
Präsidenten, der sich nicht beirren ließ und der dem Volk
Zuversicht einflößte. Auch ich hatte immer davon geträumt,
andere mit solcher Zuversicht erfüllen zu können, sodass
sie stürmische Zeiten überstehen würden. Von diesem Volk
bezog ich die Kraft, um für meine persönliche Freiheit zu
kämpfen.

Inmitten dieser Menschen fühlte ich mich frei.

In verschiedenen Teilen der Welt wurden Homosexuelle
unterdrückt und geächtet. Dahingegen werden sie heute in
Katalonien von den modernsten Antidiskriminierungsge-
setzen geschützt, die es in Europa gibt. Diese sind kürzlich
vom Parlament der autonomen Gemeinschaft verabschiedet
worden. Dieses stolze Volk löste eine gewisse Wehmut in
mir aus, denn in Polen säten inzwischen die Menschen, die
vorgaben, den Idealen von Solididarność anzuhängen, Hass
auf Homosexuelle, ohne dass das in der Gesellschaft Empörung auslösen würde.

Mein Polen musste darum kämpfen, nicht unter der sub-
tilen Diktatur des Hasses auf den, der anders ist als »wir«,
zu erstarren. Es war frei, aber nicht uneingeschränkt. Es gehörte zu Europa, musste aber darum kämpfen, nicht der
Prinzipien der europäischen Kultur beraubt zu werden. Es
musste sich – ich sage das voller Trauer – gegen die Machen-
schaften und die spitzfindige Argumentation der Kirche gegen alles, was nicht »orthodox« war, behaupten.

Der Spiegel des Schwulenkinos

Das Internet wurde für mich zu dem verschwiegenen Ort, an dem ich mit mir allein sein und mit einer Welt in Kontakt kommen konnte, die mich zumindest nicht hasste. Durch das Internet lernte ich auch das Genre des Schwulenfilms kennen.

Zufällig stieß ich im Videoclip zu einem Song auf einige Sequenzen aus der amerikanischen Fernsehserie *Queer as Folk*. Dadurch auf den Geschmack gebracht, wurde ich bald zu einem leidenschaftlichen Fan dieses Meisterwerks des Schwulenfilms. Nacht für Nacht schaltete ich den Laptop ein und tauchte ein in die Welt von Brian, Justin, Michael, Emmett und Ted – nicht zu vergessen in die von Mama Debbie sowie den beiden lesbischen Freundinnen Lindsay und Melanie und deren Kindern. Sie alle sind für mich sehr wichtig gewesen. Ich weiß gar nicht, wie oft ich mir die fünf Staffeln der Serie zu Gemüte geführt habe, erst auf Englisch, dann auf Spanisch, manchmal auch in polnischer Synchronisation. Ich war wie berauscht, süchtig nach *Queer as Folk*. In jenen Nächten fühlte ich mich glücklich. Kritik, die an der Serie geübt wurde, ließ mich kalt, für mich war sie ein Rettungsanker. Ich tauchte ein in eine Welt von jungen Männern und Frauen, die meine Gefühle teilten, die redeten, wie ich gerne geredet hätte, die mit ähnlichen Problemen zu kämpfen hatten wie ich. Ich kannte ganze Textpassagen aus jeder Folge, die Bonmots und Witze auswendig. Vor dem Computerbildschirm zu sitzen war für mich, wie in ein imaginäres Leben vorzustoßen, in einen verbotenen Traum einzudringen. Paradoxerweise erledigte ich meine Arbeit immer kompetenter, wurden meine Vorträge immer besser, je mehr Zeit ich mit meinen fiktiven Freunden verbrachte. Das lag wohl daran, dass ich mich immer freier fühlte. Es mag sich seltsam anhören, aber *Queer as Folk* hatte für mich die Wirkung einer Psychotherapie.

In meinem früheren Leben waren Filme für mich etwas gewesen, das auf erfundenen Geschichten basierte, also nichts mit der Realität zu tun hatte, und mir welche anzuschauen, war mir als verlorene Zeit vorgekommen. Ich flüchtete mich in Sachbücher, vor allem in solche, die theologische Themen behandelten. Doch in diesen Büchern fand ich mich nicht wieder. In ihnen fand ich nicht das reale Leben mit seinen Turbulenzen, seinen Zweifeln. Es begegneten mir in ihnen keine der Fragen, die mir im wahren Leben zu schaffen machten. Die Lektüre der theologischen Abhandlungen lieferte mir nur die perfekte Verkleidung, die ich anlegte und mit einem gewissen Wohlgefallen trug: Wohin sonst hätte ich mich flüchten können? Es waren aber Filme, die vom Leben Homosexueller handelten, welche mich davor bewahrten, weiterhin diese Verkleidung tragen zu müssen. Heute danke ich Gott dafür, dass er mir die Augen für diese Kunstform geöffnet hat, die den Mut besaß, auch etwas über das Leben eines Menschen, wie ich es war, zu erzählen.

In kurzer Zeit erweiterten sich meine Kenntnisse des Genres. Ich schaute mir nicht nur im Internet immer mehr Schwulenfilme an, sondern legte mir auch eine Sammlung von DVDs zu, die ich in meinem kleinen Zimmer (in dem ich durch sie jetzt nicht mehr allein war) unter Verschluss halten musste, so wie ich mein Schwulsein unter Verschluss halten musste. Ich begann diese neue Welt zu erforschen, die mich zum Nachdenken brachte, mich bewegte, mich auch immer öfter lachen ließ. Die Komödien waren so wunderbar entspannend und wohltuend. Sie halfen mir immer besser, das zu verstehen, mit dem jeder Homosexuelle zu kämpfen hat: dass in allem, womit der Mensch etwas zum Ausdruck bringt oder etwas kommuniziert, in jeder Kunst, ausschließlich die heterosexuelle Welt repräsentiert ist. Es ist eine Schande, dass die öffentlichen Fernsehanstalten nicht regelmäßig Filme zeigen, die von *uns* handeln. Mir wurde bewusst, dass es für uns keine Bezugspunkte gab, keine Modelle, keine Vorbilder, keine Vergleichsmöglichkeiten: Wir müssen im Leben alles allein herausfinden, wir müssen alles allein ausprobieren, wie müssen uns selbst erfinden, und nicht selten gelingt uns das schlechter als unseren heterosexuellen Altersgenossen. Wir besitzen keine »Anleitung«, kein Handbuch für das Leben als Homosexuelle, keine Modelle, an denen wir uns hätten ausrichten oder von denen wir uns hätten absetzen können. Wir besitzen nichts außer dem brennenden Verlangen, geliebt zu werden und selber zu lieben. Unsere einzigen Bezugspunkte sind der Hass, das Schuldgefühl, die Scham. Die Filme gaben mir die Würde zurück, die die Kirche mit Füßen getreten hatte. Dass ausgerechnet Werke dieses Genres das leisten würden, hatte ich nie erwartet.

Der allererste Film (ich sah ihn mir allein in meiner schrankgroßen Wohnung an), der mich zutiefst ergriff, war *Philadelphia* (1993). Er hinterließ ein Gefühl der Angst in mir, weil er mir vor Augen führte, was mir vonseiten der Kirche hätte blühen können, wenn sich bei mir Symptome für eine Krankheit wie AIDS gezeigt hätten. Mir kam überhaupt nicht in den Sinn, dass ich, da ich mit niemandem Geschlechtsverkehr hatte, kaum in Gefahr war, mich anzustecken. Ich war einfach zu Tode erschrocken, weil man mir eingeimpft hatte, AIDS sei die Krankheit der Schwulen, eine Strafe, die Schwule dafür zahlen mussten, dass sie *da waren*. Ich dachte nur, dass ich jenen Albtraum, den Andy Beckett, der Protagonist des Films, bei seinem Kampf gegen die Institutionen durchleben musste, nicht durchgestanden hätte, wenn ich einen solchen Kampf als Angehöriger meiner Kirche gegen diese hätte führen müssen.

Das erste Mal, dass ich mir mit jemandem zusammen einen Film zum Thema Homosexualität ansah, war in Rom. Mein Begleiter war ein befreundeter Priester. Ich war damals noch total unbeschlagen, was diese Art von Filmen betraf, da ich meinte, mein sexuelles Verlangen als etwas Perverses verbergen zu müssen. Jener Priester war ein guter Kerl: empfindsam und romantisch, aber auch deprimiert und voller Kummer. Ich war mir sicher, dass er schwul war, wenngleich wir nie über das Thema gesprochen hatten. Sogar bei dieser Gelegenheit, als wir tief ergriffen und innerlich aufgewühlt das Kino verließen, wo wir *Brokeback Mountain* von Ang Lee (2005) gesehen hatten, blieben wir beide zunächst stumm. Dann versuchte ich aber, um das verlegene Schweigen zu durchbrechen, eine Art theologisches Fachgespräch in Gang zu bringen. Ich wollte das Werk Ang Lees in der kühlen Sprache der katholischen Morallehre kommentieren. Eigentlich wäre dazu die emotionale Sprache der Liebe nötig gewesen, doch diese war mir als gutem Theologen ja fremd. Der Film hatte mich verstört, ergriffen und gleichzeitig glücklich gemacht. Am liebsten hätte ich jenen lieben Freund, von dem ich immer vermutet hatte, dass er ein bisschen in mich verliebt war, geküsst.

Mit einem anderen schwulen italienischen Priesterkollegen sah ich mir *Maurice* von James Ivory aus dem Jahr 1987 an, nachdem wir vorher ein großartiges Abendessen eingenommen hatten – er war ein fantastischer Koch. Der Film handelte in einem gewissen Sinn von seiner Art, seine Homosexualität zu leben: auf verborgene, verstohlene Weise. Das Werk, das auf dem gleichnamigen Roman von E. M. Forster basiert, war »sein« Film. Eines Tages sagte er mir, dass er seinen Frieden mit der Kirche und ihrer Heuchelei gemacht habe. Er sei jetzt an dem Punkt angelangt, wo er sterben wolle, ohne dass jemand über ihn Bescheid wisse, vielleicht von einem Mann träumend, den er lieben könne, und von einer anderen Welt, von der er jetzt wisse, dass sie zu seinen Lebzeiten nicht Wirklichkeit werden könnte. Er war älter als ich, ein tiefgläubiger Mensch und ein guter Priester, aber seine Denkweise war die von früher. Er hatte sein ganzes Leben lang gelitten. Ich hatte und habe ihn immer noch gern, diesen Träumer, der einfühlsam und altruistisch ist und wegen der Homophobie der Kirche leidet, die er aber mittlerweile selbst übernommen hat.

Später begeisterte ich mich für die Filme des türkischen Regisseurs Ferzan Özpetek, der in Italien lebt und arbeitet. Die Erschütterung, die *Le fate ignoranti (Die Ahnungslosen)* in mir auslöste, wird auf ewig in mir nachhallen, ebenso wie die Gefühle, die *Saturno contro – In Ewigkeit Liebe* in mir hervorrief. Sein unglaubliches Erstlingswerk war 1997 *Hamam – Das türkische Bad*. Es bewirkte, dass ich mich in Istanbul verliebte: für die türkischen Bäder selbst hatte ich schon früher geschwärmt. Özpeteks *Mine vaganti (Männer al dente)* hat stattdessen meine Liebe zu Italien geweckt, ein Land, das dringend sein Coming-out vollziehen müsste. Die leidenschaftliche Art der Italiener hat mich immer begeistert, ebenso das, was sie an »Geschichten« inszenieren: Alles scheint einem Opernlibretto zu entstammen. Dieses ganze turbulente Leben tobte um mich herum, während ich hinter den dicken Mauern meines Büros im Vatikan eingeschlossen war. Zum Glück habe ich es auch mehrere Jahre lang immer mal wieder verlassen können und bin dem realen Geschehen begegnet, dies vor allem auf den Reisen, die mich an Wochenenden in die Pfarreien anderer Regionen Italiens, einschließlich der Inseln, geführt haben (nur auf Lampedusa bin ich nie gewesen). Ich unternahm diese Reisen als freiwilliger Mitarbeiter der Vereinigung Kirche in Not, die verfolgten Christen in verschiedenen Ländern der Welt beisteht. Die Leidenschaft für den Kampf gegen Diskriminierung jeder Art brannte schon damals in mir und ist mir bis heute erhalten geblieben.

Was den italienischen Film betrifft, so hat mich die Coming-out-Szene in Ivan Silvestrinis Komödie *Come non detto*, die in dem Viertel Roms, in dem ich lebte, gedreht wurde, zum Lachen gebracht. Die beiden Protagonisten, ein Italiener und ein Spanier, geben sich im Circus Maximus, ganz in der Nähe meiner Wohnung, einen Kuss. Die Szene löste starke Gefühle in mir aus, denn sie spielt genau an dem Ort, an dem ich meinen späteren Verlobten bei einem unserer ersten gemeinsamen Wochenenden in Rom geküsst habe. Heute ist mir bewusst, welches Risiko ich damals einging: In unmittelbarer Nähe befindet sich das Kolleg der polnischen Priester. Jederzeit hätte einer von ihnen im Circus Maximus auftauchen können. Wenn jemand mich gesehen hätte, wäre ich erledigt gewesen. Daher warnte Eduard mich bei unseren Spaziergängen durch Rom, wenn ich ihn bei der Hand nehmen wollte, immer lächelnd: »Sei vorsichtig. Die Monsignori patrouillieren durch die Straßen, um die anderen Monsignori zu kontrollieren. Du musst selbst entscheiden, wann du dich outen willst, überlass das bloß nicht ihnen.«

Während mein italienischer Verleger im Frühjahr 2016 darauf wartete, dass ich die letzten Fahnen dieses Buches durchsah, machte Italien eine der schwersten Prüfungen seiner Geschichte durch, seitdem es den Vatikan beherbergt: Nach einem zermürbenden Kampf hat der Senat, Strömen von feindseliger Propaganda und apokalyptischen Vorhersagen zum Trotz, ein Gesetz gebilligt, das Personen wie mir und meinem Gefährten das Recht gewährt, eine »Lebenspartnerschaft« einzugehen. Italien gibt sich damit als ein stolzes Land zu erkennen, das Andersartigkeit toleriert, mutig für Menschenrechte eintritt, auch wenn es das einiges kostet, ein Land, das offen ist und in dem der Geist der Renaissance weiterlebt. Die Liebe siegt, nicht nur im großartigen italienischen Schwulenfilm.

Mittlerweile waren es aber Filme aus vielen Ländern der Welt, die mir Anregung und Ermutigung lieferten. Aus Frankreich kamen Filme von großer Sensibilität. Am meisten überzeugte mich aber wohl *Juste une question d'amour (Nur eine Frage der Liebe)* aus dem Jahr 2000, die Geschichte von der glücklichen Begegnung des jungen Studenten Laurent mit Cédric inmitten einer wohlanständigen und homophoben Gesellschaft, aus der nur die Mutter von Cédric, eine großartige Frau, hervorsticht.

Auch die Liste der amerikanischen und englischen Filme, die zu meiner Befreiung beigetragen haben, ist sehr lang. Besonders hervorheben muss ich aber *Latter Days* von 2003 sowie *Priest* von 1994 und *Seminarian* von 2010. *Naked as we came* von 2013 zerriss mir das Herz mit seiner Darstellung dramatischer familiärer Spannungen; in diesem Film sah ich bis zu einem gewissen Grad meine eigene Geschichte gespiegelt. Doch auch die Folgen der Fernsehreihe *Brothers & Sisters* (2006–2011) mit der von mir verehrten Sally Field erinnerten mich an das, was in meiner eigenen Familie geschehen war. Der lustige Weihnachtsfilm *Make the Yuletide Gay* (2009) erheiterte und entspannte mich. Der kanadische Film *Mulligans* (2008) unterzog die Verhältnisse innerhalb einer Familie einer Überprüfung: Er rückte die Leiden eines Vaters in den Vordergrund, der entdeckt, dass er homosexuell ist und seine Lieben nicht in dieses Geheimnis einweihen kann. Einige englischsprachige Werke hatten die politische und gesellschaftliche Geschichte einer ganzen Gemeinschaft und ihrer Märtyrer und Helden zum Inhalt. Zu nennen wären in diesem Zusammenhang der amerikanische Film *Milk* (2000) und der britische Film *Pride* (2014).

Stonewall von Nigel Finch versetzte den Zuschauer in den Juni 1969 zurück, in die Bar dieses Namens in der New

Yorker Christopher Street. Dort nahm damals die Revolution für die Freiheit ihren Anfang. Jeder von uns besitzt in seinem Leben sein eigenes Stonewall Inn, seine eigene Bastille; dort, bei der waghalsigen »Truppe« von Transsexuellen und Schwulen, begann die Revolution, die es uns erlaubt hat, unsere Liebe offen zu zeigen. Dort wurde zum ersten Mal das »Nein« der Homosexuellen und Transsexuellen gegen ihre institutionalisierte Herabwürdigung entschieden ausgesprochen. Auch meine Kirche bräuchte dringend eine solche Revolution, wie sie vom Stonewall Inn ihren Ausgang genommen hat, ein solches öffentliches Coming-out gegen die antischwule Paranoia der Gesellschaft. Und ich bin sicher: Diese Revolution wird kommen.

Vor einiger Zeit habe ich meine alte Leidenschaft für Julia Roberts wiederentdeckt. Sie spielt in dem amerikanischen Fernsehfilm *The Normal Heart* (2014) mit. Er erzählt die Geschichte von Ned und Felix, die sich mit ihrer Liebe gegen Krankheit und Tod zur Wehr setzen. »Stell dir vor, wie es gewesen wäre, zusammen zu leben als wir jung waren, ohne Angst, ohne Scham«, sagt Ned. »Alles, was ich mir in all jenen Jahren erträumt habe, warst du«, antwortet Felix, der schließlich an AIDS stirbt.

Irgendwann begann ich auch die eindrucksvolle Welt des israelischen Kinos zu erforschen. Mein Führer in diese Welt war der Regisseur Eytan Fox mit *The Bubble* (*Eine Liebe in Tel Aviv*, 2006) und vor allem mit *Yossi & Jagger* (2002) sowie dem daran anschließenden traurigen *Yossi* (2012), aber auch dem eindringlichen *Walk on Water* (2004). Ich bin den israelischen Filmemachern dankbar für die vielen großen Emotionen, die sie mir schenkten, mit Werken wie *Eyes wide open (Du sollst nicht lieben*, 2009*), Snails in the Rain (Liebesbriefe eines Unbekannten*, 2013*)* und *Out in the Dark (Liebe sprengt Grenzen*, 2012*)*, in denen die schwule Liebe im Kontext eines schwer herbeizuführenden Friedens erblüht.

Überraschend gute Schwulenfilme kommen auch aus Deutschland, zum Beispiel *Freier Fall* (2013), die Geschichte der verbotenen Liebe zweier Polizeibeamter, eine Art deutscher Antwort auf *Brokeback Mountain*. Der Film spielt nicht im toleranten Berlin, sondern in einem kleinen Städtchen, das jenen ähnelt, in denen ich früher die Ferienvertretung für die Ortspfarrer übernahm.

Das spanische und lateinamerikanische Kino schließlich war eine wahre Offenbarung für mich. In diesen Ländern wurden mehr Schwulenfilme gedreht, als man es sich hätte erwarten können, da sie doch immer noch dem Joch der katholischen Moral unterworfen sind. *La mala educación* von Pedro Almodóvar (*Schlechte Erziehung,* 2004), der venezolanische Film *Azul y no tan rosa* (2012), der brasilianische *Do comenco do fim* (2009), der mexikanische *Obediencia perfecta* (2014)… Wie brachten mich die spanischen Komödien über Schwulengemeinschaften zum Lachen! Ich wurde durch sie in eine andere, »bessere« Welt versetzt, die jener kaum zu ertragenden, in der ich lebte, geografisch und kulturell gar nicht so fern war. Solch eine »bessere Welt« ist zum Beispiel das Schwulenviertel von Madrid, Chueca, in dem man voller Stolz am normalen Leben in der spanischen Hauptstadt teilnahm (die Schwulen haben dieses vorher verlassene, heruntergekommene Quartier zu neuem Leben erweckt). Die Homosexuellen sind ohne Vorbehalte oder Einschränkungen in die spanische Gesellschaft aufgenommen worden. Ich werde diesem Volk immer dankbar dafür sein, dass es, seiner tiefen Wurzeln im Christentum zum Trotz, in der Lage gewesen ist, so schnell ein Land aufzubauen, in dem man tolerant und offen gegenüber sexuellen Minderheiten ist. In meinem geliebten Spanien hat die Kirche sich durch ihre Allianz mit dem Regime von Franco derart kompromittiert, dass es ihr nicht wie anderswo gelungen ist, die gesellschaftliche und politische Entwicklung anzuhalten oder Erreichtes wieder rückgängig zu machen. Auf diese Weise hat Spanien sich gerettet …

Erst in jüngerer Zeit habe ich begonnen, polnische Schwulenfilme intensiver wahrzunehmen. *Płynące wieżowce* (*Tiefe Wasser*, 2013) von Tomasz Wasilewski hat mich geradezu in Schockstarre versetzt. Nachdem ich die Geschichte von Kuba miterlebt hatte und von seinen Gesprächen mit seiner Mutter und seinem Mädchen erschüttert worden war, fand ich eine Nacht lang keinen Schlaf. Und in genau jener Nacht traf ich die Entscheidung, meiner Mutter noch am folgenden Tag zu sagen, wer ich wirklich war. Meine Lieben mussten Bescheid wissen. Und so kam es dann auch. Ich begann mich zu befreien, Schritt für Schritt.

Der Thriller *W imię…* (*Im Namen des…*, 2013) von Małgorzata Szumowska ist das Porträt eines schwulen polnischen Priesters. Ich bin sehr schnell ein Fan dieser jungen Regisseurin geworden, die ich dafür bewundert habe, wie sie den Hass der Menschen in der Provinz auf Behinderte eingefangen hat, der dem Hass auf Juden und auf Homosexuelle so sehr ähnelt. Sie zeigt, dass dort jeder Mensch, der irgendwie *anders* ist, damit rechnen muss, diskriminiert zu werden, und Angst davor haben muss, dass man ihm Gewalt antut. Ich würde es begrüßen, wenn Małgorzata Szumowska mit ihrer außerordentlichen Begabung fortfahren würde, sich mit den Problemen von Schwulen in dieser Welt auseinanderzusetzen.

Sogar die polnischen Filmemacher haben also mutig und mit großem Engagement angefangen, das Unsagbare zu sagen.

Weitere drei Schritte auf der Suche nach mir selbst

Lange Zeit habe ich nicht gewusst, wo ich mich selbst suchen sollte.

Jahrelang lag alles in mir wie verschüttet, ein immer geringer werdendes Selbstwertgefühl hatte es zum Verstummen gebracht. Die Kirche hat mir nicht geholfen, mich wiederzufinden; sie hat mein Ich vielmehr mit Füßen getreten, mit der Begründung, dass sie mir auf diese Weise helfen wollte – toll! Die Kirche hat mich gelehrt, was mich selbst betrifft, zu lügen. Ja, ich musste sogar mich selbst belügen und durfte nicht den Versuch unternehmen, mich zu verstehen.

Der Schwulenfilm wirkte wie eine Umarmung auf mich, er ermöglichte mir eine erste Konfrontation mit dem realen Leben. Den zweiten Schritt hin zur Entdeckung meines eigenen Ichs unternahm ich mithilfe der Literatur. Mir wurde plötzlich bewusst, dass ich seit Jahren keine Romane mehr las, sondern nur Bücher zu theologischen und philosophischen Themen. Ich war von Büchern umgeben, die aber nicht von Menschen handelten, von ihren Geschichten, von ihren wirklichen Problemen. Ich begann daher Bücher zu kaufen, die sich mit Homosexualität befassten. Heute kommt es mir lächerlich vor, dass ich damals solche Angst hatte, jemand könne mich erkennen, wenn ich in der Buchhandlung von Feltrinelli in Rom vor dem Regal mit den entsprechenden Werken stand. Wenn ich meine Wahl getroffen hatte, zahlte ich immer in bar und nicht mit der Kreditkarte, damit sich der Einkauf eines bestimmten Buches nicht zu mir zurückverfolgen ließ. Es gab in dieser Buchhandlung eine Zeit lang eine Ecke, die Büchern über Schwule oder für Schwule vorbehalten war und sich »Arcobaleno« (Regenbogen) nannte. Ich schlich immer vorsichtig wie eine Katze zu diesem verbotenen Ort hin, zog, wenn ich sicher war, dass niemand in der Nähe war, verstohlen ein Buch aus dem Regal und ging damit in einen anderen Bereich des Ladens, um den Waschzettel zu lesen. Einige Zeit später wurde diese Ecke leider aufgelöst – vielleicht aus Rücksicht auf die öffentliche Moral, möglicherweise fanden aber auch zu wenig Kunden den Mut, sich die dort angebotenen Bücher anzuschauen.

Ich werde nie vergessen, welche Offenbarung die Werke von Christopher Isherwood für mich darstellten. Ich kannte den Autor durch den Film des Regisseurs Tom Ford, der auf Isherwoods Roman *A Single Man (Der Einzelgänger,* 1964) beruht. Das Buch gilt als ein Meisterwerk der zeitgenössischen Schwulenliteratur und hat mich tief beeindruckt und beeinflusst.

Desmond Hogan ist mir ein treuer Wegbegleiter und Führer durch die feindliche und widersprüchliche Welt Irlands gewesen. Er hat mich mit seinen Erzählungen an das Leid erinnert, das vom Katholizismus verursacht wurde. Mittlerweile hat aber Hogans Heimatland, das von der Pädophilie des katholischen Klerus heimgesucht wurde, Homosexuellen das Recht zugestanden, sich zu lieben und zu heiraten; das geschah am 23. Mai 2015 mithilfe eines Volksentscheids, des ersten seiner Art auf der Welt. Irland ist damit ein Vorreiter, was die Anerkennung der Rechte von Minderheiten anbelangt. Der Vatikan ließ prompt einen Sekretär die unmissverständliche Erklärung abgeben, das Ergebnis des Referendums stelle eine Niederlage für die Menschheit dar – vielleicht versuchte der Vatikan aber so nur von den eigenen, sehr realen Niederlagen abzulenken.

In seinem New-York-Roman *Hotel de Dream* ließ Edmund White mich überzeugend den Schmerz eines schwulen Schriftstellers mitempfinden, der, als er im Sterben liegt, seinen Erben seinen autobiografischen Roman zur Publikation anvertraut, aber miterleben muss, dass diese das Manuskript verbrennen, damit sein guter Name nicht in den Dreck gezogen wird. Dem Genie Whites verdanken wir noch viele andere außergewöhnliche Romane und Erzählungen: *A Boy's Own Story (Selbstbildnis eines Jünglings)*, *City Boy* sowie die Sammlung *Chaps*.

Michael Cunnigham ließ mich in *A Home at the End of the World (Ein Zuhause am Ende der Welt*, 1990) das Drama eines Vierzigjährigen miterleben, der einer festen Arbeit nachging und Karriere machte, dem es wirtschaftlich gut ging und der verheiratet war. Von Letzterem abgesehen, ähnelte er also mir. Er besaß eigentlich alles, was zum Leben nötig war, doch er spürte, dass ihm etwas fehlte. Und er entdeckte, dass er schwul war.

Die Handlung von *The Line of Beauty (Die Schönheitslinie*, 2014) von Alan Hollinghurst könnte direkt in das Rom von heute übertragen werden. Die Heuchelei der englischen Gesellschaft bekäme dann noch durch die des katholischen Klerus weitere Glanzlichter aufgesetzt.

In dem ergreifenden *Świadek* (Zeuge) berichtet der polnische Autor Robert Rient über seine innere und sexuelle Befreiung, das heißt über eine Flucht aus dem mentalen Gefängnis, in das die Zeugen Jehovas, denen er mit seiner ganzen Familie angehörte, ihn gesperrt hatten. Es ist wirklich schade, dass die Katholiken und die Sekte keinen gedanklichen Austausch pflegen. Ihre Homophobie würde sie sofort zu Brüdern im Geiste machen.

Abgesehen vom Kino und von der Literatur war es auch die Musik, die mich am Ende mich selbst finden ließ. Mit ihrer Hilfe machte ich den dritten Schritt hin zu meiner Befreiung. Mir eröffnete sich eine ganze Welt von Diven, die mich begeisterten und von denen ich später erfuhr, dass sie Ikonen der Schwulengemeinde waren. Ich glaube, dass ich durch Rocío Jurado und das Abschiedskonzert, das sie vor ihrem Krebstod im Jahr 2006 gab, in diese Welt eingeführt wurde. Nach ihr entdeckte ich Mónica Naranjo sowie, um bei den spanischen Sängerinnen zu bleiben, Alaska als Teil des Duos Fangoria. Ich muss wohl noch die Mexikanerin Gloria Trevi hinzufügen, deren Lied *Todos mi miran* besondere Aufmerksamkeit verdient. Und wie sehr beneidete ich Tiziano Ferro um seinen Mut, als er sein Coming-out mithilfe eines von ihm verfassten Buches vollzog.[55]

Meinen vierten Schritt hin zu meiner Befreiung konnte ich dank meiner geheimen Studien zur Homosexualität vollziehen. Die Homosexualität war ja inzwischen seit geraumer Zeit überall auf der Welt Gegenstand seriöser und engagierter Untersuchungen, die aber uns, die wir von der Kirche »beschützt« wurden, vollkommen unbekannt waren. Ich fing daher an, spanische, französische, englische und italienische Bücher zu verschlingen. Unter den ersten waren die von Marina Castañeda, die mir in der Librairie Fnac in Paris in die Hände fielen, vor allem ihr *Comprendre l'homosexualité. Clés et conseils pour les homosexuels, leurs familles, leur thérapeutes.*[56] Dieses Werk zeigte mir, wie man mit unvoreingenommenem Geist das Thema der homosexuellen Orientierung ernsthaft angehen kann.

Anschließend beschäftigte ich mich mit den Büchern von Judith Butler, Monique Wittig, Teresa de Lauteris, Adrienne Rich, Eve Kosofsky Sedgwick, Paul Beatriz Preciado, José Ignacio Baile Ayensa, Francis M. Mondimore, Juan Antonio Herrero Brasas, Kenneth James Dover, Jacques Fortin, Pierre Bourdieu, Oscar Guasch, Gerard Coll-Planas, Pablo Fuentes Hinojosa, Vanessa Baird, Alicia Gallotti, Susana López Penedo …

Die Schriften von Daniel Borrillo erweiterten das Bewusstsein von mir selbst, ließen aber auch meinen Zorn auf die Homophobie immer größer werden.[57]

Didier Eribon führte mich mit seiner Fachkenntnis in die Welt der Homosexuellenkultur und -literatur ein.[58]

Global Gay von Frédéric Martel bewirkte, dass ich das Gefühl hatte, im Zentrum der Welt und der Geschichte zu stehen, die endlich einen anderen Lauf nahm, nämlich sich auf die Befreiung aller unterdrückten Menschen zubewegte: Für Martel war die *mondialisation de la question LGBTIQ* in Gang gekommen.[59]

Dominique Fernandez, der einflussreiche französische Wissenschaftler, nahm mich stattdessen an die Hand, um mich mit seinem *L'amour qui ose dire son nom* mit der Welt der Schwulenkunst vertraut zu machen.[60]

So lernte ich nach und nach eine neue, unbekannte Welt kennen, deren Existenz meine Kirche verschweigt. Wie früher, als ich begonnen hatte, mich mit Thomas von Aquin zu beschäftigen, befand ich mich jetzt auf einer fantastischen inneren Reise, immer noch von einem Hauch Zweifel und Unsicherheit begleitet, doch belohnt von dem großen intellektuellen Vergnügen, das eine Entdeckung einem bereitet.

Diese Entdeckung war ich selbst, der ich bislang einem stumpfsinnigen ideologischen System gehorcht hatte, das aus Angst um sich selbst jedes Denken unterdrückt hatte.

Auch Schwule haben ein Recht auf Religion

Der fünfte Schritt führte mich auf unterschiedlichen Wegen in eine Welt, die bereits die meine war: die der Religion.

Ich lernte die Werke einiger gläubiger Autoren kennen, die Überlegungen darüber anstellten, wie man eine homosexuelle Orientierung und Religiosität miteinander vereinbaren konnte. Den bahnbrechenden Meisterwerken von John Boswell[61] und – dem aktuelleren – Mark Jordan[62] kam das Verdienst zu, die Geschichte der Kirche unter Bezugnahme auf ihre Einstellung zum Thema Homosexualität einer Überprüfung zu unterziehen. Ich habe immer ihren vorurteilsfreien, Gegenwart und Zukunft in den Blick nehmenden Ansatz bewundert.

Nie habe ich daran geglaubt, dass es, wie die Kirche jahrhundertelang behauptete, Gott selbst war, der den Stab über die Homosexuellen gebrochen hat – Menschen, die von ihm geschaffen wurden. Boswell führte mir endlich eine Kirche vor Augen, die dem Menschen und dem Mysterium des Menschseins wie auch dem Evangelium größere Aufmerksamkeit zollte und die es als ihre Aufgabe ansah, ihm in dieser Welt zu dienen. In seinen Schriften untersuchte er die ersten Jahrhunderte eines Christentums, das noch zurückhaltender war, eher darauf bedacht, die Liebe Gottes zu den Menschen unter Beweis zu stellen, statt die Liebe von Menschen zu anderen Menschen zu diffamieren.

Jordan macht hingegen das Mittelalter als die Zeit aus, in der der Hass auf das göttliche Geschenk der Sexualität seinen Ursprung hat. Und er zeigt, dass es nicht die Stimme

Gottes war, die zur Verfolgung »anderer« durch die Kirche aufrief.

In dem Buch *What the Bible Really Says about Homosexuality*[63] von Daniel A. Helminiak fand ich mich selbst wieder. Der Autor war, wie ich selbst, ein eifriger junger Priester gewesen und hatte ebenfalls an der Gregoriana in Rom studiert und gelehrt, bevor er dann offenbart hatte, schwul zu sein, und somit seine Verurteilung durch die Kirche selbst herbeigeführt hatte. Der mittlerweile über Siebzigjährige ist in den Vereinigten Staaten als Theologe und Psychotherapeut bekannt. Mit seinen Veröffentlichungen hat er auch mir viel gegeben.

Die erwähnten und andere Bücher eröffneten mir neue Horizonte. Sie ließen mich Einblick in die Welt der Theologen und Theologinnen, Geistlichen oder Laien, nehmen, die sich auf ernsthafte und wissenschaftliche Weise mit dem Thema Homosexualität befasst haben. Für die Kirche existierten diese Männer und Frauen aber nicht, und sie setzte alles daran, dass sie selbst und ihre Werke dem Vergessen anheimfielen. Einige wurden vom Sant' Uffizio zum Verstummen gebracht, indem es ihnen untersagte zu lehren, andere wurden einfach totgeschwiegen.

Viele von ihnen haben mit gewaltigem Mut die Mauer der Angst, die sie von der Wirklichkeit fernhielt, zum Einsturz gebracht. Zu nennen wären: John J. McNeill, James Alison, James F. Keenan, Todd A. Salzman und Michael G. Lawler, Marciano Vidal, Ariel Álvarez Valdés, Stephen J. Pope, Xabier Pikaza, Jeannine Gramick und Robert Nugent, André Guindon, Tony Flannery, Charles Curran, Margaret A. Farley, Teresa Forcades i Vila, Andrew Sullivan, Gustavo Irrazábal, Lisa Fullam, John Giles Milhaven, John P. Edwards, Franco Barbero und andere. All diese Autoren und Autorinnen haben mir inneren Frieden geschenkt, indem sie mir die Möglichkeit eines Christentums vor Augen geführt haben, das frei ist von Homophobie und den verschiedensten Spielarten der Diskriminierung von »Andersgearteten«.

Es hat mir im Herzen wehgetan, als im September 2015 der Jesuitenpater John J. McNeill starb, der seit Jahren des Priesteramts enthoben gewesen und vom Sant' Uffizio unerbittlich verfolgt worden war: Er war einer der energischsten Streiter für die Rechte von LGBTIQ-People in der katholischen Welt gewesen und hatte sich in der amerikanischen Vereinigung gläubiger Homosexueller engagiert. 2008 heiratete er Charlie Chiarelli, mit dem er sechsundvierzig Jahre lang in Liebe verbunden gewesen war. Leider starb er, bevor ich mich zu meinem Coming-out entschloss. McNeill hat für mich das Ansehen meiner Kirche zumindest ansatzweise gerettet: Er war bereits Teil ihrer glorreichen Geschichte, hatte ihr starke Inspirationen geliefert. Wir können heute nur hoffen, dass die Kirche ihn eines Tages verstehen wird. Mit ihm wird das geschehen, was auch Padre Pio geschehen ist, der erst vom Sant' Uffizio unerbittlich verfolgt, dann rehabilitiert und schließlich heiliggesprochen wurde.

Einige Autoren haben Erhellendes zur katholischen Moral geschrieben, ohne – merkwürdigerweise – vom Sant' Uffizio zur Stellungnahme aufgefordert zu werden. Das ist überraschend, weil es für die Kongregation allen Grund gegeben hätte, das zu tun, doch haben vielleicht die Oberflächlichkeit und Planlosigkeit, mit der diese höchste Behörde der Kirche ans Werk zu gehen pflegt, diese Autoren gerettet. Seit Jahren schon haben sie mithilfe ihrer Veröffentlichungen oder von Vorträgen für eine Akzeptanz der Sexualität gesorgt, in der sie einen integralen Bestandteil der menschlichen Persönlichkeit sehen und eine Art und Weise, diese zum Ausdruck zu bringen. Sie stellten Überlegungen über den Wert und die Unverzichtbarkeit von Sexualität für die menschliche Entwicklung an und prangerten die offizielle Theologie und die Kirche dafür an, dass sie jahrhundertelang der heidnischen und stoischen Deutung von Sexualität und den menschlichen Affekten gefolgt waren. Dieser Einfluss wirkte sich zunächst auf die Scholastik und dann auf die diversen Doktrinen der Kirche aus: Die Fortpflanzung galt als alleiniges Ziel jedes sexuellen Aktes und jeder Liebesbeziehung.

Diese Autoren haben erkannt, dass vieles von dem, was die Kirche in Bezug auf die Sexualmoral verkündet hat, von Widersprüchen gekennzeichnet, lückenhaft und unzusammenhängend ist. Sie wiesen nach, dass die Kirche das Bewusstsein der Menschen vernachlässigt, seine geschlechtliche Identität und seine sexuelle Orientierung ignoriert habe. Sie sei auf ihre unveränderlichen Glaubenssätze fixiert geblieben und habe das Dynamische an der menschlichen Existenz völlig aus dem Blick verloren. Sie hoben hervor, dass die Kirche keinerlei Dialog mit den Geisteswissenschaften geführt habe und sich auch deswegen weiterhin zerstörerisch auf die Suche des Menschen nach Liebe und Selbstverwirklichung auswirke. Auf verschiedenen Ebenen verspritze die Kirche ihr Gift gegen das Thema menschliche Sexualität, und sie ähnele daher immer mehr einer gewaltbereiten Sekte oder einer Institution, deren einziges Ziel in der Einschüchterung der eigenen Anhänger bestehe: Sie würde bei den Gläubigen Frustration und Angst auslösen, um sie daran zu hindern, ihre Sexualität frei und kreativ auszuleben.

Zuerst nur schüchtern, begannen einige Theologen erste Revisionen vorzunehmen, nur um jedes Mal von den höheren Instanzen zum Schweigen gebracht oder mit Nichtachtung gestraft zu werden. Diese Theologen vertraten jetzt die Ansicht, dass ein Mensch, um sich voll entwickeln zu können, die Möglichkeit besitzen müsse, ohne von außen auferlegte Einschränkungen Liebe zu einem anderen Menschen zu empfinden. Solche Gefühle der Liebe könnten aber nur entstehen, wenn der Mensch ein intaktes Gefühl der Liebe zu sich selbst besitzt und sich in seiner eigenen sexuellen Orientierung akzeptiert. Man sollte einem anderen lieber nicht etwas geben, das man selbst hasst: Das Geschenk würde sonst zu Gift. Doch die Kirche vergiftet diese menschlichen Beziehungen, die das gesamte Individuum, seine Intelligenz, seine Gefühle, seine Spiritualität tangieren. Das große Geheimnis sexuellen Begehrens kann nicht darauf zurückgeführt werden, dass es der Fortpflanzung dient. Genau auf diese Funktion hat die Kirche es aber reduziert. Hinzuzufügen wäre noch, dass, wenn Gott allen ein sexuelles Verlangen verliehen hat, man nicht behaupten kann, bei Homo- oder Transsexuellen stelle es eine Monstrosität dar, handele es sich um etwas Widernatürliches.

Die Begegnung mit diesen Theologen und Theologinnen zwang mich dazu, auf Distanz zu anderen »Lehrern« zu gehen. An erster Stelle wäre da Thomas von Aquin zu nennen, in dem ich jetzt jemanden sah, der maßgeblich für den völlig überholten »Biologismus« der katholischen Moral verantwortlich war. Mit meinem Verlobten stattete ich eines Tages seinem Grabmal in der Kirche Les Jacobins in Toulouse einen Besuch ab. Vor dem goldenen Reliquiar, in dem die Gebeine des Heiligen ruhen, raunte Eduard mir zu: »Ich lass dich mal ein paar Minuten allein«, und ging weg. Anfangs verstand ich nicht, warum er wollte, dass ich allein vor dem Grab verharrte, dann begriff ich es: Er kannte mich schon recht gut und wollte, dass ich die Gelegenheit hatte, mich ungestört von meinem früheren Lehrer zu verabschieden. Ihm war bewusst, was für Auswirkungen dessen Lehren auf mein Leben gehabt hatten. Mir ist bis heute nicht begreiflich, warum Thomas von Aquin hinsichtlich seiner Auffassungen von sexueller Moral derart streng gewesen war, denn unter seinen Mitbrüdern im Dominikanerorden waren mit Sicherheit nicht wenige Homosexuelle gewesen.

Während Eduard in der leeren Kirche umherschlenderte, verharrte ich innerlich aufgewühlt und besorgt vor dem Reliquiar des Menschen, der einst mein geistiger Lehrer gewesen war, dem ich aber jetzt nicht mehr vertraute. Ich »verdankte« dem Aquinaten ein Gutteil von dem, was mich ausmachte – meine Masken und meine Starrheit. Ich wollte Abschied nehmen, hatte aber Angst, diesen Schritt zu vollziehen, für immer aufzuhören, ihn zu bewundern. Und so erlebte ich einen mystischen Augenblick der Befreiung. Ich sah ein Licht, eine Helligkeit, verspürte so etwas wie eine Epiphanie. Plötzlich fühlte ich mich glücklich und leicht, ich merkte, dass ich dabei war, eine Last abzuwerfen. Mir kam es beinahe vor, als würde Thomas selbst mir zustimmen. Sobald ich die Kirche verlassen hätte, würde ich nicht mehr jenes umfassende Vertrauen zum größten Denker des Christentums verspüren. Ich würde sicherlich noch einige seiner Sentenzen bei meinen Vorlesungen zitieren, doch meine Maske war dabei, zu zerbröckeln, Stückchen für Stückchen.

In Wirklichkeit schätzte ich immer noch vieles an Thomas von Aquin, doch ich hatte keinen Zweifel mehr daran, dass er mit seinem Gedankensystem – mit der Behauptung, dass die Normen menschlichen Zusammenlebens durch dessen Natur oder biologische »Beschaffenheit« vorgegeben würden – eine der schlimmsten Formen der Diskriminierung der gesamten Menschheitsgeschichte »abgesegnet« hatte: nämlich jene der Kirche gegen die Schwulen, die diese mithilfe ebendieser thomistischen Lehre vom Naturrecht gerechtfertigt hatte. Das war es, was ich ihm an jenem Tag in Toulouse sagen wollte, um eine Art geistiger Loslösung von einem Mann zu bekräftigen, der mich mein ganzes Erwachsenenleben lang begleitet hatte. Jetzt war ich glücklich und frei – auch frei von Ressentiments.

Der auf der Naturrechtstheorie gründende katholische Biologismus ist die »Brutstätte« der Missverständnisse. Thomas trägt also eine Hauptschuld daran. Unbestreitbar ist aber auch die Mitschuld des heiligen Petrus Damiani.[64] Doch war es vor allem Thomas, der mit seinem Genie die Doktrin gültig formuliert hat. Aus seiner »naturalistischen« Sicht war nur eine geschlechtliche Vereinigung zum Zweck der Fortpflanzung, also mit dem Ziel, einen Sohn oder eine Tochter (vorzugsweise natürlich einen Sohn) zu zeugen, statthaft. Deswegen passte ein erigierter Penis perfekt in eine Scheide… basta. Das ist die Essenz des katholischen Denkens über Sex – an Schlichtheit ebenso wenig zu überbieten wie an Frömmigkeit.

Bei einer solchen Sichtweise würde die Lust der Frau, die von der Stimulation der Klitoris hervorgerufen wird, die letzte Bestätigung dafür liefern, dass die einzige statthafte sexuelle Aktivität diejenige ist, die dazu dient, dass die Frau empfängt. Es ist nur schade, dass auch die männliche Prostata so beschaffen ist, dass sie ein Lustempfinden auslöst. Wenn die Funktion dieser Organe derart auf das Kreatürliche reduziert werden kann – warum sollte man den Biologismus dann nicht auf die ganze menschliche Existenz anwenden? Natürlich ändert sich aber alles, wenn man entdeckt, dass bei Sexualität nicht nur Klitoris und Prostata im Spiel sind, sondern in noch höherem Maß unser Geist, unsere Gefühle und unser Verlangen nach Liebe und Nähe. Überdies scheinen die Pharisäer, die die Kirche regieren, auch wenn sie sich auf den Biologismus berufen, bis heute nicht einmal die Handbücher zur Biologie und zur Sexualkunde des 18. oder 19. Jahrhunderts gelesen zu haben. Es würde aber schon ausreichen, sich mit den wissenschaftlichen Erkenntnissen zum Lustempfinden von Mann und Frau beim Orgasmus zu beschäftigen sowie mit den Untersuchungen zur sexuellen Erregung, um Zweifel in Bezug auf das einzige wahre die sexuelle Aktivität des Menschen steuernde Motiv, das es der Kirche zufolge gibt, wach werden zu lassen. Das Problem besteht darin, dass die kirchliche Doktrin keine Abweichungen von ihrem Modell der Sexualität zulässt und sie als »Deviationen« bezeichnet. Doch eine solche Diversität existiert: Alfred Kinsey hat das schon vor langer Zeit nachgewiesen, natürlich werden seine Entdeckungen aber von der klerikalen Hierarchie als unzuverlässig erachtet. Wir können dem Himmel dankbar dafür sein, dass wir bezüglich unserer Sexualität nicht alle so uniform sind, wie die paranoide Kirche es fordert. Gerade im Erleben unserer Sexualität sind wir alle grundverschieden voneinander, die Fantasie spielt dabei eine große Rolle.

Die Realität ist also keineswegs banal, sie steht auch nicht von vornherein fest. Das Sexualleben des Menschen erschöpft sich nicht in einem rein biologischen Akt. Sex hat nicht nur mit den Öffnungen des Körpers zu tun, sondern auch – wer hätte das gedacht – mit Emotionen, Gefühlen: mit Liebe. Das Gehirn ist das Hauptsexualorgan des Menschen. In seiner Psyche gibt es etwas, das eine entscheidende Rolle spielt: Es ist nicht alles nur Biologie!

Michel Foucault hat diesem Thema einige bemerkenswerte Essays gewidmet, doch er war bekanntlich schwul, nicht vertrauenswürdig und entschieden antikatholisch. Mit so jemandem beschäftigt man sich nicht!

Das Verständnis von der Natur hat sich entscheidend weiterentwickelt, und es existieren nicht mehr genügend Gründe, um für das Naturrecht, so wie Thomas es auffasste, einzutreten. Er war seinerseits vom Rigorismus des Augustinus von Hippo beeinflusst. Der Kirche ist heute nur ein einziges Argument gegen die Homosexualität geblieben, das aber schwach ist und auf einem wackligen Fundament steht, da es nämlich auf der subjektiven – fundamentalistischen – Auslegung einiger Bibelstellen beruht. In der Bibel ist jedoch lediglich von Homogenitalität zwischen Männern die Rede, die nicht mit der natürlichen sexuellen Orientierung im Einklang stehe; eine Verurteilung lesbischer Beziehungen findet sich an keiner einzigen Stelle. Könnte man nicht zumindest, was gleichgeschlechtliche Beziehungen zwischen Frauen betrifft, ein Auge zudrücken? Solch ein Verhalten übersehen? Vielleicht wird das dadurch verhindert, dass der Anblick zweier sich küssender Frauen für viele katholische Männer reizvoll ist.

Es wäre aber schon ein großer Gewinn, wenn die Kirche die von Gott verhängten, von ihm »offenbarten« Gebote nur für ihre Anhänger verpflichtend machte und die göttlichen »Verurteilungen« nicht auch außerhalb der Gotteshäuser verkündet würden. Stattdessen lässt sie unter Berufung auf das Naturrecht nicht von der Forderung ab, dass alle Männer und Frauen auf unserem Planeten die Homosexualität für widernatürlich, das heißt gesetzeswidrig erklären. Es wäre sehr hilfreich für die Kirche, wenn sie den evangelischen und anglikanischen Mitbrüdern Gehör schenkte, von denen viele schon von der widersprüchlichen und unsicheren Auslegung von Aussagen der Bibel zur Sexualität im Allgemeinen Abstand genommen haben. Doch die katholische Kirche schläft weiter ihren Dornröschenschlaf.

In der Kongregation arbeitete ich viel, deswegen ernannte man mich auch zum zweiten Sekretär der Internationalen Theologischen Kommission, die die Crème de la crème der katholischen Theologen umfassen sollte. Ein Theologe aus dieser erlesenen Gruppe, der immer relativ sonnengebräunt aussah und ein klares Bild von der ihn umgebenden Welt hatte (die ihm mehr oder weniger diabolisch zu sein schien), erzählte uns, um uns das Unheilvolle an der Moderne vor Augen zu führen, eine kleine Anekdote: Eines Tages benutzte er ein Übersetzungsprogramm, um etwas aus dem Französischen ins Italienische zu übertragen, und einer der von ihm eingegebenen Sätze lautete: »Il faut tenir présent l'expérience de homo religiosus.« Die Übersetzung, die der Computer ihm anbot, lautete: »Bisogna tenere presente l'esperienza dei religiosi omosessuali« (Man muss die Erfahrung der homosexuellen Mönche berücksichtigen). Als der Kollege an diesem Punkt seiner Erzählung angelangt war, hätten alle Anwesenden in sein Gelächter einstimmen, gleichzeitig aber auch über jenen elektronischen Übersetzer jammern müssen, dem nicht nur der Respekt vor dem *homo religiosus* fehlte, sondern der sogar insinuierte, dass Mönche zu den führenden Homosexuellen des Planeten gehörten (was vielleicht gar nicht so weit von der Wahrheit entfernt war). Doch den Bischöfen, den Priestern, den Mönchen, die ihm zuhörten, verschlug es das Lachen. Dieser Übersetzungsfehler berührte wohl einen wunden Punkt: die betrübliche, aber massive Präsenz von Homosexuellen unter uns Klerikern. Sie ist ein Faktum, das man berücksichtigen muss: Man kann keine *religio* hervorbringen, wenn man in Bezug auf die menschliche Natur die Unwahrheit sagt. Man kann die homosexuellen Kleriker nicht länger beleidigen, indem man sie ignoriert, über sie lästert oder sie vernichtet. Das hatte ein Übersetzungscomputer vorgeschlagen, eine seelenlose Maschine, während die Kirche sich schon scheute, an die Existenz von Homosexuellen in ihrer Mitte überhaupt nur zu denken. Sie hat Angst vor sich selbst und ihren eigenen Funktionären, homosexuellen wie heterosexuellen, und zwingt sie deshalb zur naturwidrigen Ausmerzung ihrer Sexualität und zur Unterwerfung unter das Zölibatsgebot.

Die Kirche nimmt es sich heraus, die sexuelle Revolution zu kritisieren; sie insinuiert, dass die Welt glücklicher wäre, hätte sie auf dem in der Vergangenheit beschrittenen Weg weitergehen können. Mir scheint jedoch, dass die Menschheit sich in keiner sehr idyllischen Lage befand, als die Kirche mit eiserner Faust über die Gewissen regierte und ihr ganze Gesellschaften untertan waren. Mir scheint, dass die Menschen nicht so viel Glück aus der Liebe gewinnen konnten, als das Christentum der Sexualität und dem Körper Fesseln anlegte, als es so viele psychische Probleme gab, aus denen den Gläubigen so viele Qualen erwuchsen, als so viele Arten von Unterdrückung und Diskriminierung existierten, als Ehen geschlossen wurden, ohne dass Liebe eine Rolle gespielt hätte – einzig und allein um der Wahrung der öffentlichen Moral wegen, zu deren Hüterin sich die Kirche machte. Die Geschichte der Sexualität im Abendland ist also stark vom Einfluss der Kirche und vor allem von den Dikta der Beichtväter, die das Gewissen der Menschen konditionierten, geprägt.

Die Kirche, die heute kleine Kinder von schwulen oder lesbischen Paaren fernhält, angeblich, um die Kleinen zu schützen, verbreitet üble Gerüchte über das Leben solcher »Regenbogenfamilien«. Sie erzählt Unwahrheiten über die In-vitro-Befruchtung und jagt den Menschen Angst ein mit apokalyptischen Vorhersagen in Bezug auf die Schäden, die der Gesellschaft entstehen werden, falls man Homosexuellen und Lesben bürgerliche Rechte zugesteht. Aber sie hat es nie für nötig gehalten, die Folgen zu überprüfen, die sich aus ihrem Umgang mit der Sexualität, mit dem Leben und der Liebe ergeben. Jahrhundertelang sind solche zwischenmenschlichen Beziehungen auf ein sklavenähnliches Verhältnis reduziert worden. Diese Kirche verbietet die Liebe zwischen zwei Menschen, verbietet Mischehen, das heißt solche von Angehörigen unterschiedlicher christlicher Konfessionen oder unterschiedlicher Ethnien. Sie verweigert der Frau die Freiheit, sich gegen Gewalt zur Wehr zu setzen, mit der Begründung, das heilige Band der Ehe schützen zu müssen. Nur der Tod oder der Freitod konnten jemanden aus dieser Hölle des Gehorsams, der Sittsamkeit und des Vermeidens jeglichen Skandals befreien.

Wenn die Kirche sich nur mit einem Fall wie jenem von Philomena Lee befasst hätte! Ich glaube, jeder Katholik müsste, bevor er sich herausnimmt, die Welt korrigieren zu wollen, anfangen, über diese Geschichte nachzudenken, die Gott sei Dank Vergangenheit ist. Jeder Katholik müsste *The Lost Child of Philomena Lee* von Martin Sixsmith über Irlands geraubte Kinder lesen oder den Film *Philomena* sehen, den Stephen Frears 2013 mit der unübertroffenen Judi Dench auf der Grundlage dieses Buches gedreht hat. Ich glaube, dass jeder Katholik zumindest eine Träne über die Vorfälle, von denen Buch und Film erzählen, vergießen müsste.

Die Kirche im streng katholischen Irland nahm, um einen Skandal zu vermeiden, minderjährigen, unverheirateten Müttern ihre Kinder weg. Die Kinder wurden wohlhabenden katholischen Eltern, die den Nonnen genügend zahlten, zur Adoption überlassen, die Mütter, denen man natürlich verboten hatte abzutreiben, steckte man ins Kloster, wo sie auch noch Sklavenarbeit leisten mussten, um Buße für ihre Sünden zu tun, das heißt dafür, dass sie sich einem sexuellen Vergnügen hingegeben hatten. Heute verfolgt diese Kirche uns Homosexuelle, weil unsere Art, unseren Kindern unsere Liebe zu erweisen, ihr nicht gefällt. Es mag sein, dass diese Art nicht perfekt ist, doch die Kirche müsste sich zuallererst mit den »perfekten Modellen« befassen, die sie uns in der Vergangenheit vorgesetzt und verbindlich vorgeschrieben hat. Mit ihren Methoden, die oft verbrecherisch waren und bis vor wenigen Jahrzehnten angewandt wurden. Die Kirche soll endlich aufhören, die Erinnerung daran auszulöschen und sich in unsere Leben einzumischen. Sie soll endlich anfangen, Wiedergutmachung zu leisten, um Vergebung zu bitten für die von ihr in vielen Ländern geduldeten oder sogar geförderten missbräuchlichen Praktiken.

Als Johannes Paul II. vor dreißig Jahren endlich ein paar

Worte über die Bedeutung des menschlichen Körpers verlor und damit den ewigen katholischen Komplex in Bezug auf den Körper ein wenig abbaute, schien das der Kirche nicht der Beachtung wert. Sie setzte jedenfalls ihren Kampf gegen die sexuelle Freiheit der modernen Zeit unbeirrt fort. Vielleicht ist die sexuelle Revolution, die Befreiung des Menschen vom Gehemmtsein in Bezug auf seine Sexualität, nicht in jeder Hinsicht positiv gewesen, doch auch die christliche Revolution, mit der die Kirche die Herrschaft über die Seelen und die irdischen Reiche an sich gerissen und jahrhundertelang nicht mehr aus der Hand gegeben hat, ist nicht ohne Nachteile gewesen.

Die von der katholischen Moral geprägte Welt war nicht so rundum »gut«, über jeden Fehl und Tadel erhaben, wie es der Kirche schien. Dieser Kirche stünde das Recht zu, die eigene Geschichte kritisch zu überprüfen und dann um Vergebung zu bitten, nicht aber das Recht, Kritik an der Suche des Menschen nach Glück zu üben. Sie ist nicht berechtigt, die sexuelle Freiheit zu kritisieren, die von meinen mutigen schwulen Freunden in harten Kämpfen errungen wurde, sondern sie hat die Pflicht zu überprüfen, was sie jahrhundertelang mit dem Gift ihrer Ge- und Verbote mit den Gewissen der Gläubigen angerichtet hat. Diese Kirche besitzt nicht mehr das Recht zu kritisieren, sondern nur das, tief Luft zu holen und dann anzufangen, Demut zu lernen und um Vergebung für die Sünden zu bitten, die sie gegen die sexuelle Freiheit und Identität der Menschen begangen hat.

Sie besäße nur das Recht, innerlich bewegt zu sein…

Mein Coming-out

Wenn mir jemand vor ein paar Jahren gesagt hätte, dass ich mich bald als homosexuell outen würde, dann hätte ich gelacht: herzhaft zwar, aber auch mit einem leichten Unterton von Verzweiflung. Mich zu offenbaren und aus dem Dienst der Kirche auszutreten, war für mich damals noch völlig undenkbar.

Ich fürchtete, dass meine Mutter, eine Frau voll aufrichtigen Glaubens, von meinem Coming-out stark erschüttert werden würde – dabei hatte sie in ihrem Leben schon genug gelitten. Mich meiner Familie und vor allem ihr zu offenbaren, war mir eigentlich gar nicht notwendig erschienen: Wozu hätte es gut sein sollen, wo ich doch schon so lange fern von den Meinen lebte? Vor allem aber wusste ich, dass eine solche Nachricht ihnen großen Kummer und viel Leid zufügen würde. Und das wollte ich vermeiden.

Ein Freund, der mich gut kannte, überraschte mich eines Tages, indem er sagte: »Deine Mutter liebt dich, und sie sollte daher wissen, wer du bist. Du solltest darüber nachdenken, wie du es ihr beibringen kannst.« Damit riss er mich aus dem Schlaf, in dem ich mein bisheriges Leben lang gelegen hatte. Ich erkannte, dass ich meine Mutter nicht bis zum letzten Moment im Dunkeln lassen durfte, das heißt, bis zu meinem öffentlichen Coming-out.

Unabhängig von meinen generellen Entscheidungen, was die Zukunft betraf, verspürte ich immer stärker den Drang, mich gerade ihr anzuvertrauen. Ich fragte mich gar nicht, ob sie mich überhaupt verstehen könnte, sondern sah es als eine Notwendigkeit an und als etwas, das nicht mehr aufgeschoben werden konnte. In der Vergangenheit hatte ich jene Schwulen nicht verstanden, die nicht leben konnten, ohne sich öffentlich erklärt zu haben, und daher, wie von einem irrationalen Impuls getrieben, herausschrien, damit alle es hören konnten: »Ich bin schwul!« Was dies betraf, lernte ich jedoch viel von den Pfarrerinnen und Pfarrern der nicht-katholischen Glaubensgemeinschaften. Die Veröffentlichungen der Metropolitan Community Churches habe ich immer als erhellend empfunden.[65] Aus ihnen erfuhr ich, dass sich, wenn man sich seinen Lieben offenbart, der Weg auftut, der einen definitiv aus dem Albtraum herausführt – eine Befreiung, wie sie sonst durch die Sakramente bewirkt wird (durch die die Gläubigen die Gnade Gottes, innere Kraft und inneren Frieden zu erlangen versuchen): Ich konnte nicht länger ohne das »Sakrament« des Coming-out leben. Mir war klar, dass ich mit meiner Mutter beginnen musste, der Person, die mich vielleicht immer am meisten geliebt hatte. Ich wusste aber nicht, wie ich es anstellen sollte, dass sie nicht litt, vor allem, da sie ja in einer Gesellschaft lebte, die, was Kirche und Religionsübung betraf, in geradezu hysterischer Weise fundamentalistisch war.

Eines Tages, kurz vor ihrem siebzigsten Geburtstag, teilte ich ihr einfach mit, ich müsse sie treffen. Es gebe etwas Wichtiges, das ich ihr anvertrauen wolle. Eigentlich wollte ich mich offenbaren, wenn ich anlässlich ihres Geburtstags nach Polen kommen würde. Doch bei genauerem Nachdenken war mir klar, dass ich es nicht über mich bringen würde, ihr mit einem Blumenstrauß in der Hand das Geständnis zu machen, das mich befreite, ihr aber möglicherweise das Herz brechen würde. Am Tag nachdem ich den fantastischen polnischen Film gesehen hatte, von dem ich bereits berichtet habe, beschloss ich daher, nicht länger zu warten, und kontaktierte sie über Skype. Sie hörte vor dem Monitor sitzend meiner langen Erklärung zu und unterbrach mich nur hin und wieder mit bestürzten Einwürfen wie: »Ich wusste nicht, dass du in all diesen Jahren so sehr gelitten hast.« – »Ich wusste es nicht.« – »Warum hast du es mir nicht schon längst gesagt?«

Sie erwies sich als echte Mutter. Dank ihrer außergewöhnlichen inneren Kraft, ihres aufrichtigen Glaubens und ihrer für alles offenen Intelligenz gelang es ihr, den Schmerz, der sie in jenem Augenblick erfüllt haben muss, zu verbergen. Ich werde nie erfahren, was sie in jener Nacht empfunden hat. Ich hatte ein erstes Coming-out hinter mich gebracht und damit die Tür, die auf die Straße der Freiheit führte, einen Spaltbreit geöffnet. In jener Nacht fühlte ich mich so glücklich, so frei, so real. An einem anderen Telefon, ebenfalls neunhundert Kilometer entfernt, wartete mein Verlobter, der mit mir mitgefiebert hatte, auf meinen Anruf. Wir redeten fast die ganze Nacht. Meine Mutter hatte erfahren, dass ich in einen Mann verliebt war, der meine Liebe erwiderte, und dass ich verlobt war. Meine Befreiung schritt voran.

Als ich anschließend die Erzählungen meiner schwulen Freunde hörte, die sich ihren Eltern anvertraut hatten, empfand ich noch größeren Stolz auf meine Mutter. Ich konnte sie nur bewundern. Sie war klug, gläubig, leidend … sie war eine Mutter. Ihr hatte ich es zu verdanken, dass ich mein erstes Coming-out mit Würde hinter mich gebracht hatte, und dass es befreiend für mich gewesen war.

Das Gespräch mit meiner Mutter war aber nur ein erster Schritt. Ich wusste nicht und konnte mir auch nicht vorstellen, was mich erwartete, wenn ich den Mut fand, mich öffentlich zu outen und damit Front gegen das zu machen, was meine Kirche verkündete.

Ich wusste auch nicht, wie meine Mutter auf lange Sicht auf das reagieren würde, was die »Wahrheit« über ihren Sohn war. Bei meinem Coming-out hatte ich pausenlos über den Schmerz gesprochen, den die Negation meiner selbst mir bereitet hatte. An einem Punkt hatte sie mich mit der Frage verblüfft: »Als du Priester geworden bist und deinen Weihespruch gewählt hast, in dem von der Wahrheit die Rede war – hast du da all dies schon bedacht?« Bei seiner Ordination erwählt sich jeder Priester einen Spruch aus der Bibel als Motto, unter das er sein Leben als Geistlicher stellt, und lässt ihn unter ein Bild auf Zettelchen drucken, die er an Verwandte und Freunde verteilt. Ich hatte als Bild die Darstellung des Guten Hirten aus der Priscilla-Katakombe ausgesucht und dazu den Spruch setzen lassen: »Dann werdet ihr die Wahrheit erkennen, und die Wahrheit wird euch befreien« (Johannes 8, 32). *Veritas vos liberat!* war der Wahlspruch der Templer gewesen, und unter dieses Motto hatte ich auch mein eigenes Leben gestellt. Doch hatte ich dabei zunächst nur an die Wahrheit Gottes gedacht, aus der sich alle anderen Wahrheiten ergaben, einschließlich der des Menschen. Ich hatte mich auf die Wahrheit Gottes konzentriert und die des Menschen vernachlässigt. Das war es, was die Kirche forderte, und ich hatte mich bedingungslos daran gehalten. Heute weiß ich, welche Wahrheit einen befreit: die eigene, die auch Teil der Wahrheit Gottes ist, da von ihm gewollt, geschaffen und geliebt.

Der Gedanke, ob meine Mutter in der Lage sein würde, mit dieser Wahrheit zu leben, quälte mich. Mir kam der Vater eines Priesters in Erinnerung, der, kurze Zeit nachdem sein Sohn den Klerus verlassen hatte, gestorben war. Ich wusste, dass er schon vorher krank gewesen war, hatte aber immer gemeint, dass er nach der Entscheidung seines Sohnes, der als Priester sehr engagiert gewesen war, nicht mehr die Kraft gehabt hatte, gegen seine Krankheit anzukämpfen – auch deswegen, weil die Kirche sogar den Eltern eine Mitschuld an solchen persönlichen Entscheidungen zu geben pflegte. Für Katholiken gilt immer noch das alttestamentarische Diktum, dass die »Schuld der Väter an den Söhnen, an der dritten und vierten Generation« verfolgt wird, und sie urteilen entsprechend. Es kann aber auch der umgekehrte Fall eintreten, dass die Eltern aufgrund dessen, was ihr Sohn getan hat, stigmatisiert, zurückgewiesen und verachtet werden. Der Vater jenes Priesters hatte nichts Böses getan, doch die Kirche hatte alle Spuren des Abtrünnigen ausgelöscht, und seine Verwandten waren zu Aussätzigen geworden wie er selbst. Die Erinnerung an dieses Geschehen stieg immer wieder in mir auf. Ich hatte Sorge, dass auch meine Mutter leiden müsste und geächtet würde. Vielleicht würde man vermeiden, sie überhaupt nur anzusehen, ihr die Schuld an etwas geben, an dem sie ganz unschuldig war, sie voller Abscheu ausgrenzen.

Nach meinem Coming-out ging es tatsächlich mit der Gesundheit meiner Mutter bergab. Das Gehen fiel ihr schwer, und sie lachte nicht mehr. Ihr edles Gesicht sah trübselig aus, sie machte den Eindruck, stumm zu leiden. Ich wusste nicht, wie ich ihr helfen sollte. Was ich wusste, war, dass es mir nicht gelingen würde, die Wahrheit weiter zu verbergen: Ich würde alles aus mir herauslassen müssen, aber ich wollte ihr keinen Kummer und kein Leid bereiten. Dafür liebte ich sie zu sehr. Doch ich konnte mich für die Liebe, die sie mir entgegenbrachte, nicht erkenntlich zeigen, indem ich mich der kirchlichen Heuchelei unterwarf. Vielleicht hatte ich aber auch zu wenig Vertrauen in das Gute, das in den Menschen verborgen lag, auch wenn sie von der Kirche manipuliert wurden.

Als ich mich gegenüber meinem Bruder outete, machte ich eine ganz neue Erfahrung, die mir eine weitere der glücklichsten Nächte meines Lebens schenkte. Es war eine emotionale Befreiung, ich fühlte mich wie zu einem neuen Leben erwacht, mit ganz neuer Hoffnung erfüllt. Mein Bruder sagte zu mir: »Wir werden nie wissen, wie die anderen auf die Wahrheit reagieren, wenn wir sie ihnen nicht sagen.

Man muss Vertrauen haben, denn das Leben hält viele Überraschungen für uns bereit.« Eine dieser Überraschungen war er selbst, meine Mutter war eine andere, vor allem, als es ihr dann wieder besser zu gehen begann oder sie zumindest darum zu kämpfen anfing, gesund zu werden. Sie lächelte, und sie sprach wieder. Und später erfuhr ich, dass mein Bruder, abgesehen davon, dass er mich nicht ablehnte, auch meiner Mutter beistand und ihr half, diese turbulente Zeit zu überstehen.

Die Reaktion meiner Schwester auf mein Coming-out ließ ebenfalls eine Welle der Freude in mir hochsteigen. Es war wie ein Sakrament der Gnade, ich fühlte mich wie neugeboren. Und so begann ich mich dank des Verständnisses meiner Lieben frei zu fühlen. Sie haben mir entschieden mehr gegeben, als ich ihnen jemals geben konnte.

»Wir können nie wissen, wie die Leute auf die Wahrheit reagieren werden«, hatte mein Bruder gesagt. Manchmal weisen sie uns nicht zurück, manchmal helfen, ja retten sie uns. Wir müssen unseren Mitmenschen trauen. Nicht alle Gesichter sind entstellt oder bis zur Unkenntlichkeit verzerrt wie auf den Bildern von Francis Bacon und Chaim Soutine.

Man muss die Wahrheit sagen.

Die Wahrheit über sich selbst…

Endlich frei

Wahrheit bringt Freiheit.

Die Wahrheit ist nicht nur eine rigorose und aseptische *adaequatio rei ad intellectum*, gründet nicht nur auf einer absoluten Übereinstimmung von Realität und Vorstellung. Sie birgt nicht nur ein Konzept in sich, das universell gültig und unveränderlich ist, aber auch nichts Menschliches an sich hat. Sie stellt sich nicht als Resümee einer kalten und starren Doktrin dar.

Die Wahrheit weist jeden Zwang, alle Vorschriften vonseiten einer Autorität zurück. Die Wahrheit lässt sich nicht mit einem Trick oder mit Täuschung vorspiegeln, sie verlangt nach Verifizierung. Sie will ständig von den Menschen neu auf ihre Gültigkeit hin überprüft werden, zu allen Zeiten.

Menschen, die die Wahrheit suchen, erproben sie, leben sie, irren oft, halten aber nie in ihrer Suche inne. Sie akzeptieren ihre Unerklärlichkeit und Unvollständigkeit. Die Kirche hingegen glaubt, nichts mehr suchen, nichts mehr verstehen zu müssen. In ihrer Phobie vor homosexuellen Menschen hat sie Lügen verbreitet, sich als unfähig erwiesen, reale Personen zu verstehen und sich mit den Wissenschaften auseinanderzusetzen. Dieses unverzeihliche Sich-Verschließen hat zur Negation der Wahrheit geführt.

Die Kirche hat die Negation des Augenscheinlichen betrieben, ohne sich bewusst zu sein, dass die Wahrheit sich nicht davor fürchten muss, diskutiert, erörtert und auch angezweifelt zu werden. Sie wäre durchaus fähig, die Küsse »nicht zu sehen«, die zwei von Michelangelo an die Wand der Sixtina – dem Ort jedes Konklaves – gemalte Männer-paare tauschen. Ein weiteres männliches Paar umarmt sich. Diese Szenen waren geflissentlich übersehen worden, bis sie schließlich vom Dreck der Jahrhunderte, der sich auf den Fresken abgelagert hatte, überdeckt worden waren. Als die Gemälde schließlich gesäubert wurden, sind diese sich küssenden und liebkosenden Männer in ihrem ganzen Glanz wieder sichtbar geworden – und haben eine merkwürdige und für die Kirche ausgesprochen unbequeme Wahrheit offengelegt.

Die Wahrheit der Homosexualität.

Die Wahrheit der Homosexuellen, die nicht nur existieren und den Gesellschaften und den Konfessionen etwas zu bieten haben, sondern es auch nicht länger hinnehmen, zum Schweigen gebracht, versteckt und stigmatisiert zu werden, nur ein eingeschränktes und zur Hälfte wahres Leben führen zu dürfen, weil eine undankbare und rückständige Kirche an Homophobie leidet.

Die Küsse tauschenden Männer auf dem Hauptfresko der Sixtinischen Kapelle sind wieder ans Licht gekommen. Sie lachen dort hoch über den Köpfen der zur Papstwahl versammelten Kardinäle, um die Wahrheit zu verkünden – nicht nur ihre persönliche Wahrheit, sondern die Wahrheit, auf die der stößt, der versucht, die geheimnisvolle Natur des Menschen zu ergründen, und nicht mehr darauf warten will, dass die Kirche, was diesen Punkt betrifft, die Augen öffnet.

Der eine oder andere wird mich fragen: »Was verlangst du denn von der Kirche? Sie hat dir doch alles gegeben: eine Ausbildung, eine Arbeit, eine Karriere, Geld!« Das stimmt. Dieselbe Kirche hat mir jedoch viel mehr weggenommen, als sie mir gegeben hat: Sie hat mich meiner Würde beraubt, mir ein Gefühl der Schuld und der Minderwertigkeit einge-pflanzt. Lange Zeit bin ich ihr zu Willen gewesen und habe mir keine Beziehung gestattet. Für die Kirche habe ich jahrelang auf Liebe verzichtet.

Ich bin kein blauäugiger Idealist und habe gewiss nicht erwartet, dass die Kirche im Handumdrehen ihre jahrhundertealten Überzeugungen über Bord werfen und homosexuellen Christen plötzlich die Möglichkeit geben würde, zu heiraten und eine Familie zu gründen. Aber ich hoffte, dass sie zumindest ihre irrationalen apodiktischen Urteile ein wenig mildern würde. Stattdessen hat mir dieses unablässige Einhämmern auf LGBTIQ-People und ihre ständige Demütigung die Würde geraubt. Es ist so, als könnte Glück nur in katholischen Familien zu Hause sein, in denen es nie zu einer Scheidung oder zu einer Abtreibung oder auch einer Verfehlung kommt, weil die Kirche ihren braven Anhängern in den Ehebetten immer zur Seite gestanden hat. Ich ziehe mich aus genau dem Grund zurück, weil ich selbst bestimmen will, wen ich in mein Schlafzimmer einlasse, und nicht den unterdrückten Klerus darüber entscheiden lassen will.

Regierungen wie die französische haben recht, wenn sie eine scharfe Kontrolle über jede Form von Totalitarismus oder Fundamentalismus ausüben. Die Staaten, die der Kirche nicht gestatten, einem Extremismus anheimzufallen, vor dem sie sich selbst nicht bewahren kann, haben recht. Jene Kirche, die ihre Anhänger mithilfe von Einschüchterung, die vom Sant' Uffizio ausgeht, lenkt und beherrscht, muss selbst kontrolliert werden, damit sie nicht danach strebt, ihre Herrschaft auf andere Bereiche auszudehnen.

Die Kirche hat mir und Millionen anderer Menschen die Würde genommen, Menschen, die als »ungezügelt« bezüglich ihrer Veranlagung, als »befleckt« gebrandmarkt werden und daher eliminiert oder zumindest gut verborgen gehalten werden müssen. Früher einmal waren das die Juden, und in bestimmten Gebieten der katholischen Welt sind sie das immer noch. Heute trifft es die Homosexuellen. Doch ist es in diesem Fall einzig und allein die Kirche selbst, die es verdient, mit all jenen abschätzigen Adjektiven bedacht zu werden, mit denen ihre braven Söhne und Töchter zwei Jungs überschütten sollen, die sich lieben und keine Angst davor haben, sich in der Öffentlichkeit zu küssen.

Die Kirche hat in meinem Leben und dem vieler anderer Personen eine Menge Gutes getan, aber auch ganzen Generationen den Seelenfrieden geraubt. Ich habe keinen Zweifel, dass es ihr in fünfzig Jahren gelungen sein wird, Vergebung für ihre in vielen Jahrhunderten begangenen Verfehlungen zu erlangen. Vielleicht werde ich in fünfzig Jahren noch da sein, vielleicht auch nicht. Aber wie auch immer – ihr falscher Revisionismus kann und wird mich dann nicht mehr interessieren. Mich interessiert es nur, mein Leben nicht zu vergeuden.

Heute bin ich endlich frei, »meine Autobiografie« zu schreiben. In Wirklichkeit lege ich mit diesem Buch nur einen ersten Stein, einen Grundstein zu einem Leben in Freiheit. »Der Stein, den die Bauleute weggeworfen haben, ist zum Eckstein geworden«, heißt es bei Matthäus 21, 42, zum Stein, auf dem das Gebäude des neuen Lebens errichtet ist.

Es ist aber nicht wirklich »meine Autobiografie«, vollständig und definitiv, denn eine solche Geschichte meines Lebens erforderte einen umfassenderen Blick auf ebendieses Leben. Vielleicht wird es mir eines Tages beschieden sein, sie zu schreiben, heute ist mir das nicht möglich. Es ist nur »eine« Autobiografie, und man kann ihr vielleicht den Vorwurf machen, dass meine Erfahrung der Sexualität, meine Auseinandersetzung mit ihr zu stark im Vordergrund steht. Das ist deswegen so, weil ich vor allem ein Mensch bin – ein Mensch, der aus Seele *und* Körper besteht. Und die Menschen können ihre Sexualität nicht verleugnen, sie können sie nicht unterdrücken, nicht eliminieren, selbst wenn sie ein Leben lang einer entsprechenden psychischen Folter ausgesetzt werden. Sie müssen sich ihr stellen und sie ausleben.

Dieses Buch ist aber auch »die« Biografie einer Kirche, die Menschen dominiert, sie sich unterwerfen will, ihnen Schuldgefühle einflößt und das Heil verspricht. »Wenn du öffentlich deiner Sexualität abschwörst, dann wirst du gerettet werden.« Wovor kann sie mich erretten wollen? Vor dem Glück zu leben, vor der Heiterkeit, der Annahme meiner selbst, der Toleranz, vor den schwulen Künstlern, den von Michelangelo gemalten Küssen? Vielleicht hätte sie die Menschen vor ihrem komplexbeladenen Klerus und seinen anmaßenden Eingriffen in ihr Leben retten sollen.

Jesus hat mich gelehrt, dass für ihn auch ein einziger Mensch wichtig ist (vgl. Markus 9, 42; Matthäus 25, 40). Der einzelne Mensch zählt, nicht die Masse. Jesus hat mich gelehrt, dass seine Wahrheit universell ist und daher niemand aus ihr ausgeschlossen ist. Das Christentum ist nicht nur für einige wenige da, und eigentlich dürfte niemand von der Kirche zurückgewiesen werden, weil jeder von uns einzig ist, nicht duplizierbar, unverzichtbar. Doch in der Geschichte der Kirche ist das nicht so gewesen. Sie hat einen großen Teil der Menschheit ausgeschlossen, indem sie sich an ihren grausamen Theorien festgeklammert hat, die in keiner Weise der Wahrheit der Wissenschaften entsprechen. Jemand hat einmal gemeint, das Dogma sei die unmöglich zu beweisende Hypothese, werde aber blind und starrsinnig verteidigt. Mit dem arroganten und beleidigenden Dogma von der alleinigen Richtigkeit der heterosexuellen Veranlagung hat die Kirche die Möglichkeit verspielt, das zu erreichen, was sie mit der Liebe Gottes hätte erreichen müssen: Es ist ihr nicht gelungen, den Menschen zu retten.

Dieses Buch bietet einen Ausschnitt aus der Biografie einer Kirche, die vom Sex besessen ist und die dies, da sie an einer schweren Schizophrenie leidet, krank macht.

Um eine witzige Bemerkung des Kardinal-Erzbischofs von Wien, Christoph Schönborn, zu paraphrasieren: Die Kirche dringt in die Schlafzimmer der Menschen ein, sucht sie aber nie in ihren Wohnzimmern auf. Dabei müsste sie ihnen gerade dort begegnen oder auch in den Küchen, den Arbeitszimmern, auf den Terrassen, in ihren Gärten oder an anderen Orten, an denen sie einen Gutteil ihres Lebens verbringen. Auf diese Weise würde sie vielleicht ihre homosexuellen Anhänger (wie auch die heterosexuellen) richtig kennenlernen, erfahren, wie sie sind, und Verachtung und Misstrauen würden verfliegen. Stattdessen begnügt sich die Kirche damit, zu kontrollieren, auszuschnüffeln und in die Intimsphäre der Menschen einzudringen. Wenn ihre Ordnungshüter selbst in flagranti in den Schlafzimmern erwischt werden, dann bekommt man unweigerlich zu hören, dass sie nur zum Wohl der Gläubigen handelten, dass sie ihnen lediglich helfen, sie erretten wollten. In der Kirche und für die Kirche dreht sich alles um Sex. Wenn auch mein Buch überproportional viel Gewicht darauf legt, dann liegt das daran, dass die Kirche das ebenfalls tut.

Ein schwuler spanischer Priester namens José Mantero rief mir einen Ausspruch Oscar Wildes in Erinnerung, dem zufolge derjenige, der die Sexualität eines Menschen kontrolliert, die gesamte Person kontrolliert. Es ist die höchste Form der Machtausübung. Auch Michel Foucault hat das mit Nachdruck bestätigt. Doch nur die Kirche hat es verstanden, aus dieser Erkenntnis Regeln abzuleiten – Regeln, die ebenso geheiligt sind wie brutal in ihrer Anwendung.

Wer ihre Sexualität kontrolliert, kontrolliert die ganze Person.

Gott hat gesiegt

Gott hat in meinem Leben gesiegt.

Er hat es mir gegeben, und er hat mich nie allein gelassen. Er ist auch heute mit mir, bei mir. Ich habe nie die Möglichkeit akzeptiert, dass unser Lebensweg eine bestimmte Zahl von Jahren dauert, um dann in einem Nichts, einer großen Leere zu enden. Weder Camus noch Sartre ist es gelungen, mich davon zu überzeugen, auch wenn sie in Bezug auf vieles andere eine kreative Spannung in mir haben entstehen lassen, jene Art von Unruhe, die einen zum Denken veranlasst. Camus' Roman *Die Pest*, der mich als Jugendlichen sehr bewegt hat, hat in mir Fragen zum Glauben und zum Klerus aufgeworfen, die mich nie wieder loslassen werden. Wie oft habe ich in mir den Schrei des Doktor Rieux vernommen, der, als das erhoffte Wunder ausbleibt und das Kind des Richters Othon stirbt, dem Pater Paneloux ins Gesicht schleudert: »Ich werde mich bis zum Tod weigern, diese Schöpfung zu lieben, in der Kinder gemartert werden.«
Ich weigere mich, eine Schöpfung zu lieben, in der eine unschuldige Person, die als Homosexueller, als Lesbe, Trans- oder Intersexueller auf die Welt gekommen ist, unter den unberechtigten Anmaßungen und Verstiegenheiten der Kirche leiden muss. Gott zu lieben, lehne ich aber nicht ab. Er ist über die Erbärmlichkeit solcher »Heil bringender« Vorhaben, wie sie auf der Erde ersonnen und durchgeführt werden, erhaben.
Ich glaube an die Familie, an die Liebe, an das Leben, und ich wünsche, dass es ewig sei. Ich glaube an die Möglichkeit, glücklich zu sein, ich glaube an die Natur der Dinge, die so

geheimnisvoll ist wie der Mensch. Ich glaube an jene Wahrheit, die keine absolute ist, sondern die den Erfahrungen des Lebens standgehalten hat und einen zur Freiheit führt. Ich glaube an den Menschen, und deswegen glaube ich an Gott.

Er hat in mir den Sieg davongetragen, als er die Mauer der Angst zum Einsturz gebracht hat, die mich in der Kirche gefangen hielt, indem er dafür gesorgt hat, dass die Wahrheit und meine persönliche Freiheit für mich wichtiger wurden als materielle Sicherheit.

Vieles ist danach von mir abgefallen: Gott hat gesiegt, und ich bin heiter, ich bin frei. Ich atme auf, ich fühle mich wie aus einem langen Albtraum erwacht. Die Kirche ist vielleicht nicht mehr die meine, möglicherweise ist sie es heute aber auch mehr denn je, denn ich habe ihr endlich eine Wahrheit der Art gesagt, wie man sie nur jemandem sagt, den man wirklich liebt. Dieser Kirche wünsche ich, dass sie ebenfalls entspannter wird und nachzudenken beginnt. Dass sie den Mut fassen möge, über den Mann und die Frau nachzudenken. Schwierig? Ja, manchmal mag es einem sogar unmöglich vorkommen. Für ein komplexbeladenes Ungeheuer wäre es das bestimmt. Aber ich habe mir noch ein Fünkchen Hoffnung bewahrt.

Gott hat gesiegt. Er ist dabei, zu siegen. Er wird siegen. Er wird der katholischen Kirche die Augen öffnen, nachdem er sie den anderen christlichen Konfessionen geöffnet hat (das ist eine Art roter Faden in der Geschichte des Christentums: Die anderen Konfessionen begreifen die Wirklichkeit immer ein wenig früher als die katholische!). Hoffen wir nur, dass wir persönlich dies noch erleben.

Dieser Mensch hat sich nicht umgebracht

Ich habe häufig an den Tod gedacht. Aber Gott hat gesiegt.

Ich gestehe es ehrlich: Ich wäre lieber gestorben, als mich weiterhin in einem Zirkus voller empfindungsloser und gleichgültiger Clowns durchs Leben zu schleppen. Mir sind die Ansichten des Klerus über Menschen, die daran denken, sich das Leben zu nehmen, wohlbekannt. Man bekundet Mitleid mit ihnen, ohne aber in Wirklichkeit die geringste Anteilnahme zu empfinden. Ein großer Teil der Katholiken, Traditionalisten und Integralisten, kennt kein Mitleid mit solchen Sündern. Sie sagen nur: »Was kann jemand wert sein, der sich töten will, der sich damit gegen Gott vergehen will?«

Jeder Versuch, sich zu töten, hat als Vorspiel ein Drama, das für den Betreffenden irgendwann nicht mehr zu ertragen ist. Es ist stärker als er, deswegen kann man nicht davon sprechen, dass jemand selbst verantwortlich für seinen Suizid ist. Was Homosexuelle betrifft, so begehen sie nach meiner Kenntnis mit einer bestürzenden Häufigkeit Selbstmord, weil ihre Lebenssituation unerträglich für sie ist. Und dafür ist ganz gewiss die katholische Kirche mit verantwortlich.

Viele Male ist mir der Freitod als der beste Weg erschienen, um meine Freiheit wiedererlangen und um nicht mit der Schuld weiterleben zu müssen, als Homosexueller auf die Welt gekommen zu sein.

Wie sehr wünschte ich mir, dass die Kirche sich, wenn auch vielleicht nur für einen kurzen Moment, darüber klar würde, in welch existenzielle Krise sie Angehörige sexueller Minderheiten stürzt, wie nahe sie sie an den Rand des

Abgrunds drängt. Die Kirche hat diese ihre Kinder zurückgewiesen und weigert sich weiterhin, Staaten und freien Gesellschaften die Zustimmung dazu zu erteilen, Menschen zu retten, indem sie ihnen die Möglichkeit gewährt, in ehelicher Liebe mit anderen verbunden zu leben, und ihre Würde und Gleichberechtigung anerkennt. Dieser homophoben Kirche halte ich entgegen: Ihr wollt selbst nicht durch das Tor der Glückseligkeit gehen und habt es daher vor den anderen verschlossen. Das heuchlerische Pharisäertum treibt andere nicht selten zum Selbstmord, zu physischem oder geistigem. Einem solchen Selbstmord hat mich die Kirche nahe gebracht.

Wenn Gott siegt, ist der Mensch errettet und tötet sich nicht. Wenn die Funktionäre der Kirche gewinnen, steht der Mensch nur allzu oft am Rand jenes Abgrunds, in den die Kirche Schwule und Lesben stößt. Die Kirche ist so schnell wie möglich über den Fall von Alfredo Ormando hinweggegangen, der sich 1998 mitten auf der Piazza San Pietro anzündete. Sie versicherte in Windeseile in einer Presseerklärung, die Tat des Schriftstellers sei auf »persönliche und familiäre Probleme« zurückzuführen. Doch Ormando hatte eine schriftliche Erklärung hinterlassen, in der es hieß: »Ich hoffe, dass man die Botschaft, die ich vermitteln will, begreifen wird: Sie stellt einen Protest gegen die Kirche dar, die die Homosexualität dämonisiert und damit gleichzeitig die Natur dämonisiert, da die Homosexualität deren Tochter ist.« Und die Männer der Kirche haben nichts begriffen: Sie haben nur ihre Piazza neu geweiht.

In meinem Leben hat Gott, der Mann und Frau, die Homosexuellen und die Heterosexuellen, die Transsexuellen und die Intersexuellen geschaffen hat, den Kampf gewonnen.

Ich bin frei, und ich habe nicht vor, ihre Piazza mit meiner Asche oder meinem Blut zu besudeln.

Die letzten Stunden

Der Augenblick war gekommen. Ich musste nur noch einige wenige Stunden durchhalten, die letzten und vielleicht die schwersten. Dann würde ich meine Befreiung feiern können.

Unbewusst hatte ich diesem Augenblick schon seit Jahren entgegengefiebert, fürchtete ihn gleichzeitig aber auch. Ich liebte inzwischen meine Veranlagung, liebte aber auch nach wie vor mein Priesteramt. Ich war wie in Platos Höhle gefangen: In Ketten gelegt, starrte ich in der Dunkelheit meiner selbst eine Wand an. Ich sah nur die Schatten, die das Feuer warf, welches die Kirche entzündet hatte und weiter nährte. Ich durfte nicht wissen, was außerhalb der Höhle geschah oder hinter meinem Rücken, und durfte mir erst recht keine Gedanken über das machen, was in mir selbst vor sich ging. Ich sah nur die Schatten, die das Licht warf, welches die Kirche mir schenkte. Sie machte sich gnädigerweise für mich wie für alle anderen, die in der Höhle gefangen saßen, zum Mittler zwischen dem wirklich Existierenden und uns, sie entschied über unsere Wahrnehmung der Realität. Die Kirche beschützte uns, sie beschützte mich: Draußen vor der Höhle hätte ich mich unbehaglich gefühlt, irritiert von einem Licht anderer Art. Es hätte mich verwirrt, reale Formen und Gestalten zu sehen. Besser kein Risiko eingehen, besser, sich mit den Schatten zufriedengeben. Damit die in Ketten Liegenden sich wohlfühlten, hatte die Kirche sie davon überzeugt, dass jeder, der die Höhle verließ, sofort merken würde, welche »Dummheit« er begangen hatte, und daher auf dem Absatz umkehren wollte – was dann aber leider nicht mehr möglich war. Was die Kirche uns damit lehren wollte, war: Wer sich aus der Höhle befreit, rennt in den Tod. Plato zeigt aber in seinem berühmtem Höhlengleichnis verschiedene andere Möglichkeiten auf: Denjenigen, der aus der Höhle tritt und das Licht erblickt, verlangt es danach, zurückzukehren, um die Gefährten aus dem Dunkel der Unwahrheit zu befreien, in das sie eingeschlossen sind. Doch als er in die Höhle zurückkehrt, müssen sich seine Augen erst wieder an die Dunkelheit gewöhnen, er ist vorübergehend blind und wird deswegen von den anderen verspottet. Es gelingt ihm nicht, ihnen klarzumachen, dass draußen alles in ein fantastisches, blendendes Licht getaucht ist. Er läuft vielmehr Gefahr, von seinen Gefährten beschimpft oder sogar getötet zu werden, wenn er darauf besteht, sie zu retten, indem er sie ins Freie führt, hin zum Licht. Sie wollen das Risiko nicht eingehen, die Höhle zu verlassen, um die Dinge, so wie sie sich im Licht der Sonne präsentieren, bewundern zu können.

Ich war also in der Höhle gefangen, und die verschiedenen Wendungen, die mein Leben nehmen könnte, falls ich ins Freie trat, ängstigten mich. Vor allem aber fürchtete ich mich vor der Schmach, die mir dieser Schritt bereiten würde, und vor dem, was meine Kollegen gegen mich unternehmen könnten. Vor ihnen meinte ich besonders auf der Hut sein zu müssen. Doch empfand ich inmitten des Wechselspiels der Schatten, im Halbdunkel sitzend, das überwältigende Verlangen nach Licht. Und jetzt war die Stunde der Wahrheit gekommen: Ich musste die Fesseln abstreifen. Meine innere Reise musste jetzt öffentlich, in der Gesellschaft, bei der Kirche bekannt werden. Sie musste die Menschen um mich herum ergreifen, aufwühlen und beunruhigen. Doch wie sollte ich das bewerkstelligen?

Ein mit mir befreundeter Priester, der über mich und mein Verlangen nach Befreiung Bescheid wusste, schalt mich: »Krzysztof, hör bloß auf, alles so ernst zu nehmen. Mach das, was du für richtig hältst, auch wenn die Kirche es gegenwärtig verbietet. Warum versteifst du dich derart darauf, die Widersprüche der Kirche, die ja nicht völlig schlecht ist, anzuprangern? Führ doch in aller Ruhe, im Geheimen ein glückliches Leben mit deinem Partner und lass das System der Kirche bestehen. Es ist noch nicht reif für Änderungen.« Er forderte mich also auf, über alles zu lachen und ein unbeschwertes Leben im Schoß der Kirche zu führen, die ich ja all ihrer Fehler zum Trotz auch liebte.

Dieser Freund ließ nicht locker: »Weißt du, was passieren würde, wenn du dich offenbartest?« Ich wusste es ganz genau: Von einem Augenblick auf den anderen würde ich mit Dreck beworfen, von einer Gesellschaft von angeblichen Freunden und neidischen Bewunderern, die sich nicht die Gelegenheit entgehen lassen würden, einen Ex-Konkurrenten um einen hohen Posten zu verunglimpfen. Vom geachteten Kleriker, der ich bisher war, würde ich mich im Nu in einen perversen Dämon verwandeln. In den verschiedenen Kirchen würde man an die Gläubigen appellieren, für diesen armen Kranken zu beten (wie es dann tatsächlich später in Polen geschehen sollte).

Mein Freund spann seinen Vorschlag weiter: »Du hast eine großartige Beziehung zu deinem Gefährten und gleichzeitig eine Arbeit, die dir auf den Leib geschnitten ist. Du unterrichtest an der Universität, bewirkst viel Gutes in der Kirche, deine Karriere schreitet in Riesenschritten voran, du bist geachtet. Warum willst du das alles wegwerfen? Wie viele Paare führen heute aufgrund ihrer Arbeit eine Fernbeziehung? Und wofür wäre deine Rebellion gut? Was könntest du durch sie erreichen? Du würdest dir nur dein eigenes Leben kaputt machen. Du weißt doch genau, was man bei uns mit denen macht, die sich auf eine Konfrontation einlassen. Die Kontra geben.« Auf diese Weise nährte er meine Ängste. Ich wusste, dass ich zusammen mit meinem guten

Ruf auch alles andere verlieren würde. Außerdem wussten wir, die wir im Vatikan tätig waren, dass unsere gloriose Soziallehre etwas ist, das wir in die Außenwelt exportieren, das aber intern keine Anwendung findet (so dumm sind wir dann doch nicht). Wenn ich mich outete, würde ich also alles verlieren – auf ewig. Was mich aber am meisten schreckte, war, dass man meine Glaubwürdigkeit anzweifeln und meine inneren Leiden und Konflikte banalisieren könnte; dass ich Ziel falscher Anschuldigungen werden und man Lügen über mich verbreiten könnte; dass ich verhöhnt und als jemand, der gescheitert ist, bedauert sowie durch die subtile Propaganda der Kirche und ihrer treuen Anhänger meiner Würde beraubt werden könnte; vor allem aber, dass ich möglicherweise nicht mehr als gläubiger Christ, als jemand, der sein Leben in den Dienst dieser Religion gestellt hat, gelten würde.

Ich wusste schon lange, dass ich einer *greedy total institution* angehörte. Lewis Coser und nach ihm Erving Goffman haben das Konzept einer solchen Institution, die allumfassende Ansprüche an diejenigen, die ihr angehören, stellt, ausgearbeitet, indem sie psychiatrische Anstalten, aber auch die bolschewistische Partei und religiöse Vereinigungen untersucht haben. Als gute Soziologen haben sie die Formen von Abhängigkeit ermittelt und beschrieben, die sich in solchen Umfeldern in den einzelnen Menschen ausbilden oder ausbildeten. Es handelt sich um Lebens- oder Arbeitsumfelder, in die viele Personen von gleichem Status für einen beträchtlichen Zeitraum eingeschlossen und gleichzeitig der realen Gesellschaft entzogen sind. Sie werden in ein System eingegliedert, das alle Aspekte des Lebens für sie verwaltet. Der Einzelne darf nicht mehr selbstständig denken, er besitzt keinerlei Privatsphäre mehr. Die »besitzergreifende« Institution, die dir alles gegeben hat, was zum Leben und für deine soziale Anerkennung notwendig ist, hat dich wie in einem

Gefängnis eingeschlossen und dir die Möglichkeit genommen, deinem Gewissen zu folgen, Entscheidungen zu fällen und zu überdenken. Vor allem aber hat sie dich der Fähigkeit zur Konfrontation mit der Realität beraubt: Die einzige Realität, die jetzt noch für dich existiert, ist die der *total institution*. Jeder Außenseiter, jeder, der ausscheren will, wird gesellschaftlich vernichtet. Von uns befreit man sich nicht, denn wenn man es versucht, rennt man in sein Verderben. Gegen die Institution zettelt man keine persönlichen Rebellionen an. Die Polen würden sagen: »*Utopią cię w łyżce wody*« (Sie werden dich in einem Teelöffelchen voll Wasser ersäufen). Ein Löffelchen voll Wasser genügt ihnen tatsächlich, um dich zu ertränken: In der Auseinandersetzung mit dem System bist du ein Nichts, du kannst nur den Kürzeren ziehen. Und das allumfassende System, in dem ich persönlich versunken war, sah sich noch nicht einmal als »menschlich« an, sondern präsentierte sich als »von Gott« eingesetzt.

Eine solche totale Institution führt dir unablässig vor Augen, dass du außerhalb von ihr ein Nichts bist. Du existierst nur in der Gestalt, die ihr System dir verleiht, dir aufzwingt. Dieses System verschlingt dich tagtäglich, lässt dich aber auch auf der Karriereleiter nach oben klettern. Als Priester wirst du immer Scharen von Gläubigen finden, die bereit sind, dich zu bewundern, dich wie »Gott« zu verehren. Du *bist Gott*, also was willst du denn noch mehr? Du bist es dank dem System der allumfassenden Institution. Aber du bist nur ein Rädchen in dem System, du kannst nichts ändern, denn dann wirst du alles verlieren! Die totale Institution zerstört dich, sofort nachdem du sie verlassen hast.

Doch ich wollte nicht »Gott« in einem solchen Umfeld sein, ich wollte nur ich selbst sein…

Ich brachte es nicht länger über mich, stumm zu bleiben. Ich ertrug die Politik des Schweigens und Verschweigens nicht länger, auf der die wahre Macht der Kirche beruhte. Ja, ich besaß die Freiheit zu arbeiten, aber nur innerhalb der Grenzen, die mir das System setzte. Das Rezept war einfach: Befass dich nicht mit Themen, durch die Fragen aufgeworfen werden könnten, die möglicherweise deinen inneren Frieden gefährden würden. Kümmere dich stattdessen um andere Dinge. Doch ich begann mich gerade um das zu kümmern, was nicht dort bei den Schatten eingeschlossen werden konnte, sondern was draußen vor der Höhle lag.

Ich begann, die Ketten abzuwerfen.

Im September 2015, als ich mich anlässlich der Diada, des Nationalfestes, in Katalonien aufhielt, baten einige Freunde mich, in Catalunya Ràdio, einem öffentlich-rechtlichen Sender, zu einem von mir verfassten Text über das Recht des katalonischen Volks auf Selbstbestimmung Erläuterungen abzugeben.[66] Dieses Recht war der katholischen Doktrin zufolge als unantastbar anzusehen. Doch hatten ausgerechnet die Mitglieder der spanischen Bischofskonferenz gegen dieses Prinzip der katholischen Doktrin Stellung bezogen, womit sie den Katalanen Unrecht zufügten. Die Bischöfe erklärten alle, die den demokratischen Prozess hin zu einer politischen Unabhängigkeit mittrugen, zu »Sündern«. Dazu waren sie in keiner Weise berechtigt. Als Theologe konnte ich den Nachweis dafür erbringen, und mir war klar, dass die Leute, die sich von ihren eigenen Bischöfen hintergangen fühlten, meinen Ausführungen mit großem Interesse folgen würden. Die Moderatorin hatte für die Sendung ein vielfältiges, reiches Programm vorbereitet: Es sollte nicht nur über die Rechte von Völkern, sondern auch über die von einzelnen Personen gesprochen werden, und dies immer vor dem Hintergrund der Sozialdoktrin der Kirche. Wir wurden auch dazu aufgefordert, über konkrete Personen zu sprechen, zum Beispiel über Frauen und die ihnen von der Kirche verweigerten Rechte oder über Eheleute, die zur künstlichen

Befruchtung Zuflucht nehmen wollten oder … über Schwule und Lesben. Als ich am Abend vor der Sendung erfuhr, welches die Themen sein würden, durchfuhr mich der Gedanke: »Mein Gott, das fehlte mir gerade noch! Dazu *muss* ich etwas sagen.« Mit anderen Worten: Bei dem Interview würde ich mein mir anerzogenes Schweigen brechen und etwas zu den Rechten von Frauen und Homosexuellen sagen müssen. Ich tat es. Und auch wenn ich mich, was diese Punkte betraf, zurückhielt: Die Tatsache, dass ich als Theologe in Diensten des Vatikans Fehler der spanischen Bischöfe in Bezug auf die katholische Doktrin offenlegte, war etwas Unerhörtes. Ich blieb zwar bei der Wahrheit, doch musste ich über die Bischöfe, das heißt über uns selbst – den Klerus –, ein negatives Urteil fällen. Und nachdem ich den Fehler offengelegt hatte, musste ich von meiner Kirche das fordern, was diese sonst immer von den anderen forderte: Abbitte zu leisten und die Irrtümer zu korrigieren. Das alles öffentlich zu sagen, war zu viel. Eine chauvinistische Macht, die nur herrscht und sich nie entschuldigt, konnte das nicht tolerieren.

Die Reaktion auf das Interview am Morgen darauf war überwältigend: Noch am selben Abend musste ich in einem Interview für das katalanische Fernsehen das bekräftigen, was ich über das in der katholischen Doktrin begründete Recht eines jeden Volks auf Selbstbestimmung gesagt hatte.[67] Das Thema Homosexualität blieb – Gott sei Dank – ausgeklammert. Nach einiger Zeit meldete sich der Erzbischof von Valencia, Kardinal Antonio Cañizares, zu Wort (den Papst Franziskus kurz zuvor aus Rom nach Hause geschickt hatte). Er gab ein Interview, in dem er gar nicht auf das einging, was ich gesagt hatte, sondern einfach nur behauptete, dass ich die Dokumente, auf die ich mich bezogen hatte, nicht kennen würde und daher absolut nichts von dem, was ich von mir gegeben hatte, den Tatsachen entspreche. Eine typische Strategie der Kirche: die Glaubwürdigkeit des Gegners unterhöhlen und ihn als Ignoranten dastehen zu lassen. Außerdem – und das entsprach einer weiteren typischen Einschüchterungstaktik der Kirche – forderte er mich auf, all das, was ich öffentlich gesagt hatte, genauso öffentlich zu widerrufen. Der Kardinal wusste als Mann der Kirche sehr gut, wie man Politik betreibt; in Spanien kann sich ja der Klerus einer glorreichen Tradition der Kollaboration mit dem Franco-Regime rühmen. In diesem Geiste forderte er, unmittelbar vor der ersten Abstimmung über die Unabhängigkeit Kataloniens, alle Mitglieder seiner Diözese auf, in das einzustimmen, was er »Gebete um die Einheit Spaniens« nannte. Er betete in Wirklichkeit gegen diejenigen, die – durch die Wahrnehmung der demokratischen Rechte, die ihnen als Bürgern und überdies als Christen zustanden – seinem Dafürhalten nach sündigten, indem sie ihre eigene nationale Identität geltend machten. Das Recht auf Selbstbestimmung schließt jedoch nichts ein, was gegen den Staat gerichtet wäre, von dem Katalonien ein Teil ist, nichts, das gegen Spanien gerichtet wäre. Mit der Bestätigung der eigenen Identität verbindet sich nichts, das anderen zum Nachteil gereichte. Mich haben immer die Anschuldigungen, »gegen Spanien« zu sein, betroffen gemacht, die gegen jeden erhoben wurden, der nur das Recht auf seine eigene spezifische Identität einforderte: Ich würde nie Forderungen unterstützen, die anderen Personen schaden würden, doch angesichts von Ungerechtigkeiten werde ich rasend. Für Cañizares jedoch sind die Katalanen kein eigenes Volk – was sie aber im Licht der kirchlichen Doktrin gesehen sehr wohl sind – einer Doktrin, der der Kardinal blind gehorchen sollte. Die Katalanen besitzen alle Charakteristika, die nach den Kriterien der Kirche ein Volk auszeichnen; als da wären: eine eigene Sprache, Geschichte, kulturelle und spirituelle Identität.[68]

Ich begann mich in der Höhle zu regen, die Ketten waren schon lockerer geworden. Ich kehrte nach Rom zurück, wohin mir aber die Nachricht von dem Interview, das ich gegeben hatte, schon vorausgeeilt war.

Rom machte direkt nach meiner Ankunft einen ganz anderen Eindruck auf mich als sonst. Ich hatte jetzt das Gefühl, dem Licht zugewandt, ihm näher zu sein. Vielleicht hatte ich das selbst gar nicht geplant, aber ich spürte, dass ich nicht mehr lange warten durfte. Im Sant' Uffizio empfing man mich schweigend und mit argwöhnischer Miene. Ich war in jenem Interview nicht nur auf die Lage der Katalanen eingegangen, sondern hatte zum ersten Mal in meinem Leben auch öffentlich etwas Positives über Homosexuelle gesagt. Ich hatte nichts gegen die gegenwärtige homophobe Doktrin der Kirche gesagt, sondern nur ein paar menschliche Worte über menschliche Wesen verloren. Vor allem hatte ich gegenüber der Radioreporterin über meinen Eindruck gesprochen, dass die Kirche überhaupt nicht über Schwule und Lesben informiert sei, ebenso wenig wie über Trans- und Intersexuelle. Sie spreche von ihnen nie als von den »Unseren«, sondern immer als von »denen da«. Und nachdem ich angemerkt hatte, dass wir Theologen uns unbedingt einem interdisziplinären Dialog mit den Geisteswissenschaften hätten öffnen müssen, um immer über den neuesten Stand der Forschung zu sexuellen Minderheiten Bescheid zu wissen, hatte ich mich noch betrübt darüber geäußert, dass in katholischen Kreisen, die mir persönlich bekannt waren, Homosexuelle häufig mit Pädophilen verwechselt würden, womit man Ersteren großes Unrecht antue. Ich hatte in dem ganzen Interview kein einziges Wort gegen die geltende homophobe Doktrin gesagt, doch alles gegen das stigmatisierende Schweigen, das man in Bezug auf die Homosexuellen wahren musste, unsere Feinde par excellence.

Mit meinen Worten hatte ich zugegeben, Sympathie für die Homosexuellen zu empfinden, die ich als menschliche Wesen ansah und behandelte. Doch ein solches Bemühen,

Klischeevorstellungen über Homosexuelle aus der Welt zu schaffen, konnte nach Ansicht des Klerus nur einer persönlichen »Betroffenheit« entspringen. Als die Nachricht von meinem Interview im Vatikan eintraf, war daher allen sofort klar: Der Typ ist schwul. »Was bedürfen wir weiteres Zeugnis, wir haben es selbst gehört aus seinem Mund« (Lukas 22, 71).

Mein Coming-out aus dem engen Raum der vatikanischen Höhle war vollzogen.

Mein Vorgesetzter zitierte mich zu einem Gespräch. Er wirkte beunruhigt und verwirrt. Offiziell bestand das Problem nur in meiner Analyse des Fehlers, den die spanische Bischofskonferenz begangen hatte. Und doch wurde es eines der wichtigsten Gespräche in meinem Leben als Geistlicher: Ich war dabei, die Angst abzuschütteln, die mich dazu trieb, mich dem System zu unterwerfen. Er wollte wissen, was geschehen sei. Eigentlich nichts von Bedeutung, meinte ich. »Mir ist da etwas über ein Interview zu Ohren gekommen, in dem du dich zum Recht auf Unabhängigkeit geäußert hast«, hakte er nach. »Wenn es darum geht«, antwortete ich, »so habe ich meine Kritik an den Verlautbarungen der spanischen Bischöfe zum Ausdruck gebracht, die der Lehre der Kirche zuwiderlaufen.« Die Krönung war, dass er mir recht gab! Er bestätigte, dass die spanischen Bischöfe mit ihren Verlautbarungen Schlimmes angerichtet hätten, aber man könne diese nun nicht mehr aus der Welt schaffen und sich schon gar nicht für sie entschuldigen. Deswegen bat er mich, meine Position aufzugeben, was mir aber nicht möglich war, da ich dann, wie ich sagte, gegen die Lehre der Kirche Stellung bezogen hätte. Daraufhin begann mein Vorgesetzter, einer der menschlichsten Mitarbeiter des Sant' Uffizio, mich geradezu anzuflehen: »Du hast ja recht, aber wir können so etwas nicht öffentlich bekennen!« In jenem Moment wurde in mir eine Art heiliger Furor wach, wie er mich immer als Priester beseelt hatte. »Wie kann ich aufhören, öffentlich die Wahrheit zu sagen, vor allem zu einem Thema, das vielen Leuten sehr viel bedeutet? Man hat mich schon um einen Artikel dazu gebeten, den ich auch so bald wie möglich veröffentlichen werde.[69] Und außerdem bestehe ich darauf, dass Kardinal Cañizares seine beleidigenden Äußerungen bezüglich meiner Inkompetenz und Unkenntnis dessen, worüber ich gesprochen habe, zurücknimmt.« Mein Vorgesetzter versicherte mir, er habe keine Zweifel daran, dass ich über alles genau informiert sei, bat mich aber zu schweigen und mich dem System unterzuordnen, das heißt, darauf zu verzichten, die Wahrheit zu sagen. Ich antwortete, dass ich das nicht könne. Es war das erste Mal, dass ich zu meiner Kirche sagte: Ich kann nicht mehr.

Mir blieb nichts, als abzuwarten, wie sich die Dinge entwickeln würden. In einem weiteren Gespräch teilte ein anderer meiner Vorgesetzten mir mit, dass der Vorsitzende der spanischen Bischofskonferenz und der apostolische Nuntius in Spanien sich in meinen Fall eingeschaltet hätten. Zwischen den Zeilen konnte man lesen, dass sie meinen Kopf forderten. Man musste etwas mit mir machen, mir das Maul stopfen und sicherstellen, dass ich es auch in Zukunft geschlossen halten würde. Ihr Problem war: Sie konnten mir nicht vorwerfen, dass mir hinsichtlich der Doktrin ein Fehler unterlaufen sei. Das hätte ihnen einen Grund geliefert, öffentlich Front gegen mich zu machen. Sie mussten mich also im Geheimen verfolgen, auf subtile Weise, mich eliminieren, ohne dass der Grund dafür offenbar würde. Das kann durch Isolation geschehen, dadurch, dass sie dir die Arbeit wegnehmen, dich nicht mehr nach deiner Meinung fragen, dir keine wichtigen Aufgaben mehr übertragen. Ich war innerhalb der Kongregation schon mehrfach an derartigen Eliminierungen beteiligt gewesen. Es hatte Priester gegeben, denen man nicht gesagt hatte, was sie sich eigentlich zuschulden

hatten kommen lassen und was sie besser machen müssten. Sie waren einfach zu *personae non gratae* geworden, zu
Fremden. Man schickte sie nicht weg – wohin hätte man sie
auch schicken sollen? Sie blieben bei uns, aber sie mussten
schweigen und sich unterwerfen und dabei auch noch den
Anschein erwecken, zufrieden zu sein. Ich hätte es nicht ertragen, in einer solchen Zwischenhölle zu landen und dort
ausharren zu müssen.

Meine innere Spannung war auf dem Höhepunkt: Ich
rüttelte an den Ketten. Es fehlte nur noch eine Kleinigkeit,
und ich würde die Höhle verlassen. Diese Kleinigkeit ereignete sich dann auch, und zwar ausgerechnet in Polen. Dort
erschien ein Artikel von mir, in dem ich die Sprache der
Gewalt anprangerte, die einige Theologen gegen ihre Erz-
feinde, die Atheisten, die Feministinnen und die »schmutzi-
gen« Homosexuellen, wie eine Waffe einsetzten.[70] Als Beispiel führte ich die theologischen Schriften eines Priesters an,
der sich rühmte, ein Fachmann für das Thema »Geschlecht-
lichkeit« zu sein (in Wirklichkeit war er geradezu besessen davon). Meine polnischen Mitbrüder verdammten den
Mann im Privaten, hatten aber nicht den Mut, ihn öffentlich
zu kritisieren, weil das einer Verteidigung der Würde von
Atheisten, Frauen und vor allem Schwulen gleichgekommen
wäre. Außerdem hätte man sich damit gegen die polnische
Bischofskonferenz gestellt, der das, was das Priesterchen
von sich gab, sehr gelegen kam. Mein Artikel löste im polnischen Klerus einen Skandal aus: Obwohl ich ein Mitglied
der Inquisition war, hatte ich es mir herausgenommen, den
einzig wahren katholischen Experten für Forschungen zum
»Geschlecht« zu kritisieren, jenen Ideologen, der eine erbit-
terte Hasskampagne gegen die Homosexuellen führte.

Wahrscheinlich habe ich die polnischen Bischöfe zur Ra-
serei gebracht, indem ich einen Propagandisten auseinander-
nahm, der ihnen als Sprachrohr diente. Doch anstatt meinen

Artikel, in dem ich die offensichtlichen sprachlichen Entgleisungen des Kollegen aufgezeigt hatte, zu überprüfen – wozu die Bischöfe aufgrund ihres Amtes verpflichtet gewesen wären –, zogen sie sich einfach aus der Affäre, indem sie öffentlich erklärten, ich hätte nur meine persönlichen Eindrücke kundgetan. Es gebe keine sprachlichen Missbräuche zu überprüfen. Gleichzeitig wandten sie sich an die Glaubenskongregation mit der Aufforderung, mich für meinen Artikel »zahlen« zu lassen. Mein Vorgesetzter ließ mich erneut zu sich kommen, und mit einer Miene, die seine Trauer und Enttäuschung zum Ausdruck bringen sollte, fragte er: »Warum tust du uns das an? Was sollen wir bloß mit dir machen?« Ich konnte keine Rücksicht mehr auf mich selbst nehmen. Ich antwortete ihm einfach, dass ich die Wahrheit der Bibel verkündete, der wir als Geistliche und Gläubige verpflichtet seien. Aber gerade wir seien die Ersten, die einen Bogen um sie herum machten. Ich sagte das mit düsterem Gesichtsausdruck, weil sowohl mir als auch meinem Vorgesetzten ganz klar war, was mich jetzt erwartete.

Die Untersuchungen zum Absturz der polnischen Präsidentenmaschine bei Smolensk im Jahr 2010, auf die ich schon eingegangen bin, haben ans Licht gebracht, welchem psychischen Druck die Piloten vonseiten ihrer Vorgesetzten ausgesetzt waren, die trotz des widrigen Wetters auf einer Landung bestanden. Die Piloten wussten, dass sie »tot« sein würden, wenn sie den Befehlen nicht nachkämen. Also gehorchten sie wider besseres Wissen, mit der Folge, dass alle Insassen ums Leben kamen. Von mir verlangte man das Gleiche: Ich sollte »auf den Boden zurückkommen« und die Wahrheit fahren lassen, ich sollte mich der Politik der Kirche unterwerfen, um das System zu erhalten. Die innere Spannung, die ich in jenen Tagen spürte, war kaum zu ertragen, für mich aber auch heilsam: Es war der Tropfen, der das Fass zum Überlaufen brachte. Diesen Tropfen brauchte ich, und ich hatte ihn in meinem Unterbewussten herbeigesehnt: Er veranlasste mich dazu, die Ketten zu sprengen, die Höhle zu verlassen und die Sünden der Kirche anzuprangern.

In jenen Stunden wurde ich endlich bereit dazu, reif dafür, meiner Kirche zu sagen, wer ich war – oder vielmehr, wer ich *bin*. Meine Revolution begann. »Warum gerade an jenem Tag und nicht an einem anderen? Warum war gerade dies das auslösende Element gewesen und nicht ein anderes?«, könnte man mit den Worten des großen Kapuściński fragen.[71] Ich würde sagen, vor allem deswegen, weil die Entscheidung zu einem Coming-out die persönlichste aller Entscheidungen ist, die man in seinem Leben trifft. Niemand hat das Recht, dir einen bestimmten Tag dafür anzuraten. Man hat mich oft gefragt, warum ich es ausgerechnet vor Beginn der Familiensynode getan habe. Darauf antworte ich stets mit der Gegenfrage, ob sie mir einen Zeitpunkt nennen könnten, der günstiger gewesen wäre – vielleicht während oder nach der Synode? Wie auch immer: Es gibt für einen Kleriker keinen geeigneten Zeitpunkt für ein Coming-out: Ein solches Bekenntnis ist und bleibt verboten (erlaubt ist nur, sich bei Nacht davonzuschleichen, das Gefühl der Scham, das sie dir eingeflößt haben, zu kultivieren, und für den Rest deines Lebens in einer Art Schrank eingeschlossen zu bleiben).

Mein Coming-out stellte aber nicht nur eine Befreiung für mich dar, es war auch ein Protest und eine öffentliche Anklage. Aus diesem Grund musste ich mich genau zu dem Zeitpunkt zu Wort melden, als die Kirche sich anschickte, mit der Synode die Menschheit erneut in Bezug auf die Frage der Homosexualität und der Homosexuellen zu verwirren. Eine neue Welle der Stigmatisierung von Schwulen würde bald in Gang gesetzt werden. In der Kongregation versuchte man derweil, mich von meinem Weg abzubringen, indem man mich aufforderte, bei meinen Reflexionen über das, was die Kirche anzurichten im Begriff war, von den durch die Heilige Schrift vorgegebenen Kriterien abzurücken. Nach diesen Kriterien beurteilen wir Kirchenleute die Welt, aber nicht uns selbst, weil wir glauben, über dem Gesetz zu stehen – auch über unserem eigenen Gesetz. Eine bekannte Theologin sagte später über meine Geste: »Sein Coming-out ist für das System zu heftig gewesen.« Ich danke ihr für diese Bemerkung: Wenn mein Coming-out für das System zu heftig gewesen ist, bedeutet das, dass ich mein Ziel erreicht habe. Das starre System der Kirche muss zerstört werden, damit sie wieder zu einer Kirche der Menschen werden kann, wie ich einer bin.

Meine Stunde war gekommen, ich hatte keine Zweifel mehr daran.

Die Stunde meines Coming-out war gekommen, der Offenbarung dessen, wer und was ich war. Ich habe es meiner Kirche mit all ihrer Macht ins Gesicht geschrien. Ich habe es mit aller Leidenschaft getan. Ich habe geschrien, wer ich bin, mit – um einen Ausdruck Kapuścińskis aufzunehmen – »trotzigem Blick, noch leicht von Angst getrübt, doch schon hart und unversöhnlich«. Ich habe das geschrien, was die Kirche niemals hätte hören wollen:

Wer die Sexualität kontrolliert, kontrolliert den ganzen Menschen …

Die Kontrolle des Gewissens ist die subtilste Form der Machtausübung …

… und die höchste Form der Machtausübung, in gewisser Hinsicht die einzige Art totalitärer Machtausübung, die existiert …

… die destruktivste Art und die von meiner katholischen Kirche bevorzugte …

Ich hatte mein Coming-out vollzogen. Ich war frei.

Der Augenblick, in dem die Zukunft begründet liegt

Wenn man aus seinem Gefängnis, dem inneren oder dem äußeren, heraus in die Freiheit tritt – vielleicht an einem strahlend hellen Sonnentag –, dann geht man gemächlich, jeden Schritt auskostend, wie etwas, das man sich erobert hat.

Wenn man das Gefängnis verlassen hat oder, wie man heute gerne sagt, sein Coming-out hinter sich gebracht und das Reich der Lüge hinter sich gelassen hat, dann genießt man den ersten Schritt in eine Sphäre, die einem bis dahin unerreichbar erschienen war. Ich hatte seit Jahren davon geträumt, diese frische, nicht faulig schmeckende Luft atmen zu können, die überwältigende Erfahrung zu machen, frei zu sein.

In solchen Momenten fragt man sich nicht, ob es eine Zukunft gibt, ob es Garantien dafür gibt, dass man überleben wird, ob man eine anständige Arbeit finden wird oder ob Gott oder die Mitmenschen einem helfen werden, eine neue Existenz aufzubauen. In solchen Momenten ist dein Leben wie niemals zuvor voller Sonne und von frischer, freier Luft durchzogen. Es ist die Stunde der Rückkehr zur Natur und ihrer Vernunft, zum wahren Leben, zur Natur, die dich erschaffen hat und dich liebt. Zu Gott, der Narziß nicht hasst, sondern ihn lieb hat. Gleichzeitig ist es die Stunde, in der du mit deinem wahren Gesicht zu den anderen zurückkehrst, die dich so kennen und lieben lernen müssen, wie du bist.

Gibt es die Zukunft?

Die Zukunft ist in dem Willen zu leben, zu atmen, zu denken, zu zweifeln, zu glauben, zu hoffen, zu lieben enthalten. Die Zukunft deckt sich mit der Freiheit, der wahren christlichen Freiheit, die nicht paternalistisch gewährt wird, sondern auf Respekt vor dem und den anderen gründet.

In jenem Moment findest du den ersten Stein, den Grund- oder Eckstein des wahren Lebens, eines Lebens ohne das Trugbild von Licht und Schatten.

Es ist ein einzigartiger Augenblick, den man gerne mit der ganzen Welt teilen würde, von dem man gerne alle in Kenntnis setzen würde.

Man möchte die schwulen Priester in die Arme nehmen, denen ihr eigenes Wesen Angst einjagt, die von der Kirche terrorisiert werden und daher alles hassen, was der Norm nicht zu entsprechen scheint. Man würde gerne die Klosterschwestern umarmen, von denen nicht wenige lesbisch sind und Liebe zu einer anderen Frau empfinden.

Man möchte alle auf der Welt umarmen, die mit ihren Mitteln das Leben zum Ausdruck bringen, dessen ganze Vielfalt und Diversität einfangen und damit Front gegen die Uniformität, gegen das schwarz-weiße Einerlei machen.

Man möchte alle Mütter und Väter umarmen, die Angst vor dem Urteil der Menschen haben, welche der Kirche untertan sind, oder Angst vor den puritanischen Gesellschaften haben und daher glauben, die eigenen Söhne oder Töchter hassen zu müssen.

Man möchte all die Brüder und Schwestern umarmen, die es nicht lassen können, geschmacklose Witze über Schwule zu reißen, der Art, wie man sie früher über Juden gerissen hat.

Man möchte die Ideologen des Sant' Uffizio umarmen, die den Hass der Katholiken als Besorgnis um den Erhalt und die Reinheit der Familie ausgeben.

Man möchte die pharisäischen »Henker« umarmen, diese Kinder von Ideologien, die unfähig sind, sich der Vernunft zu öffnen, zu denken, zu zweifeln, die fürchten, sich ihrer absoluten Gewissheiten nicht sicher genug zu sein, um sich unbefangen mit der Natur auseinanderzusetzen.

Man möchte all diejenigen umarmen, die darum kämpfen, dass die Rechte der nicht-heterosexuellen Männer und Frauen anerkannt werden, die darum kämpfen, zu lieben und geliebt zu werden, ohne Angst leben zu können, sich nicht schämen und nicht ihr ganzes Leben lang lügen zu müssen.

Man möchte alle Opfer des homophoben Hasses umarmen, den das Christentum jahrhundertelang kultiviert, ausgelöst oder durch sein eigenes Schweigen zugelassen hat.

Man möchte all diejenigen umarmen, die ihre eigene heterosexuelle Natur gegen die der anderen ins Feld führen, und damit ihre Herzen erweichen, denn auch wir sind Männer und Frauen, die nach Liebe, Achtung und Toleranz dürsten.

Man möchte die katholische Kirche umarmen und viele andere Kirchen, damit sie ihre Herzen erforschen und jeden Menschen lieben und verstehen können (und für immer aufhören, ihre Gesichter vor Abscheu zu verziehen!).

Man möchte Gott umarmen in jenem immerwährenden Augenblick, in dem unsere Zukunft begründet liegt.

Es gibt keine Zukunft ohne jenen Augenblick der Freiheit, ohne jenen Akt der Befreiung, jenes unverzichtbare Coming-out. Es gibt keine Zukunft, wenn die Mauer der Angst nicht eingerissen wird. Es gibt keine Zukunft, wenn die Angst vor dem, was diejenigen, die uns auf unserem Lebensweg entgegenkommen, über uns sagen werden, nicht besiegt wird. Es gibt keine Zukunft, wenn die Furcht davor, wie die Kirche deinen Namen in den Schmutz ziehen wird, allein aus dem Grund, dass du es wagst, du selbst zu sein, nicht überwunden wird.

Es gibt keine Zukunft ohne jenen Grundstein für deine Freiheit.

Mag ein Käfig auch noch so üppig vergoldet sein, er bleibt

immer ein Käfig. Abstoßend, abgeschottet vom Sonnenlicht und von der Luft der Freiheit, wenn auch vielleicht angefüllt mit schönen Worten und mit den Masken einer blendenden Ideologie. Er mag zwar das Überleben gewährleisten, bleibt aber immer nur ein Gefängnis. Ein Gefängnis für den Geist, für eine verängstigte, zitternde Natur, die sich vom Glück der Errettung, vom zukünftigen Leben oder auch nur vom Leben hier auf dieser Erde ausschließt.

An meine Leser

Liebe Freundin, lieber Freund!

Ich erlaube mir, dich auf diese Weise anzusprechen. An diesem Punkt angelangt, könnte ich dich nicht anders anreden. Wenn du bis hierher gelesen hast, dann hast du, so hoffe ich, einen Menschen, einen Priester bis auf den Grund seines Wesens kennengelernt, jemanden, der schwul ist und stolz darauf, es zu sein.

Ich bin dir dankbar dafür, dass du mir zugehört und mir deine Zeit geschenkt hast, um nach und nach auf den Seiten dieses Buches, das ich ursprünglich in meiner »Zweitsprache« Italienisch geschrieben habe, mein wahres Gesicht zu entdecken.

Seit Jahren habe ich das Verlangen verspürt, mich zu offenbaren, aus meiner alten Haut zu schlüpfen und mich zu den anderen zu gesellen. Um mich zu offenbaren und danach keine Angst und keine Scham mehr zu verspüren, habe ich einen inneren Kampf ausfechten müssen, von dem sich nur der ein richtiges Bild machen kann, der sich ihm, genau wie ich, hat stellen müssen. Ich wünsche dir, dass dir in deinem Leben eine ebenso befreiende Erfahrung zuteilwerden wird. Ich wünsche dir, dass auch du in der Lage sein wirst, dein Herz zu erforschen.

Wenn die Natur es dir vergönnt hat, heterosexuell zu sein, wünsche ich dir, dass du es verstehen wirst, glücklich zu sein, aber zugleich den Wert und das Charisma jener zu schätzen weißt, die ein anderes Geschenk erhalten haben. Ich wünsche dir, dass du nicht den Drang verspürst, deine sexuelle Orientierung als die einzig richtige anderen aufzuzwingen. Ich wünsche dir, dass du immer Unterschiede zu schätzen weißt. Denn Unterschiede und die Unterschiedlichkeit sind etwas Göttliches, während die strenge Uniformität etwas Perverses ist.

Wenn die Natur es dir geschenkt hat, schwul, lesbisch, bisexuell, transsexuell oder intersexuell zu sein, wünsche ich dir, dass weder Angst noch Scham dich davon abhalten mögen, es denen zu sagen, die du liebst und die dich lieben, und an die Öffentlichkeit zu treten. Du hast das Recht, der Welt deine Wahrheit ins Gesicht zu sagen. Ich wünsche dir, dass nicht der Schwung aus deinem Leben weicht und dass du den Augenblick genießt, in dem du es Gott oder auch nur einem anderen Menschen erlaubst, dich zu erkennen, dein Gesicht zu liebkosen und stolz auf dich zu sein. Ich wünsche dir das Glücksgefühl, frei zu sein und als der/die geachtet zu werden, der/die du bist.

Die Natur hat jeden mit eigenen Gaben ausgestattet. Mir hat sie die des Schwulseins mitgegeben, so wie sie meiner Schwester und meinem Bruder die des Heteroseins mitgegeben hat, und ich bin stolz darauf und glücklich darüber.

Und du, meine Freundin, mein Freund, besitzt nicht das Recht, die dir verliehene Gabe gering zu schätzen. Deine Gaben sind der göttliche Funke, der dir innewohnt, du kannst ihn nicht löschen oder verstecken. Du kannst deine Gaben nicht schmähen, denn sie sind bestimmend für deine Würde.

Morgen wird ein neuer Tag anbrechen. Du wirst erwachen, und vielleicht wirst du mehr Zeit als sonst benötigen, um die Maske aufzusetzen, die zu tragen die Gesellschaft dich zwingt. Es wird aber kein Tag wie jeder andere sein, weil der Mensch, dessen Gesicht du auf den Seiten dieses Buches kennengelernt hast, sich gerade eben befreit hat.

Dieser Mensch sagt dir heute, dass der neue Tag der deine sein wird. Wenn du dich in deinem Sein, in deiner Wahrheit, deiner Homosexualität gefangen fühlst, solltest du noch heute beginnen, den Weg hin zu deiner Befreiung von der Homophobie zu beschreiten, die dich äußerlich und innerlich bedrängt.

Wenn du dich in deiner Heterosexualität gefangen fühlst, eingekerkert von den Ideologien deiner Kirche, von der klischeehaften Denkweise oder dem Provinzialismus der Menschen, in deren Mitte du aufgewachsen bist, musst du anfangen, mit deinem Nächsten mitzuempfinden, denn genau das ist es, was dich heute wahre Religion lehrt oder einfach der gesunde Menschenverstand sagt: vernünftig zu denken und mit dem Herzen zu lieben.

Liebe und tu das, was du willst. Dies ist dein neuer Tag, ich wünsche es dir. Und es ist auch der meine.

Du bist es, ich bin es, wir sind es, die wir den Grundstein für die Wahrheit legen müssen. Für die Wahrheit, die uns frei macht.

POSTSKRIPTUM

Die Erklärung meines Coming-out[72]

Guten Tag,

ich heiße Krzysztof Charamsa, gegenwärtig noch Monsignor Krzysztof Charamsa. Ich bin seit einigen Jahren Assistenzsekretär der Internationalen Theologischen Kommission und gehöre seit mehr als zwölf Jahren der Kongregation für die Glaubenslehre, dem ehemaligen Sant' Uffizio und der vormaligen Inquisitionsbehörde im Vatikan, an.

Derzeit bin ich auch Dozent an der Päpstlichen Universität Gregoriana und am Päpstlichen Athenaeum in Rom.

Seit mehr als achtzehn Jahren bin ich Priester.

Ich bin, wie ich heute sagen kann, ein freier Mann.

Ich möchte gern die Freude, die sich mit dieser Freiheit verbindet, mit allen anderen teilen. Dieses schlichte Gefühl der Freude, das durch meine Befreiung ausgelöst wurde.

Nach langem Überlegen, nach inneren Kämpfen und inbrünstigen Gebeten, nach mehreren Gesprächen mit anderen homosexuellen Priestern und nachdem ich einer Person begegnet bin, die ich liebe, und durch diese Liebesbeziehung innerlich gewachsen bin, habe ich mich entschieden, meine vollkommen natürliche sexuelle Veranlagung, auf die ich stolz bin und die mich mit Glück erfüllt, öffentlich bekannt zu geben.

Ich will heute der Kirche für das Gute danken, das sie mir geschenkt hat. Gleichzeitig befreie ich mich aber auch von der Unterdrückung durch eine Institution, deren Augen verbunden sind, die Druck auf Personen ausübt, welche es lediglich danach verlangt, sie selbst zu sein. Von einer Kirche, die diesen Menschen feindselig gesinnt und die von blinder

Homophobie erfüllt ist sowie von der Angst, dass sich unter ihren führenden Funktionären auch Homosexuelle befinden könnten. Es ist eine Kirche, die mit Psychoterror gegen Menschen mit dieser sexuellen Orientierung vorgeht, das heißt, indem sie sie einschüchtert, sie erschreckt und Ängste in ihnen auslöst. Mit ihrem Hass auf diese Minderheit hasst sie den Menschen an sich, gleichzeitig aber nimmt sie in Anspruch, »Expertin für alles Menschliche« zu sein.

Heute will ich auch Gott dafür danken, dass er mir den Mut gegeben hat, mich von diesem Albtraum zu befreien, aus einem Käfig der Irrationalität, von einem totalitären System, das die Seelen kontrolliert und in die Schlafzimmer eindringt.

Als Mitarbeiter der Inquisitionsbehörde glaubte ich an die Ideale meiner Konfession und habe erst im Lauf der Zeit die Inkongruenzen der katholischen Doktrin wahrgenommen und die Inkompetenz vieler Geistlicher erkannt. Auch der sich aus den Lehren der Kirche und ihren Vorschriften ergebenden Ungerechtigkeiten und des oft regelrecht Bösartigen an ihnen bin ich erst im Lauf der Zeit gewahr geworden. Vor allem aber bin ich mir der omnipräsenten Homophobie des Klerus bewusst geworden, die die Züge einer Obsession trägt.

Ich würde gern darlegen, was die Kirche und die ehemalige Heilige Inquisition mir an Positivem und an Negativem gegeben haben. Ich würde gern über die vom Sant' Uffizio ausgeübte Unterdrückung, über den Hass dieses Gremiums auf Schwule, seine Verachtung für sie und seine Homophobie reden. Ich würde auch gern über den Kampf der verblendeten Mitglieder des Sant' Uffizio gegen einen Papst berichten, der es sich erlaubt hat, zu der skandalösen Diskriminierung Geschiedener und Wiederverheirateter durch die Kirche Stellung zu nehmen.

Ich will mich aber heute darauf beschränken, meiner Freude über die von mir erlangte Freiheit Ausdruck zu verleihen, dem Gefühl tiefen Glücks darüber, öffentlich sagen zu können: Ich bin schwul! Ich bin stolz, es zu sein. Ich bin glücklich, aus einem bösen Traum aufgewacht zu sein, nach einer in einem Käfig der Fundamentalisten verbrachten Nacht.

Ich widme mein Outing den vielen schwulen Priestern, die ich schätze und die aus verschiedenen Gründen es mir nicht nachtun können. Ich wünsche ihnen, dass sie – soweit es ihnen trotz der unmenschlichen Unterdrückung durch ihre Kirche möglich ist – glücklich sein mögen.

Ich widme mein Outing all den fantastischen schwulen, lesbischen, transsexuellen, bisexuellen, intersexuellen Personen. Diese Geste soll eine Hommage an uns alle sein – der uns angeborenen Kunst zu leben, dem Mut, mit dem wir uns in verschiedenen Teilen der Welt, wo, wie in meinem Heimatland Polen, der blindwütige Hass auf sexuelle Minderheiten immer stärker zu werden scheint, den Unterdrückern widersetzt haben und widersetzen. Ich fühle mich dazu verpflichtet, euch alle um Entschuldigung für diese schamlose Kirche zu bitten, die uns hasst, und auch für die vielen Gelegenheiten, bei denen ich selbst mitgewirkt habe oder auch nur keinen Einspruch erhoben habe, als die Würde des Menschen verletzt wurde.

Ich widme diese Geste auch meiner Familie, meiner Mutter, meinem Bruder und meiner Schwester, die ich mit dem Herzen eines Schwulen liebe, der alles dafür tun möchte, dass sie glücklich sind, aber auch, dass sie mich akzeptieren, wie ich bin.

Vor allem aber widme ich mein Outing der Person, die ich liebe: meinem Verlobten Eduard, der es verstanden hat, mich mit neuer Energie zu erfüllen und meine Ängste in die Kraft der Liebe umzuwandeln.

Vatikan, Rom, 3. Oktober 2015

Brief an Papst Franziskus

Heiliger Vater, lieber Franziskus!

Ich habe die Kirche Christi immer geliebt.

Heute wende ich mich als getaufter Christ, Priester und Theologe, der sein ganzes Leben in den Dienst der Kirche stellen wollte, an Sie, meinen Vorgesetzten und obersten Hirten dieser Kirche.

Nach einer langen Zeit des Abwägens und des Betens, vor Gott und in vollem Bewusstsein, wie schwerwiegend dieser Schritt ist, habe ich die Entscheidung gefällt, öffentlich die Gewalt zu verurteilen, die die Kirche homosexuellen, lesbischen, bisexuellen, transsexuellen und intersexuellen Menschen antut.

Da auch ich als Homosexueller zu dieser Gruppe zähle, vermag ich den homophoben Hass auf Menschen, wie ich einer bin, ihren Ausschluss aus der Gemeinschaft, ihre Ausgrenzung und Stigmatisierung nicht länger zu ertragen: Sie werden unablässig in ihrer Würde verletzt, ihre Rechte werden ihnen von dieser gewalttätigen Kirche und deren einzelnen Gläubigen verweigert oder vorenthalten.

Heute stelle ich mich öffentlich auf die Seite der mutigen Gruppe der Homosexuellen. Seit Jahrhunderten werden sie von der Kirche in deren Fanatismus gedemütigt. Ich akzeptiere nicht mehr ein Versprechen auf Heil, das einen Teil der Menschheit ausschließt. Es sind nicht wir Homosexuellen, die jener Barmherzigkeit bedürfen, welche die Kirche verheißt. Wir sind weder Feinde der Kirche noch der Familie: Das ist eine falsche und kränkende Vorstellung von uns, welche die

Kirche verbreitet hat. Wir sind nur verzweifelt bemüht darum, dass man uns unsere Würde lässt und unsere Rechte achtet. Wenn die Kirche derart träge und unfähig zum Nachdenken ist sowie, was die Kenntnis des Menschlichen betrifft, derart hinterherhinkt, wie Kardinal Carlo Maria Martini gemeint hat – wenn es ihr nicht gelingt, diesen unschuldigen Teil der Menschheit auf adäquate Weise in ihren Schoß aufzunehmen, dann soll sie zumindest aufhören, Staaten und Völker zu beeinflussen, die willens sind, Homosexuellen des Recht auf eine standesamtliche Eheschließung zu gewähren. Die Kirche möge sich um die kirchliche Heirat kümmern und ihre heterosexuellen Anhänger glücklich machen, oder wenigstens so glücklich, wie ihr kalter Doktrinarismus es zulässt. Sie soll aber damit aufhören, Hass auf jene zu säen, die nur ihre Liebe auf dieser Erde in Frieden leben wollen! Die Kirche, die resistent dagegen ist, sich mit der Menschheit auseinanderzusetzen, hat zu schweigen, wenn sie nicht in der Lage ist, Vernunft zu gebrauchen.

Ich danke Ihnen für einige Worte und Gesten, die Sie als Pontifex in Bezug auf Homosexuelle gesagt oder gemacht haben. Doch Ihre Worte werden nur dann wirkliche Bedeutung haben, wenn Sie all die kränkenden und brutalen Erklärungen aus der Welt schaffen, die das Sant' Uffizio in Bezug auf Letztere von sich gegeben hat, und wenn Sie nicht die obszöne Anweisung für ungültig erklären, mit der Benedikt XVI. die Zulassung von Homosexuellen zum Priesteramt untersagt hat. Bis dahin müsste der Klerus, dem eine riesige Schar von Homosexuellen angehört, die aber gleichzeitig rasend homophob sind, sich an diese herzlose Anweisung halten: Alle schwulen Kardinäle, Bischöfe und Priester müssten den Mut haben, dieser unmenschlich gefühllosen, ungerechten und gewalttätigen Kirche den Rücken zu kehren.

Ich stelle mich auf die Seite der Homosexuellen, um ihnen zu Diensten zu sein und diese im Tiefschlaf befindliche Kirche wachzurütteln, die pharisäisch und hypokritisch ist, ohne Mitleid und Erbarmen, diese homophobe Kirche, die denjenigen, die die von ihr abgesegneten Kriterien der »Normalität« nicht erfüllen, sprich: nicht heterosexuell sind, mit purem Hass entgegentritt. Sie weiß genau, wie sie das Leben von Tausenden von Schwulen zerstören kann, die offen für das Transzendente sind und empfänglich für das Göttliche. Die Kirche hat sie in Aussätzige verwandelt, als ob man sich seine eigene sexuelle Orientierung bewusst wählen könnte.

Ich stelle mich auf die Seite dieser unterdrückten und verfolgten Menschen, da ich ein polnischer Priester bin und insofern Repräsentant einer besonders hassenswerten Kirche. Die polnische Kirche besteht derzeit aus Priestern ohne Herz, für die man nur um Verzeihung bitten, mit denen man nur Mitleid haben kann. Einige von ihnen nehmen mit Ihnen zusammen an der Synode teil, bewaffnet mit ihrer Sprache des Hasses, bar jeden Einfühlungsvermögens und an nichts anderem interessiert, als demokratische Regierungen dahingehend zu bewegen, freien Menschen ihre fundamentalen Rechte zu verweigern.

Ich habe einen langen inneren Kampf austragen müssen, um mir klar zu werden, dass ich diese Ausgrenzung nicht mehr ertragen kann oder will. Wenn die »Rettung«, die die Kirche anzubieten hat, nicht die Veranlagung aller Menschen respektiert, dann weise ich sie zurück. Ich weise sie im Namen Gottes zurück, der uns so geschaffen hat, wie wir sind, und auch so liebt.

Ich habe lange über diese Entscheidung nachgedacht, auch weil ich weiß, wie brutal sich die Kirche gegenüber jenen verhalten kann, die sie verlassen. Ich fürchte, dass der Klerus auch gegenüber meiner Familie brutal sein könnte, die in keiner Weise für meinen Entschluss verantwortlich ist. Ich bin vor allem um meine Mutter besorgt, eine Frau von unerschütterlichem Glauben. Sie ist an allem völlig unschuldig, aber ich weiß, welchen Anfeindungen sie in dieser brutalen und gefühllosen Kirche ausgesetzt sein wird, der sie ihr ganzes Leben gewidmet hat. Die Katholiken verstehen sich darauf, herzlos, mitleidslos und gefühllos zu sein. Sie glauben an eine Kollektivschuld und zerstören das Leben Unschuldiger um der Entscheidung eines Einzelnen willen. In Polen sind die Katholiken wahre Meister des Hasses, der Stigmatisierung und der Ausgrenzung anderer. Und meine Mutter verdient das alles nicht.

»Mitleid will ich, keine Opfer!« Gott will nicht, dass man ihm seine eigene Natur opfert. Er respektiert ihr Geheimnis, während die Kirche all das hasst, was an dieser Natur ihrem Vorhaben, den Menschen und dessen Sexualität zu dominieren, zuwiderläuft. Die Kirche ist nur dem heterosexuellen Teil der Menschheit zu Diensten. Sie will sich überhaupt nicht mit der Natur homosexueller Menschen auseinandersetzen.

Heiliger Vater, die Bischofssynode muss sich nicht nur des Problems der Geschiedenen und Wiederverheirateten annehmen, sondern auch des Problems der sexuellen Minderheiten, die das Recht haben, in Würde jene Liebe zu leben, die die Kirche unerbittlich vernichtet. Wir haben das Recht auf ein Familienleben, auch wenn die Kirche nicht ihren Segen dazu geben will. Wir existieren und werden weiterexistieren, auch wenn die Kirche versucht, uns auszuradieren, so wie sie es mit Geschiedenen und glücklich wieder Verheirateten tut.

Viele von uns haben Ihrer Kirche bereits den Rücken gekehrt. Ich bitte Sie, nicht *uns* zu bemitleiden, sondern die Pharisäer und Scheinheiligen, die in der Synode sitzen. Haben Sie einen Augenblick Erbarmen mit uns, und gestatten Sie es den demokratischen Staaten, unser Leben menschlicher zu gestalten. Mit Ihrer Kirche ist es Ihnen nur gelungen, unser Leben in eine Hölle zu verwandeln.

Ihre Kirche muss nur um Vergebung bitten und für immer schweigen. Oder sich eines anderen besinnen und anfangen, auch an jenen Teil der Menschheit zu denken, der aus Homosexuellen besteht.

Ich bete für Sie. Ich weiß, dass Sie ein Mann Gottes sind. Ich würde alles tun, um der katholischen Kirche dabei zu helfen, aus ihrem unmenschlichen Schlaf zu erwachen, der mittlerweile unerträgliche Zustände hat einziehen lassen.

Ihr
Krzysztof Charamsa

Das neue Manifest
der Schwulenbefreiung[74]

Vatikan, 3. Oktober 2015

1. Beendigung der Homophobie und der Diskriminierung homosexueller Menschen.

Wir fordern, dass die katholische Kirche ihre homophobe Einstellung, Mentalität und auch die Sprache aufgibt, in der sich Hass und Verachtung niederschlagen und die zu Ausgrenzung, Stigmatisierung und Ausschluss von LGBTIQ-People auffordert. Ebenso soll sie der Diskriminierung und jeder – auch der subtilsten – Art der Verfolgung ein Ende setzen, die sie gegenwärtig innerhalb und außerhalb ihrer Grenzen betreibt.

2. Verurteilung der juristischen Verfolgung von Menschen aufgrund ihrer Homosexualität und von Therapien, die sie von ihrer Homosexualität »heilen« sollen.

Wir fordern, dass die Kirche sich eindeutig gegen die Bestrafung, die juristische Verfolgung, Inhaftierung, Hinrichtung oder jede andere Form der Diskriminierung von Menschen aufgrund ihrer sexuellen Orientierung ausspricht. Außerdem soll sie Stellung gegen Therapien beziehen, mit denen man Angehörige sexueller Minderheiten zur Heterosexualität zu bekehren versucht.

3. Verzicht der Kirche darauf, auf die Gewährung von Menschenrechten für Homosexuelle vonseiten demokratischer Staaten Einfluss zu nehmen.

Wir fordern, dass die Kirche ihre Einstellung gegenüber jenen Staaten und Völkern ändert und abschwächt, die im Zuge ihrer demokratischen Entwicklung danach streben, Angehörigen sexueller Minderheiten Menschenrechte zu gewähren und ihren berechtigten Forderungen nach dem Recht auf Liebe und einer standesamtlichen Eheschließung zu entsprechen. Das Recht dieser Staaten, autonom für das Allgemeinwohl aller Bürger und nicht nur der Katholiken zu sorgen, muss respektiert werden.

4. Nichtigkeitserklärung von beleidigenden Stellungnahmen gegenüber homosexuellen Personen, die auf dem Gebiet der katholischen Lehre tätig sind.

Wir fordern, dass der Papst den Katechismus überarbeitet und alle nicht zutreffenden oder fehlerhaften und beleidigenden schriftlichen Aussagen zu homosexuellen Personen widerruft, vor allem diejenigen vonseiten der Kongregation für die Glaubenslehre, die das Erbe der Heiligen Inquisition angetreten hat und die Erinnerung an sie wachhält.[75]

5. Sofortige Nichtigkeitserklärung der diskriminierenden Anweisung betreffs der Nichtzulassung von Homosexuellen zum Priesteramt.

Wir fordern, dass der Papst unverzüglich die schändliche »Instruktion«, die Nichtzulassung von Homosexuellen zum Priesteramt betreffend, für nichtig erklärt, welche Papst Benedikt XVI. im Jahr 2005 erlassen hat.

6. *Anstoß zu einem ernsthaften interdisziplinären Nach-*
   denken über die menschliche Sexualmoral.

Wir fordern, dass die Kirche ein ernsthaftes und unvorein-
genommenes Nachdenken über die Sexualmoral initiiert und
dabei die Entwicklungen auf den Gebieten von Sexualkunde,
Medizin, Psychologie, Psychiatrie, Biologie, Soziologie, Anthropologie und *gender studies*, die bisher als ideologisch ge-
färbt abgelehnt werden, zur Kenntnis nimmt.

7. *Revision der Interpretation biblischer Passagen zum*
   Phänomen Homosexualität durch die Kirche.

Wir fordern, dass die Kirche ihre Auslegung der Bibel überprüft, sie vom Fundamentalismus befreit, die Stellen, an denen von Homosexuellen die Rede ist, vorurteilsfrei überprüft und ebenso die Stellen, die von homogenitalen Akten
handeln, im Kontext betrachtet.

8. *Anstoß zu einem ernsthaften ökumenischen Dialog mit*
   den evangelischen und anglikanischen Brüdern über das
   Thema Homosexualität.

Wir fordern, dass die Kirche einen ernsthaften ökumenischen Dialog über Homosexualität mit jenen Christen führt,
die im Umgang mit ihr wichtige Fortschritte erzielt haben
und ihr offen gegenüberstehen. Sie könnten der katholischen
Kirche helfen, die Realität zu begreifen.

9. *Bitte um Entschuldigung für in der Vergangenheit und*
   der Gegenwart Homosexuellen vonseiten der Kirche zu-
   gefügtes Unrecht.

Wir fordern, dass die Kirche den Weg beschreitet, explizit
um Vergebung dafür zu bitten, dass sie seit Jahrhunderten
die Existenz homosexueller Personen totschweigt oder solche Personen verfolgt und dass sie diese Praxis unverzüglich
beendet.

10. Respekt gegenüber homosexuellen Gläubigen und Zu-
rücknahme der unmenschlichen Vorschläge der Kirche,
ihr Leben als Christen betreffend.

Wir fordern, dass die Kirche endlich die Augen öffnet und homosexuelle Gläubige wahrnimmt. Sie darf ihnen nicht die unmenschliche Lösung eines vollkommenen Verzichts auf ein Liebesleben und ein gesundes Sexualleben nahelegen, sondern muss ihre Natur achten und insbesondere ihre sexuelle Orientierung.

Anmerkungen

[1] Eine amerikanische Fernsehreihe, die von Ron Cowen und Daniel Lipman auf der Basis der gleichnamigen britischen Serie verfasst wurde. Über einen Zeitraum von fünf Jahren vermittelte sie den Zuschauern ein Bild vom Leben einer Gruppe schwuler Freunde.

[2] Anrührender Roman über die Liebesbeziehung zweier Homosexueller von dem amerikanischen Autor André Aciman (dt.: *Ruf mich bei deinem Namen*, 2008).

[3] Editrice Rogate, Rom 2014.

[4] Hermann Hesse: *Narziß und Goldmund*, Frankfurt a. M. 1976, S. 314 f.

[5] a. a. O., S. 314.

[6] Ein elegantes, von Schwulen frequentiertes Hotel in Barcelona.

[7] Eduard, ich muss dir etwas sagen: Ich bin Priester.

[8] Éditions Universitaires, Paris 1877. Das Buch ist 2000 beim Pariser Verlag Fayard wiederveröffentlicht worden, mit einem Vorwort des Philosophen René Schérer, mit dem der Verfasser auch seine erste Liebesbeziehung eingegangen war.

[9] Das Europäische Parlament hat in einer Resolution vom 18. Januar 2006 Homophobie als »Angst und irrationale Aversion in Bezug auf Homosexualität sowie schwule, lesbische, bisexuelle und transsexuelle Personen (GLBT), die auf Vorurteilen basieren und mit Rassismus, Fremdenhass, Antisemitismus und Sexismus zu vergleichen sind« erklärt. Sie manifestiere sich »im öffentlichen wie im privaten Kreis in unterschiedlichen Formen, wie hasserfüllten Äußerungen oder der Anstachelung zu Diskriminierung, Verhöhnung, verbaler, psychologischer oder physischer Gewalttätigkeit, Verfolgung und Mord sowie Diskriminierung unter Missachtung des Prinzips der Gleichberechtigung, willkürlichen und irrationalen Beschneidungen von Rechten, die oft mit dem Bestreben um Aufrechterhaltung der öffentlichen Ordnung [...] gerechtfertigt werden.« Die Kirche negiert das alles und beharrt darauf, dass

»sexuelle Neigung« keine Eigenschaft konstituiert, die mit Rassen-zugehörigkeit, ethnischer Zugehörigkeit etc. vergleichbar ist, also auch nicht wie diese Charakteristika einer Diskriminierung zu-grunde liegen kann. In Unterschied zu ihnen sei die homosexuelle Neigung eine »objektive Störung« (Kongregation für die Glau-benslehre: Einige Anmerkungen bezüglich der Gesetzesvorschläge zur Nicht-Diskriminierung homosexueller Personen, 22. Juli 1992, Nr. 10). Eine objektive Störung ist ein Übel, dessen Existenz man beklagen, jedoch nicht öffentlich bestätigen oder verteidigen kann, es ist nicht etwas »Neutrales oder sogar Gutes, das öffentliche Bil-ligung verdient« (ebd., Nr. 14).

10 Die American Psychiatric Society (APA) gibt periodisch *DSM*, *The Diagnostic and Statistical Manual of Mental Disorders* heraus, in dem die diversen psychischen Störungen erfasst und Richtlinien zu ihrer Behandlung vorgegeben werden.

11 Im französischen Original: »abjection«; siehe Julia Kristeva: *Pou-voirs de l'horreur. Essai sur l'abjection*, Seuil, Paris 1980.

12 Moshe Feldenkrais (1904–1984) war ein israelischer Physiker und Ingenieur, der überzeugt war, dass sich durch Bewegung jede Form von Lernen oder Wissenserwerb lenken und das Bewusst-sein des Menschen von sich selbst und seiner Umwelt erweitern lasse.

13 Homosexueller polnischer Lyriker, Prosaschriftsteller und Drama-turg (1922–1983).

14 Drei große Vertreter der polnischen Avantgarde. Gombrowicz (1904–1969), respektloser Kritiker der Dummheit der Komplexe der Polen, ist vor allem für die Romane *Ferdydurke* (1937) und *Pornografia* (1960) bekannt; Witkacy (1885–1939) war ein bekann-ter Dramaturg, Philosoph, Schriftsteller und Maler; der jüdisch-stämmige Schulz (1892–1942) machte sich einen Namen als Künst-ler, Schriftsteller und Literaturkritiker.

15 Am 10. April 2010 stürzte das Flugzeug ab, das eine polnische Delegation zu einer Gedenkfeier für die 1940 auf Befehl Stalins ermordeten polnischen Soldaten nach Katýn bringen sollte. Sechs-undneunzig Menschen kamen ums Leben, darunter auch der Prä-sident der Republik mit seiner Frau, Personen aus der Welt der Politik und der Hochfinanz sowie Offiziere der polnischen Ar-mee. Eine Analyse der in den Blackboxen gespeicherten Daten er-

gab, dass das Unglück auf Versagen der Piloten zurückzuführen war, die zu starkem psychischem Druck ausgesetzt gewesen waren. Man konnte eine Stimme hören, die als die von General Blasik, dem Vorgesetzten der Piloten, identifiziert werden konnte; er war offenbar ins Cockpit eingedrungen und bestand auf einer Landung der Maschine trotz der widrigen Wetterbedingungen. Ich denke heute vor allem an die Piloten, Opfer einer unterdrückerischen hierarchisch strukturierten männlich-chauvinistischen Gesellschaft, die meint, der ganzen Welt beweisen zu müssen, zu allem fähig zu sein und dabei die Realität außer Acht lassen zu können – sogar die meteorologische. Ich bin im kirchlichen Bereich ganz ähnlichem Druck ausgesetzt gewesen, auch dort agiert man auf Weisung von oben, bisweilen mit vergleichbarem tragischem Ausgang. Ich bete darum, dass die Piloten und alle anderen unschuldigen Opfer der Tragödie ewigen Frieden gefunden haben.

16 Die betrübliche Geschichte vom Versuch einer Art fundamentalistischer »Sekte«, das Land zu regieren, ist von Marcin Wójcik zu Papier gebracht worden; in: *W rodzinie ojca mego*. Wydawnictwo Czarne, Wołowiec 2015. Eine klarsichtige Untersuchung des polnischen Katholizismus bietet das Buch des ehemaligen Jesuiten Stanisław Obirek: *Polak katolik?* CiS, Stare Groszki 2015.

17 *Histoire de la sexualité*. Gallimard, Paris 1976-1984.

18 Ich denke vor allem an ihre epochemachende Arbeit *Gender Trouble: Feminism and the subversion of identity* (dt.: *Das Unbehagen der Geschlechter*, 1990), die man unbedingt lesen sollte, doch erst, wenn man sich intensiv mit dem feministischen Gedankengut beschäftigt hat, mit dem Butler sich auseinandersetzt. Bei der Lektüre dieses Werks wurde mir bewusst, dass ich bisher Jacques Lacan, Julia Kristeva, Monique Wittig, Luce Irigaray, Simon Warney zu Unrecht vernachlässigt hatte. Aufgrund meiner katholischen Prägung hatte ich mich darauf beschränkt, mich mit Freud, Sartre und Simone de Beauvoir auseinanderzusetzen, war mir aber nicht bewusst geworden, dass die Welt sich weiterentwickelt hatte. Wie unwissend ich mir vorkam, als ich die Arbeit der großen Butler las, und wie wunderbar befreit ich mich anschließend fühlte!

19 Und damit ich mich wegen der hohen Offenbarungen nicht überhebe, ist mir gegeben ein Pfahl ins Fleisch, nämlich des Satans Engel, der mich mit Fäusten schlagen soll, damit ich mich nicht überhebe.

20 *Instruktion über Kriterien zur Berufungserklärung von Personen*
    mit homosexuellen Tendenzen in Hinblick auf ihre Zulassung zum
    Priesteramt und zu den heiligen Weihen (4. November 2005). Bei
    der Lektüre dieses Textes wird deutlich, wie schimpflich und be-
    leidigend er ist. Alle homosexuellen Priester, die Ehre und Würde
    im Leib haben, müssten sich gegen die Kirche wenden und ihr Amt
    niederlegen, so wie es zu seiner Zeit der schwule englische Pfarrer
    und Theologe James Alison wünschte. Auch der berühmte Aus-
    spruch von Papst Franziskus: »Wenn jemand homosexuell ist, aber
    guten Willens ist und Gott sucht, wie sollte ich ihn dann verurtei-
    len«, würde nur dann wirklich Sinn haben, wenn der Pontifex an-
    schließend auch den Mut gehabt hätte, diese unwürdige »Instruk-
    tion« für null und nichtig zu erklären. Ohne solch eine konkrete
    Maßnahme bleibt er eine Phrase, mit der aber das Bild der Kirche
    in der Öffentlichkeit geschickt manipuliert, das heißt der Eindruck
    erweckt wird, dass sie offen sei für die Probleme der Homosexuel-
    len und Verständnis für sie habe.

21 Von fünf Übeln zu vierzig Fehlern! Jahrzehnte nach Rosminis Tod
    hat der Vatikan sich selbst berichtigt: Die vierzig Fehler haben sich
    auf null reduziert, die Übel der Kirche haben sich in derselben Zeit
    aber vervielfacht.

22 Diesen Ausdruck verwendet Adrienne Rich in *Compulsory Hete-*
    rosexuality and Lesbian Existence, in: *Signs: Journal of Women in*
    Culture and Society, 1980, 5 [4], S. 631–660.

23 Die Regeln der Ostkirchen lassen zu, dass der Anwärter auf ein
    Priesteramt vor seiner Weihe heiratet. Er kann sich auch für ein zö-
    libatäres Leben entscheiden, was mehr oder weniger auf ein Dasein
    als Mönch hinausläuft. Die Bischöfe, denen die einzelnen Diözesen
    unterstehen, werden wiederum nur aus den Reihen der Mönche er-
    nannt. Im Osten haben die heterosexuellen Priester also die Mög-
    lichkeit, das Leben zu wählen, das ihrer Natur, ihrer sexuellen Ori-
    entierung entspricht, eine große Karriere ist ihnen jedoch verbaut.
    Die Schwulen wiederum flüchten sich für gewöhnlich in ein klös-
    terliches Dasein, verstecken sich und kapseln sich von der Welt ab,
    werden aber dadurch »entschädigt«, dass sie zum engen Kreis derer
    gehören, die die Bischöfe stellen. Sie haben nichts mit jenen »Land-
    pfarrern« gemein, die sich auch um ihre Frauen kümmern müssen.
    Sie sind dafür bestimmt, Karriere zu machen. So will es die Kirche.

[24] Das ist die These, die Kardinal Carlo Maria Martini (den man im Vatikan hasst und am liebsten zum Ketzer erklärt hätte, wenn man gekonnt hätte) in seinem zusammen mit dem Chirurgen Ignazio Marino verfassten Buch vertritt (*Credere a conoscere,* Einaudi, Turin 2012). Marino, der später zum Bürgermeister von Rom gewählt wurde, hatte den Mut (schließlich war der Vatikan ja gleich nebenan), die römischen homosexuellen und lesbischen Paare, die im Ausland eine Ehe geschlossen hatten, offiziell standesamtlich registrieren zu lassen, während vor dem Amtsgebäude die frommen Katholiken schrien, dass die einzigen wahren Familien, nämlich die heterosexuellen, verhungern müssten. Sind die Familien, die sich aus Homosexuellen zusammensetzen und damit gestraft sind, dass ihnen viele Rechte verweigert werden, nicht aus Bürgern gebildet, die eine ebenso große Würde besitzen?

[25] Für den heterosexuellen Mann kann es schwierig sein, eine Sexualpartnerin zu finden, die mit ihm nur um des Lustgewinns willen verkehrt, weil Frauen im Allgemeinen wenig dazu neigen, solche Beziehungen einzugehen. Für Schwule ist das einfacher: Sie neigen eher zu solchen »flüchtigen« Sexualkontakten. Aus diesem Grund hat es für heterosexuelle Männer auch immer die Einrichtung der von Frauen ausgeübten Prostitution gegeben. Im christlichen Europa war sie an bestimmten Orten und zu bestimmten Zeiten sogar von der Kirche erlaubt. Man glaubte, auf diese Weise Gewalttätigkeiten verhindern zu können. Die Prostituierten boten den heterosexuellen Männern die Möglichkeit, ihre sexuellen Bedürfnisse zu befriedigen. Dies war auch deswegen wichtig, weil die Ehen der christlichen Praxis entsprechend oft arrangiert waren und Liebe dabei keine Rolle spielte. Diese Verbindungen dienten nur der Fortpflanzung – alles mit dem Segen und der anschließenden Überwachung durch den Klerus. Siehe zu diesem Thema: Patrick Pharo: *Ethica erotica. Mariage et prostitution,* Presses de Sciences Po, Paris 2013.

[26] Ich schätze die Arbeit Kinseys sehr, und es ist ohne Bedeutung, dass alle von ihm publizierten Ergebnisse, Daten und statistischen Angaben mehr oder weniger fragwürdig sind. Sie liefern die Materie einer Wissenschaft, die sich noch entwickeln muss. Kinseys großes Verdienst besteht darin, dass er den Mut gehabt hat, sich mit dem Unaussprechlichen und Unbekannten auseinanderzusetzen, was die puritanische Religion bis dahin verboten hatte.

27 Es genügt, sein Buch *Kleriker. Psychogramm eines Ideals*, Olter 1988, zu lesen, um sich die Seelenruhe zu rauben.

28 Mit Pepe Rodriguez hat allerdings jemand versucht, das nicht zu Ergründende zu ergründen; siehe: P.R.: *La vida sexual del clero*, Barcelona 1995.

29 Zeugnisse zur Existenz und zum Charakter solcher Zirkel, die aber meiner Meinung nach nicht den Namen »Lobby« verdienen, in: Carmelo Abbate: *Vatican and the Sex. Viaggio segreto nel regno dei casti*, (dt.: *Sex und der Vatikan*), Mailand 2012, und in anderen Werken.

30 Mit diesem Ausdruck bezieht man sich auf natürliche Gefühle des Begehrens und der Zuneigung, die zwischen zwei Personen des gleichen Geschlechts ent- und bestehen. Wenn man von Homosexualität spricht, konzentriert man sich zwangsläufig auf den Bereich der Sexualität, die sexuelle Orientierung eines Menschen betrifft aber auch die ganze Welt seiner Gefühle. Deswegen bevorzugen einige Menschen es, statt von Homosexualität von »Homosensualität« oder »Homoaffektivität« zu sprechen.

31 Wenn man versucht, Katholiken dazu anzuhalten, tolerant gegenüber anderen zu sein, sie zu respektieren oder zumindest zu versuchen, ihre Andersartigkeit zu verstehen und vielleicht sogar zu würdigen, erhält man häufig die Antwort, dass sich in einer solchen Aufforderung oder Bitte der Einfluss der relativistischen und säkularisierten Welt niederschlage. Die Katholiken empfinden sich als Einzige berechtigt, zu entscheiden, was gut und was schlecht ist. Was für eine Anmaßung! Sie könnten mit der Kraft ihres Glaubens, mit der von ihnen erreichten heiteren Gelassenheit glücklich sein. Stattdessen stecken sie ihre Nasen in die Leben anderer, um deren Schwächen auszuschnüffeln. Warum kümmern sie sich nicht um ihr eigenes glückliches Leben? Vielleicht, weil es gar nicht so glücklich ist?

32 Auch in diesem Bereich sind die Polen leider wahre Weltmeister. Die Bischöfe meines Landes haben nach Talenten geschürft und schließlich ein Professorchen zutage gefördert, das überall Vorträge hält, sogar im Parlament, wo es die Abgeordneten belehrt. Er trichtert den Leuten so einprägsame Phrasen ein wie »*Gender studies* sind Teufelswerk« und überzeugt sie davon, dass man keinen der Autoren lesen darf, die sich mit dem Thema befassen – außer

ihn selbst. Alle anderen seien Marxisten. Der Marxismus ist zugrunde gegangen, also müssen auch alle, die von dieser Ideologie beeinflusst waren, ignoriert werden. Die Bischöfe machen sich diese Meinung zu eigen, auch wenn sie gar nicht wissen, wovon sie reden.

[33] 3 Da brachten die Schriftgelehrten und die Pharisäer eine Frau, die beim Ehebruch ertappt worden war. Sie stellten sie in die Mitte
4 und sagten zu ihm: Meister, diese Frau wurde beim Ehebruch auf frischer Tat ertappt.
5 Mose hat uns im Gesetz vorgeschrieben, solche Frauen zu steinigen. Nun, was sagst du?
6 Mit dieser Frage wollten sie ihn auf die Probe stellen, um einen Grund zu haben, ihn zu verklagen. Jesus aber bückte sich und schrieb mit dem Finger auf die Erde.
7 Als sie hartnäckig weiterfragten, richtete er sich auf und sagte zu ihnen: Wer von euch ohne Sünde ist, werfe als Erster einen Stein auf sie.
8 Und er bückte sich wieder und schrieb auf die Erde.
9 Als sie seine Antwort gehört hatten, ging einer nach dem anderen fort, zuerst die Ältesten. Jesus blieb allein zurück mit der Frau, die noch in der Mitte stand.
10 Er richtete sich auf und sagte zu ihr: Frau, wo sind sie geblieben? Hat dich keiner verurteilt?
11 Sie antwortete: Keiner, Herr. Da sagte Jesus zu ihr: Auch ich verurteile dich nicht. Geh und sündige von jetzt an nicht mehr!

[34] Wörtlich: Es gibt keine Religion mehr. Die Bedeutung ist ungefähr: Was ist bloß aus der Welt geworden.

[35] Ich will mich hier damit begnügen, diese erste Stufe der Inquisitionsverfahren zu schildern, ohne auf die darauf folgenden einzugehen. Natürlich könnte man eine Menge über die Versammlungen der Berater und Experten sagen, die unser Vertrauen genießen, und über die entscheidenden Zusammenkünfte der Kardinäle, die das absegneten, was dann vom Präfekten dem Papst in einer Privataudienz zur Kenntnis gebracht wurde. Ich bleibe hier bei einer Schilderung der »congressi«, bei denen überdies viele Fragen bereits definitiv geklärt wurden.

[36] Eine Standard-Korrektur- oder Strafmaßnahme bestand darin, von einem Theologen oder einer Theologin das Abfassen eines Artikels

zu erlangen, in dem nach Möglichkeit mit langen Zitaten die Lehre der Kirche einfach bestätigt wurde. Uns kam nie der Gedanke, wie demütigend es für denkende Personen sein musste, wenn sie vom Uffizio, ohne dass man ihnen ihre Fehler wirklich nachgewiesen hätte, in apodiktischer Manier wie Studienanfänger aufgefordert wurden, einen Text zu verfassen, mit dem sie ihre blinde Unterwerfung unter die Diktate der Kirche bezeugten.

37 »Eduard, der Chef von deinem Freund hat abgedankt. Ich hoffe, das verdirbt euch nicht das Wochenende.«

38 Federico García Lorca: *Liebesgedichte*. Spanisch/Deutsch. Auswahl und Übersetzung von Christiane Busl, Stuttgart 2016, S. 106.

39 Vgl. R.K.: *Szachinszach* (dt.: *Schah-in-schah*), Czytelnik, Warschau 1982. Kapuściński schreibt: »Lange scheint es wirklich so, als ob die Angehörigen der Elite tun könnten, was sie wollten, gleichgültig, wie viele Skandale und Ungerechtigkeiten sie sich zuschulden kommen lassen, sie kommen immer ungeschoren davon. Das Volk bleibt geduldig und schweigt. Es ist noch nicht der Moment gekommen, in dem die Angst von ihm abfällt, in dem es sich seiner Stärke bewusst wird. Gleichzeitig merkt es sich aber genau die gegen es begangenen Vergehen: Im richtigen Moment wird es die Summe ziehen. Die Wahl dieses berühmten Moments ist eines der größten Geheimnisse der Geschichte. Warum gerade an jenem Tag und nicht an einem anderen? Warum war gerade dies das auslösende Element gewesen und nicht ein anderes?«

40 Jene Zeichen, die die Kirche ihrem eigenen beim Zweiten Vatikanischen Konzil gegebenen Versprechen zufolge erkennen und nach denen sie sich richten wollte; vgl. *Gaudium et spes*, 4 und 44.

41 »Homosexuelle Personen aufnehmen«. Nach dieser vielversprechenden Überschrift finden sich im dritten Teil des Dokuments mit dem Titel *Relatio post disceptationem* noch ein paar positive Worte über Schwule. Daran schloss sich aber das übliche Einhämmern auf *gender studies* an (die die Wenigsten gelesen hatten, während diejenigen, die sie kannten, schwiegen, aus Angst, Fakten und daraus abgeleitete Argumente gefunden zu haben, die die Kirche a priori verdammte). In der *Relatio* konnte man aber zwei positive Bemerkungen – oder wenigstens solche, bei denen es sich nicht um die üblichen Mitleidsbekundungen handelte – über Schwule entdecken, die die Kirche den Homosexuellen generöser-

weise zukommen ließ, um so die Aufmerksamkeit von sich selbst wegzulenken. Es heißt in Nr. 50–52: »Homosexuelle Menschen haben der christlichen Gemeinschaft Gaben und positive Eigenschaften zu bieten: Sind wir in der Lage, diese Menschen aufzunehmen und ihnen eine brüderliche Zugehörigkeit zu unserer Gemeinschaft zu garantieren? Sie sehnen sich oft nach der Begegnung mit einer Kirche, die ihnen eine Heimstätte ist. Sind unsere Gemeinden in der Lage, ihnen eine solche zu sein, indem sie ihre sexuelle Orientierung akzeptieren und wertschätzen, ohne die Doktrinen der Kirche in Bezug auf Familie und Ehe zu gefährden? […] Das Problem der Homosexuellen veranlasst uns zu ernsthaftem Nachdenken darüber, wie man realistische Wege zu einem Anwachsen der Affekte und der menschlichen Reife in Bezug auf sie ausarbeiten kann: Es handelt sich also um eine wichtige erzieherische Herausforderung. […] Ohne die moralischen Probleme negieren zu wollen, die sich aus homosexuellen Verbindungen ergeben, muss man zur Kenntnis nehmen, dass die gegenseitige Unterstützung bis hin zur Selbstaufopferung den Partnern ein wertvoller Beistand im Leben ist. Außerdem widmet die Kirche besondere Aufmerksamkeit den Kindern, die mit gleichgeschlechtlichen Paaren zusammenleben, und besteht darauf, dass die Bedürfnisse und Rechte der Kleinen immer vor denen aller anderen berücksichtigt werden.«

Ich hätte es gerne, dass mir jemand klarmachte, was in diesen Sätzen der biblischen Lehre zuwiderläuft. Zum ersten Mal wurden in einem von der Versammlung formulierten Dokument die Gefühle homosexueller Personen füreinander anerkannt, und es wurde wenigstens ansatzweise eine Frage gestellt, die Bezug zur Realität hatte, sowie die Kirche zum Nachsinnen und zur Erarbeitung von Lösungen aufgefordert: in der Tat die Keimzelle zu einem Programm für die Zukunft.

[42] Die Überschrift des Absatzes jener jämmerlichen Schlussfassung des Dokuments (»Die pastoralen Herausforderungen der Familie im Rahmen der Evangelisierung«) wurde verändert in: »Seelsorgerische Aufmerksamkeit gegenüber Personen mit homosexueller Orientierung«. Dieser Titel besagte für sich genommen schon viel. Sie brachten es nicht über sich, von »homosexuellen Personen« zu reden – was der korrekte Begriff gewesen wäre –, aber immerhin

redeten sie nicht von »homosexuellen Neigungen«, wie es zuvor in den Erklärungen stets der Fall gewesen war. Die hypokritische Ausdrucksweise der Kirche wurde vorübergehend überwunden. Die »Orientierung« wurde nicht totgeschwiegen, Sexualwissenschaft, Psychologie, Soziologie und die *gender studies* wurden nicht ausgelöscht. Heute kommen mir Zweifel, ob die Konzession, die mit der Erwähnung einer »homosexuellen Orientierung« einhergeht, nicht nur auf einem redaktionellen Flüchtigkeitsfehler beruht.

In dem Text fand sich dann die kriminelle und gefühllose Aussage (Nr. 55): »Einige Familien machen die Erfahrung, in ihrer Mitte Personen mit homosexueller Orientierung zu beherbergen. Es hat sich die Frage aufgetan, welche Art von seelsorgerischer Aufmerksamkeit angesichts einer solchen Situation unter Berücksichtigung der Lehre der Kirche opportun ist, die besagt: ›Es gibt keine Grundlage, um Analogien, nicht einmal entfernte, zwischen homosexuellen Verbindungen und der von Gott gewollten Ehe und Familie herzustellen.‹ Dennoch muss Männern und Frauen mit homosexuellen Neigungen mit Respekt und Takt begegnet werden. Man vermeide, was sie betrifft, irgendein Zeichen von ungerechter Diskriminierung zu erkennen zu geben.« (Congregazione per la dottrina della fede: *Erwägungen zu den Entwürfen einer rechtlichen Anerkennung gleichgeschlechtlicher Lebensgemeinschaften zwischen homosexuellen Personen*, 4) Die Kirche bekräftigte ihre Aussagen bezüglich einer »gerechten« Diskriminierung von Schwulen, die beispielsweise in einem Verbot, das Priesteramt auszuüben, mit Kindern oder Jugendlichen zu arbeiten, als Taufpaten zu fungieren oder Kinder zu haben (auch nicht aus einer früheren heterosexuellen Beziehung) besteht. Vor allem aber befasste die Kirche sich nicht ernsthaft mit Schwulen und Lesben, die glücklich waren, sich beruflich und gesellschaftlich verwirklichten und eigene Familien hatten. Die Kirche würdigte sie auf das Niveau unreifer Mitglieder ihrer Ursprungsfamilien herab, Familien, mit denen man aufgrund dieses »kranken« Elements Mitleid haben musste. Das war der wahre Skandal der Synode!

[43] Rede vom 17. November 2014, Nr. 3.

[44] Ich will hier nur auf eine von der Congregazione herausgegebene Erklärung mit dem Titel *Einige Anmerkungen bezüglich der Geset-*

zesvorschläge zur Nicht-Diskriminierung homosexueller Personen (23. Juli 1992) hinweisen, in der ein unmenschliches Verhalten gegenüber Schwulen gutgeheißen wird. Bestätigung findet das durch andere von der Kongregation herausgegebene Erklärungen wie: *Schreiben über die Seelsorge für homosexuelle Personen –* Homosexualitatis problema (1. Oktober 1986) sowie *Erwägungen zu den Entwürfen einer rechtlichen Anerkennung gleichgeschlechtlicher Lebensgemeinschaften zwischen homosexuellen Personen* (3. Juni 2003).

[45] ebd.

[46] Der Katechismus der katholischen Kirche verschwendet genau 15 Sätze auf das Thema Homosexualität, von denen keiner frei von Fehlern, Ungenauigkeiten und Auslassungen ist und einen Wissensstand zum Thema zu erkennen gibt, der gegenüber dem des 19. Jahrhunderts kaum gestiegen zu sein scheint. Abgesehen davon, dass er eine nicht zutreffende Definition von Homosexualität bietet, erklärt der Katechismus, dass es sich um »Beziehungen« zwischen Personen des gleichen Geschlechts handelt, während es sich in Wirklichkeit um eine sexuelle Orientierung handelt, die integrativer Bestandteil der Persönlichkeit eines Menschen ist, unabhängig von der Existenz irgendwelcher Beziehungen. Im Gegenteil: Jemand kann homosexuelle Beziehungen haben, ohne homosexuell zu sein. So etwas kommt beispielsweise häufig in Gefängnissen vor.

[47] David Berger: *Der heilige Schein. Als schwuler Theologe in der katholischen Kirche,* Berlin 2010.

[48] Monique Wittig: »La pensée straight«. In: *Feminist Issues,* 1, 1980, oder »Le corps lesbien«, 1973.

[49] Vgl. Antoni Jesús Aguiló Bonet: »Pensamiento abismal, diferenciación sexual desigual y homofobia eclesial«. In: *Nómadas. Revista crítica de ciencias sociales y jurídicas,* Nr. 23, 2009.

[50] ebd.

[51] Tagesmeditation, 17. März 2015.

[52] ebd.

[53] Tagesmeditation, 26. März 2015.

[54] ebd.

[55] Tiziano Ferro: *Trent' anni e una chiacchierata con papà,* Mailand 2010.

[56] Laffont, Paris 2012.

[57] Daniel Borrillo: *L'homophobie,* Paris 2000. Erhellend, was dieses

Thema betrifft, sind auch die Arbeiten von Éric Fassin, Gregory M. Herek, Gabriel J. Martín, Juan Cornejo Espejo, María Mercedes Gómez wie auch *Dictionnaire de l'homophobie*, Paris 2003, von Louis-Georges Tin.

[58] Didier Eribon: *Réflexions sur la question gay*, Paris 1999; auch sein epochemachender *Dictionnaire des cultures gay et lesbiennes*, Paris 2003.

[59] Frédéric Martel: *Global Gay. Comment la révolution gay change le monde*, Paris 2013. Was den Vatikan betrifft, so erwähnt er nur dessen »militante Homophobie«; ich habe mich verpflichtet gefühlt, mich ausführlicher dazu zu äußern.

[60] Dominique Fernandez: *L'amour qui ose dire son nom. Art et homosexualité*, Paris 2005.

[61] Vgl. John Boswell: *Christianity, Social Tolerance, and Homosexuality*, 1980, sowie *Recovering gay history. Archetypes of gay love in Christian history*, 1982.

[62] Mark Jordan: *The Invention of Sodomy in Christian Theology*, 1997; *Recruiting Young Love: How Christians Talk about Homosexuality*, 2011; sowie *The Silence of Sodom: Homosexuality in Modern Catholicism*, 2002.

[63] San Francisco 1994.

[64] Der Benediktinermönch Petrus Damiani (1007–1072) verfasste 1049 eine paranoide Schrift mit dem Titel *Liber Gomorrhianus*, in der er für die Verfolgung und Eliminierung aller Schwulen eintrat, die für ihn mit Tieren oder Dämonen gleichzusetzen waren. Die Säuberungen sollten beim Klerus selbst beginnen. Das Werk war Papst Leo IX. gewidmet. Es heißt, der Pontifex habe die Vorschläge Damianis nicht in die Tat umgesetzt, vielleicht, weil er dann ohne Kleriker dagestanden wäre.

[65] Z. B. Mona West: *Coming-out as Sacrament.* http://mcchurch.org. Der Presbyterianer Chris Glaset hat mehrere Essays über dieses Thema geschrieben, darunter einen mit genau dem gleichen Titel: *Coming-out as Sacrament*, Louisville 1988.

[66] Interview mit Mònica Terribas: »Drets comunitaris i inviduals a la doctrina de l'Església«. In: *El matí de Catalunya Ràdio*, 8. September 2015.

[67] Das Interview mit mir von Xavier Graset: »Per l'Esglesia, un princípi fonamental és el respecte al dret d'autodeterminació dels pob-

les« wurde im Rahmen der Sendung Més 324 von Canal 324 (TV 3) ausgestrahlt.

68 Eine sehr knappe Zusammenfassung der kirchlichen Lehre in Bezug auf die Rechte von Völkern findet sich in *Kompendium der Soziallehre der Kirche*, 2004, Abs. 157.

69 Ein erster Artikel von mir zu diesem Thema mit dem Titel *»En favor del procés d'independència de Catalunya a la llum del pensament cristià«* war am 18. September 2015 in der Tageszeitung *El Punt Avui* erschienen.

70 »Teologia i przemoc: przypadek księdza Oko«. In: *Tygodnik Powszechny* (Krakau), 29. September 2015.

71 Vgl. *Szachinszach*, Czytelnik, Warschau 1982.

72 Am Samstag, dem 3. Oktober 2015, dem Tag vor dem Beginn der Familiensynode, als ich nicht mehr damit rechnete, dass die Kirche durch diese Zusammenkunft dazu veranlasst werden würde, ihre Haltung gegenüber Schwulen zu ändern, habe ich bei einer in Rom abgehaltenen Pressekonferenz diese meine Person betreffende Erklärung abgegeben.

73 Am 3. Oktober 2015, dem Tag meines Coming-out, habe ich Papst Franziskus von meiner Entscheidung mit diesem an ihn als dem Oberhaupt der katholischen Kirche persönlich gerichteten Brief in Kenntnis gesetzt. Am 28. Oktober 2015 hat die BBC über diesen Brief berichtet und einige Absätze daraus zitiert. Das Gleiche hat in Italien der *Corriere della Sera* getan. Im Folgenden ist der Brief in voller Länge abgedruckt, allerdings in für die Veröffentlichung redigierter Fassung.
Außer Papst Franziskus habe ich auch – ebenfalls brieflich – die Rektoren der beiden Universitäten, an denen ich unterrichtet habe, von meiner Entscheidung in Kenntnis gesetzt, worüber am 18. Oktober 2015 von Elena Tebano im *Corriere della Sera* berichtet wurde.

74 Dieses Befreiungsmanifest verdankt seine Entstehung meiner tiefen Überzeugung, die Kirche zu einer Wende auffordern zu müssen, für die es ebensolchen Mut und ebensolche Leidenschaft braucht, wie sie für die Revolte von Stonewall nötig waren. Die Kirche muss eine solche Revolution noch vollziehen. Die zehn Schritte, die zu tun ich die Kirche auffordere, stellen das Programm zur intellektuellen und spirituellen »Konversion« der Kir-

che dar, die unabdingbar dafür ist, dass die LGBTIQ-People in der katholischen Kirche Frieden finden. Gegenwärtig ist für diese Menschen kein Platz in der Kirche, weil diese sie, ohne sie überhaupt zu kennen, in paranoider Manier ausgeschlossen hat.

75 Die nicht zu akzeptierenden Stellungnahmen sind:

1. Die nicht zutreffende und überholte Erklärung *Persona humana* von 1975, in der unter anderem von »sozialer Nichtanpassung« die Rede ist sowie von der Anomalie homosexueller Menschen und die falsche Erklärungen zu den Ursachen von Homosexualität enthält.

2. Die beleidigende *Schreiben über die Seelsorge für homosexuelle Personen* von 1986, in der »seelsorgerische Betreuung von Homosexuellen empfohlen wird, die als »leidende Menschen« angesehen werden und in der tatsächlich die Existenz einer »gerechten Diskriminierung« von Homosexuellen bestätigt wird.

3. Die skandalöse Schrift *Einige Anmerkungen bezüglich der Gesetzesvorschläge zur Nicht-Diskriminierung homosexueller Personen* von 1992.

4. Das in gleicher Weise abzulehnende Dokument *Erwägungen zu den Entwürfen einer rechtlichen Anerkennung gleichgeschlechtlicher Lebensgemeinschaften zwischen homosexuellen Personen* von 2003, insofern darin erklärt wird, homosexuelle Beziehungen beruhten nicht auf einer »affektiven Komplementarität« und seien nicht menschlich, weil das »eheliche« Element in ihnen fehle.

5. Der Katechismus der katholischen Kirche, 2357–2359, wo gelehrt wird, dass nicht nur homosexuelle Akte, sondern schon die Neigung intrinsisch »ordnungswidrig« ist. Außerdem wird behauptet, dass es keine affektive Komplementarität zwischen homosexuellen Personen und den Menschen gibt, die sie lieben. Des Weiteren wird behauptet, dass für die Mehrheit der Homosexuellen ihre Neigung eine Prüfung und eine Schwierigkeit darstellt. Vonseiten der »Anderen« wird Mitleid gefordert, doch kein Verzicht auf eine »gerechte Diskriminierung«. Diese Lehren des Katechismus sind beleidigend, die in ihm enthaltene Definition von Homosexualität ist nicht korrekt, wenn nicht gar vollkommen falsch. Falsch ist in jedem Fall die Analyse der Situation homosexueller Personen.